비즈니스협상

기능영역별 협상과 글로벌 비즈니스협상의 이슈

박 주 홍
JOO HONG PARK

BUSINESS NEGOTIATION

Negotiation Issues in Functional Areas and Global Business

박영사

머리말

　협상은 최소한 둘 이상의 서로 다른 협상 당사자들이 그들의 요구사항을 각각 관철하기 위하여 양방향 커뮤니케이션을 통하여 서로 만족할 만한 수준의 합의를 이끌어내는 과정을 말한다. 그러나 경우에 따라서 협상 당사자들 중에서 어느 일방은 만족하고, 어느 일방은 만족하지 못하는 협상의 결과가 도출될 수 있다. 협상은 정치, 경제, 통상, 외교, 군사, 비즈니스, 사회생활 또는 일상생활 등과 같은 다양한 분야에서 이루어질 수 있다. 이와 같은 다양한 분야를 포괄하는 넓은 의미에서 볼 때, 협상은 분쟁 또는 갈등의 해결, 협상 당사자에게 유리한 결과의 도출, 그리고 합의의 도출 등과 같은 목적을 달성하기 위하여 수행된다.

　협상 당사자들 간의 상호 만족할 만한 합의를 이끌어내는 것이 협상의 가장 중요한 목적의 하나가 될 수 있다. 일반적으로 협상 당사자 간의 합의는 상호 원-윈하는 관점에서 이루어지는 것이 바람직하다. 비즈니스협상은 기업활동과 관련된 협상과제를 해결할 목적으로 최소한 둘 이상의 서로 다른 협상 당사자들이 합의를 이끌어내는 과정을 의미한다. 일반적으로 비즈니스협상은 개인과 기업, 집단과 기업, 기업과 기업, 국가와 기업 간, 그리고 혼합적(예를 들면, 개인, 기업과 국가 간)으로 수행된다.

　저술연구의 일환으로 집필된 본서는 인용한 참고문헌에 대한 출처를 제시한 각주(footnote)와 자료원(source)을 명확하게 표기하였다. 저자가 이미 발표한 논문 및 저서의 내용을 직접적으로 인용하거나 수정하여 인용한 경우에는 해당 부분을 재인용 또는 수정 재인용으로 표기하였다. 본서에서 제시한 다양하고 광범위한 참고문헌은 비즈니스협상 분야의 연구에 관심을 가진 연구자 또는 독자들이 원전(原典)을 파악하는 데 있어서 많은 도움을 줄 것으로 보인다.

본서는 총 3부 14장으로 구성되어 있으며, 그 주요 내용은 다음과 같다.

제1부는 비즈니스협상에 대한 개념적 기초를 제시하는 본서의 도입 부분이다. 제1장에서는 비즈니스협상의 개념에 대하여 체계적으로 논의한다. 제2장은 비즈니스협상의 과정과 전략에 대하여 구체적으로 살펴본다. 여기에서는 협상이 사전협상, 본협상 및 사후협상으로 구분되어 검토된다. 제3장은 비즈니스협상을 수행하는 협상자와 협상력에 대하여 설명한다. 제4장은 비즈니스협상과 갈등관리에 대하여 논의한다. 여기에서는 갈등의 해결과정과 방법에 대한 논의가 이루어진다. 제5장은 비즈니스협상과 윤리적 문제를 검토한다. 특히, 여기에서는 비윤리적 협상전술과 대응방법이 간략히 설명된다.

제2부에서는 기능영역과 관련된 주요 협상 이슈에 대하여 설명한다. 제6장에서는 마케팅협상에 대하여 알아본다. 여기에서는 제품보증과 리콜, 가격협상, 유통경로 중간상 선정, 광고대행사 및 광고매체의 선정 등에 대하여 살펴본다. 제7장에서는 인사협상에 대하여 논의한다. 이 장에서는 고용, 임금 및 노사관계 등과 관련된 협상, 조직의 갈등관리 등에 대하여 논의한다. 제8장에서는 재무협상에 대하여 설명한다. 여기에서는 주식발행을 통한 자본조달협상, 그리고 은행차입 및 회사채발행 등을 통한 자금조달협상에 대하여 설명한다. 제9장에서는 생산운영협상에 대하여 체계적으로 검토한다. 이 장에서는 원재료 및 부품조달을 위한 공급업체와의 협상, 운송업체와의 협상, 창고업체와의 협상 등에 대하여 논의한다.

제3부에서는 글로벌 기업활동과 관련된 주요 협상 이슈에 대하여 체계적으로 살펴본다. 제10장에서는 글로벌 비즈니스협상과 문화적 환경의 이해에 대하여 검토한다. 여기에서는 문화적 환경의 분석모형과 글로벌 비즈니스협상, 그리고 문화적 차이와 글로벌 비즈니스협상 등에 대한 문제를 다룬다. 제11장에서는 수출협상에 대하

여 설명한다. 제12장에서는 라이선싱과 프랜차이징협상에 대하여 구체적으로 다룬다. 제13장에서는 해외직접투자협상에 대하여 논의한다. 마지막으로, 제14장에서는 전략적 제휴협상에 대하여 설명한다. 특히, 제11장부터 14장까지는 글로벌 비즈니스를 수행하기 위한 해외시장진입전략과 관련된 주제이며, 여기에서는 각 진입전략의 관점에서 주요 협상 이슈들이 구체적으로 논의된다.

본서의 출판을 위해 많은 관심과 후원을 아끼지 않으신 박영사 안종만 회장님과 장규식 과장님, 그리고 원고정리를 위해 수고해주신 편집부 여러분께도 감사를 드린다. 또한 본서가 집필되는 동안 많은 시간을 빼앗겨야만 했던 사랑하는 가족들에게 마음으로부터의 고마움을 전한다.

2019년 2월
궁산 기슭 연구실에서
저 자

◆ 강의(교수용) 파워포인트자료는 juhong@kmu.ac.kr로 문의바람 ◆

차 례

PART 1 비즈니스협상에 대한 개념적 기초

PART 2　기능영역과 관련된 주요 협상 이슈

PART 3 글로벌 기업활동과 관련된 주요 협상 이슈

그림차례

표 차 례

Business Negotiation

Negotiation Issues in Functional Areas
and Global Business

제1부는 비즈니스협상에 대한 개념적 기초를 제시하는 본서의 도입 부분이다. 제1장에서는 비즈니스협상의 개념에 대하여 체계적으로 논의한다. 제2장은 비즈니스협상의 과정과 전략에 대하여 구체적으로 살펴본다. 여기에서는 협상이 사전협상, 본협상 및 사후협상으로 구분되어 검토된다. 제3장은 비즈니스협상을 수행하는 협상자와 협상력에 대하여 설명한다. 제4장은 비즈니스협상과 갈등관리에 대하여 논의한다. 여기에서는 갈등의 해결과정과 방법에 대한 논의가 이루어진다. 마지막으로, 제5장은 비즈니스협상과 윤리적 문제를 검토한다. 특히, 여기에서는 비윤리적 협상전술과 대응방법이 간략히 설명된다.

PART 1

비즈니스협상에 대한 개념적 기초

비즈니스협상의 개념

CHAPTER 01

CHAPTER 01

비즈니스협상의 개념

1.1 협상과 비즈니스협상의 개념

1.1.1 협상의 개념과 목적

협상(negotiation)은 라틴어의 '*negotium*'에 그 어원을 두고 있으며, '*neg*'는 영어의 '*not*', '*otium*'은 영어의 '*leasure*'를 의미한다.[1] 즉, 협상은 영어로 '*not leasure*'이며, 이것은 휴식이 아닌 사업 또는 일을 의미한다. 협상은 최소한 둘 이상의 서로 다른 협상 당사자들이 그들의 요구사항을 각각 관철하기 위하여 양방향 커뮤니케이션을 통하여 서로 만족할 만한 수준의 합의(agreement)를 이끌어내는 과정을 말한다. 그러나 경우에 따라서 협상 당사자들 중에서 어느 일방은 만족하고, 어느 일방은 만족하지 못하는 협상의 결과가 도출될 수 있다. 즉, 협상 당사자들이 각각 갖고 있는 협상

---

1 박노형(2007), p. 35.

력 또는 힘의 차이 때문에 이러한 협상의 결과가 나타날 수 있다. 협상에 대한 다양한 정의를 살펴보면 다음과 같다.

- 협상은 '두 명 또는 다수의 협상 당사자들이 쟁점에 대한 합의점을 찾아가는 과정'이다.[2]
- 협상은 '이해관계 당사자들 간에 갈등이 발생할 때 이것을 상호 이익 극대화 방향으로 해결하기 위한 상호작용의 과정'이다.[3]
- 협상은 '협상에 참여하는 양 당사자가 협상의 타결에 대한 기대를 일치시켜 가는 과정'이다.[4]
- 협상은 '이해 당사자 간의 공통문제에 대하여 대화를 통하여 합의를 이루어가는 프로세스'이다.[5]
- 협상은 '갈등관계 속에서 공통적이면서 상반되는 이익의 조합을 자신에게 유리하게 변화시키기 위해 개인이나 조직, 그리고 국가가 명시적으로 상호작용하는 과정이나 행태'이다.[6]

협상은 정치, 경제, 통상, 외교, 군사, 비즈니스, 사회생활 또는 일상생활 등과 같은 다양한 분야에서 이루어질 수 있다. 이와 같은 다양한 분야를 포괄하는 넓은 의미에서 볼 때, 협상의 목적은 다음과 같이 요약될 수 있다.

- **분쟁 또는 갈등의 해결** : 협상 당사자들 간에 분쟁 또는 갈등(예를 들면, 갈등적 노사관계)이 있을 경우, 이에 대한 해결방안을 도출하는 것이 협상의 목적이 될 수 있다.

---

2 Watkins, M.(2006), p. 42.
3 백종섭(2015), p. 66.
4 김기홍(2017), p. 96.
5 강영문(2010), p. 20.
6 이달곤(2005), p. 16.

- 협상 당사자에게 유리한 결과의 도출 : 협상 당사자들 간에 첨예한 이해관계가 존재하는 경우(예를 들면, 구매 및 판매협상), 협상 당사자에게 유리한 결과를 도출하려는 목적으로 협상이 수행된다.
- 합의의 도출 : 협상 당사자들 간의 상호 만족할 만한 합의를 이끌어내는 것이 협상의 가장 중요한 목적의 하나가 될 수 있다. 일반적으로 협상 당사자 간의 합의는 상호 윈-윈(win-win)하는 관점에서 이루어지는 것이 바람직하다.

1.1.2 비즈니스협상의 개념

비즈니스협상(business negotiation)은 기업활동과 관련된 협상과제를 해결할 목적으로 최소한 둘 이상의 서로 다른 협상 당사자들이 합의를 이끌어내는 과정을 의미한다. 일반적으로 비즈니스협상은 개인과 기업, 집단과 기업, 기업과 기업, 국가와 기업 간, 그리고 혼합적(예를 들면, 개인, 기업과 국가 간)으로 수행된다. 이러한 비즈니스협상과 관련된 사례를 간략히 살펴보면 다음과 같다.

- 개인과 기업 간의 비즈니스협상 : 개별 소비자와 기업 간의 협상(예를 들면, 제품 리콜, 고객의 불만 처리 등)
- 집단과 기업 간의 비즈니스협상 : 노동조합과 기업 간의 협상, 소비자 단체와 기업 간의 협상, 지역주민 단체와 기업 간의 협상 등
- 기업과 기업 간의 비즈니스협상 : 구매 및 판매협상, 합작투자, 인수 및 합병, 전략적 제휴 등과 같은 기업과 기업 간의 협상 등
- 국가와 기업 간의 비즈니스협상 : 각종 정부조달, 정부규제 등과 관련된 국가(본국 또는 현지국)와 기업(본사 또는 현지 자회사) 간의 협상 등
- 혼합적 비즈니스협상 : 기업활동과 관련하여 개인, 집단, 기업 및 국가가 혼합적으로 수행하는 협상(예를 들면, 개인, 집단, 기업 간의 협상, 개인, 기업, 국가 간의 협상, 집단, 기업, 국가 간의 협상 등)

1.1.3 비즈니스협상의 유형

아래에서 논의되는 비즈니스협상의 유형은 정치, 경제, 통상, 외교, 군사, 비즈니스, 사회생활 또는 일상생활 등과 같은 다양한 분야를 모두 포괄하는 넓은 의미의 협상의 유형과 동일하다. 비즈니스협상의 관점에서 다양한 협상의 유형들은 다음과 같이 설명될 수 있다.

협상의 범위와 유형

협상의 범위와 관련하여 다음과 같은 네 가지 협상의 유형이 제시될 수 있다.[7] 〈표 1-1〉은 협상의 유형과 범위를 제시한다.

- 명시적 협상(explicit negotiation) : 이것은 가장 좁은 의미의 협상을 말하며, 개인, 조직, 국가가 공식적이고 명시적으로 협상을 진행한다. 예를 들면, 어떤 기업이 비즈니스와 관련하여 다른 특정 기업과 협상을 진행할 때 이 협상이 널리 알려지는 경우, 이것은 명시적 협상에 해당된다.
- 묵시적 협상(implicit negotiation) : 이것은 협상을 진행하는 협상가 또는 관련자들 이외에는 알 수 없는, 눈에 보이지 않는 암묵적 흥정(tacit bargaining)을 하며, 갈등 해소를 위한 조건들을 명백하게 제시하지 않고 우회적으로 정보를 유출하면서 진행하는 협상이다.
- 협상적 모색(negotiation move) : 이것은 본격적으로 협상을 수행하기 전에 협상에서 유리한 입지를 확보하기 위해 여러 가지 모색을 하는 것을 의미한다.
- 사전협상(prenegotiation) : 이것은 본 협상을 진행하기에 앞서 협상가 또는 관련자들이 협상에 대하여 사전 준비를 하는 것을 말하며, 협상에 관한 협상(negotiation on negotiation)이라고 한다.

---

7 백종섭(2015), p. 73 이하; 이달곤(2005), p. 16 이하.

표 1-1	협상의 유형과 범위				
협상의 유형	의 미	범 위			
명시적 협상	개인, 조직, 국가가 공식적이고 명시적으로 진행하는 협상을 의미함	가장 좁은 의미	좁은 의미	넓은 의미	가장 넓은 의미
묵시적 협상	협상을 진행하는 협상가 또는 관련자들 이외에는 알 수 없는, 눈에 보이지 않는 암묵적 흥정을 하며, 우회적으로 정보를 유출하면서 진행하는 협상을 말함				
협상적 모색	본격적으로 협상을 수행하기 전에 협상에서 유리한 입지를 확보하기 위해 여러 가지 모색을 함				
사전협상	본 협상을 진행하기에 앞서 협상가 또는 관련자들이 협상에 대하여 사전 준비를 함				

자료원 : 백종섭(2015), p. 74; 저자에 의해 일부 수정됨.

협상의 기본적 유형

협상은 분배적 협상과 통합적 협상과 같은 두 가지 기본적 유형으로 분류될 수 있다.[8] 일반적으로 이러한 기본적 유형은 협상 당사자들이 협상의 상황에서 빈번히 경험할 수 있는 협상의 유형이다. 〈그림 1-1〉은 협상 당사자들 간의 분배적 협상과 통합적 협상의 결과(협상 당사자 A의 관점)를 보여준다.

- 분배적 협상(distributive negotiation) : 이것은 협상 당사자들 중에서 누가 더 유리한 협상 결과를 쟁취할 것인가에 중점을 두는 협상이다. 이러한 협상의 유형은 제로섬(zero-sum) 또는 일정합(constant-sum)의 논리에 그 기초를 두고 있다. 제로섬은 여러 사람이 서로 영향을 받는 상황에서 모든 이득의 총합이 항상 제로인 상태를 의미하고, 일정합은 승패의 합계(예를 들면, 게임에서의 승자와 패자

8 현대경제연구원 역, 하버드 경영대학원 저(2010), p. 20 이하.

의 합계)가 일정한 것을 뜻한다. 분배적 협상에서는 협상 당사자들 중에 어느 일방은 만족하고, 어느 일방은 불만족하게 받아들일 수밖에 없는 윈-루즈 (win-lose)의 결과가 발생한다.

- **통합적 협상**(integrative negotiation) : 이것은 협상 당사자들이 자신들의 이해관계를 만족시키기 위하여 통합적 합의를 도출하는 협상이다. 이러한 협상의 유형은 포지티브섬(positive-sum)의 논리에 그 기반을 두고 있다. 포지티브섬은 여러 사람이 서로 협력을 하는 상황에서 모든 이득의 총합이 항상 제로 이상인 상태를 뜻한다. 이 협상에서는 협상 당사자들이 상호 극대화된 이익을 얻기 위하여 협력하게 되며, 가치 창출과 자기 몫 챙기기가 동시에 추구된다. 통합적 협상에서는 협상 당사자들이 동시에 받아들일 수 있는 윈-윈(win-win)의 결과가 도출된다.

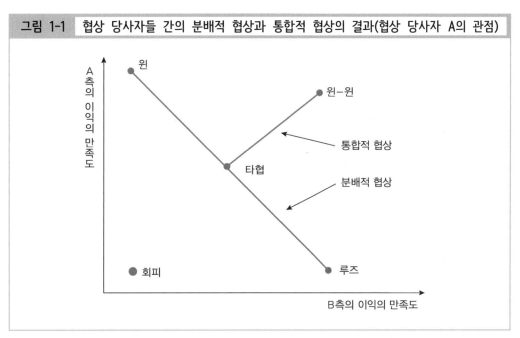

그림 1-1 | 협상 당사자들 간의 분배적 협상과 통합적 협상의 결과(협상 당사자 A의 관점)

자료원 : 장동운(2009), p. 147.

기간에 따른 협상의 유형

협상에 소요되는 기간의 장단에 따라 협상은 단기 협상과 장기 협상으로 구분될 수 있다.[9]

- 단기 협상(short-term negotiation) : 이것은 아주 짧은 기간 동안 수행되는 협상을 말한다. 짧은 기간 동안 협상이 진행되기 때문에 협상을 성사시키기 위해서는 임기응변뿐만 아니라 고도의 집중력이 요구될 수 있다. 이것은 경우에 따라서 한 번의 만남으로 협상 결과가 도출될 수 있기 때문에 유능한 협상 전문가를 협상장에 보내는 것이 바람직하다. 단기 협상에 있어서 협상 마감시간이 임박해지는 경우, 협상 당사자들은 긴장과 초조에 노출될 가능성이 높고, 쉽게 양보하는 경향이 있으므로 주의해야 한다.[10]
- 장기 협상(long-term negotiation) : 이것은 아주 오랜 기간 동안 진행되는 협상을 의미한다. 오랜 기간 동안 협상이 진행되기 때문에 성공적인 협상을 타결하기 위해서는 무엇보다도 협상 당사자들 간의 신뢰가 요구된다. 또한 장기 협상에서는 협상의 절차와 단계가 중요한 의미를 갖기 때문에 협상에 임하기 전에 단계별 협상전략을 수립하여 접근하는 것이 바람직하다.

1.2 비즈니스협상과 기업 외부적 환경

비즈니스협상에 영향을 미칠 수 있는 대표적인 기업 외부적 환경은 국내외의 정치적 및 법적 환경이다. 특히, 국제적인 협상이 진행될 경우에 있어서 기업이 통제할 수 없는 외국의 정치적 및 법적 환경은 협상을 제약하는 요인으로 작용할 수 있

---

9 박지민 역, 리 웨이시엔 저(2010), p. 216 이하.
10 백종섭(2015), p. 77.

다.[11] 기업의 협상에 영향을 미칠 수 있는 현지국의 정치적 및 법적 환경과 관련된 주요 이슈를 살펴보면 다음과 같다.

1.2.1 정치적 환경

정치적 환경(political environment)은 기업의 국제적 협상에 부정적인 영향을 미칠 가능성이 높기 때문에 정치적 위험으로 간주될 수 있다. 정치적 위험은 다른 국가에서 협상을 진행하는 기업이 예측하기 어려운 정치적 변화에 근거하고 있다. 정치적 환경은 다음과 같은 여러 가지 변수로 구성되어 있으며, 국제적 비즈니스협상의 진행과정과 결과에 대하여 직접 또는 간접적으로 영향을 미칠 수 있다.[12]

- **정치적 이념(political ideology)** : 공산주의(국유화, 수용 및 몰수의 위험), 사회주의(예를 들면, 유럽의 사회주의, 공익목적을 위한 정부의 시장개입, 국영기업의 활성화), 자본주의(민영기업에 대한 정부의 규제가능성), 보수와 진보(조세제도 및 세율의 차이, 사회복지 정책에서의 이견)
- **국유화(nationalization)** : 국영기업에 대한 특혜 또는 우대
- **민영화(privatization)** : 국영기업의 매각을 통한 민영화, 기업의 경쟁구도에 영향을 미침
- **정부의 국내외 경제활동에 대한 보호(protection of economic activities)** : 정치적 및 군사적 개입, 테러방지
- **정부의 안정성(stability of government)** : 정부의 권력유지, 정책의 안정성
- **전통적 적대감(traditional hostility)** : 역사적, 종교적, 민족적 또는 인종적 적대감
- **국제기구(international institutions)** : UN, IMF, WTO, OPEC, OECD 등의 정책 및 규제

---

11 장동운(2009), p. 196 이하.
12 Ball, D. A. et al.(2014), p. 334 이하; 박주홍(2012), p. 90 재인용.

- 노동조합(labor union) : 이념적 성향의 노동조합(예를 들면, 유럽의 좌파적 노동조합, 정치적인 지지 및 후원)
- 글로벌 기업(global company) : 거대한 글로벌 기업의 정치적 협상력(어떤 국가의 GNP보다 큰 매출액을 보유한 글로벌 기업의 존재)

1.2.2 법적 환경

법적 환경(legal environment)은 어떤 국가의 법률 체계를 의미하며, 이것은 기업의 국제적 협상의 진행과정과 결과에 대하여 제약요인으로 작용할 수 있다. 특히, 외국 기업이 현지국 기업과의 국제적 협상을 수행하는 경우, 협상의제와 내용은 다음과 같은 법률들에 의하여 직접 또는 간접적으로 영향을 받을 수 있다.[13]

- 상법 및 경제법
- 화폐 및 금융법
- 회사법 및 기업법
- 노동법 및 사회법
- 경쟁법
- 세법

기업의 협상의제와 내용 등에 따라서 현지국별로 검토해야 하는 법률들이 다를 수 있다. 일반적으로 현지국의 법률에 대한 구체적인 검토는 기업의 법무팀, 현지국의 변호사 또는 법무법인 및 경영컨설팅회사 등에 의하여 이루어질 수 있다. 즉, 이러한 법률자문을 통하여 협상자는 협상의제와 내용 등에 영향을 미칠 수 있는 현지국의 법률적 지식 또는 정보를 획득할 수 있다.[14]

---

13 박주홍(2012), p. 107 재인용; Schaffer, R. et al.(2002), p. 240 이하; Dülfer(1992), p. 337.
14 박주홍(2012), p. 107 수정 재인용.

아울러 현지국에서 협상을 진행하는 외국 기업은 여러 가지 규제적 법률환경 (regulative legal environment)에 노출되어 있다. 이러한 규제적 법률환경은 협상을 수행 하는 외국 기업에 대하여 부정적인 영향을 미칠 수 있다.[15]

- 기업의 소유지분을 규제하는 법률
- 현지 종업원의 고용에 관련된 법률
- 투자원금의 회수와 본국송금에 관련된 법률
- 특허, 상표 및 지적 재산권 등과 관련된 법률
- 반덤핑규제
- 제품의 품질, 규격 및 안전 등에 관련된 법률과 규제
- 가격통제에 관련된 법률과 규제

이 밖에도 현지국별로 다양한 규제적인 법률이 존재할 수 있으므로 협상자는 현 지국의 독특한 법적 환경을 철저하게 분석하여야 한다. 아울러 법률이나 규칙으로 제정되어 있지 않은 상관습도 경우에 따라서 국제적 협상에 영향을 미칠 수 있기 때 문에 이에 대한 분석이 요구된다.

1.3 비즈니스협상의 분석을 위한 핵심요소

일반적으로 비즈니스협상을 포함한 모든 형태의 협상을 수행하기에 앞서 다음과 같은 일곱 가지의 핵심요소들이 검토될 필요가 있다. 아래에서 논의되는 이러한 핵 심요소들은 하버드 비즈니스 스쿨의 사례연구를 위해 *휠러(Wheeler)*가 제시한 것이 며, 이것들을 간략히 살펴보면 다음과 같다.[16]

---

15 전게서, p. 108 이하 수정 재인용.
16 Wheeler, M.(2001).

- BATNAs(Best Alternatives To a Negotiated Agreement) : 협상이 합의에 이르지 못한다면, 협상 당사자들은 무엇을 할 것인가?
- 협상 당사자(parties) : 누가 협상에 실제로 참여하는가?
- 이해관계(interests) : 협상 당사자들의 근본적 요구 또는 우선순위는 무엇인가?
- 가치(value) : 협상에서 가치는 어떻게 창출이 되고, 누가 그것을 가지게 되는가?
- 장벽(barriers) : 합의(또는 공동가치의 극대화)를 방해하는 장애물들은 무엇이고, 어떻게 극복할 수 있는가?
- 힘(power) : 다양한 협상 당사자들은 어떻게 협상과정과 그 결과에 영향을 미치는가?
- 윤리(ethics) : 수행해야 하는 올바른 일은 무엇인가?

BATNAs

BATNA의 개념은 피셔, *유리*와 *패튼*(*Fischer, Ury* and *Patton*)에 의해 제안되었으며, 이것은 협상이 합의에 이르지 못할 경우에 선택할 수 있는 최선의 대안 또는 차선책을 말한다.[17] 협상이 진행되는 과정에서 완전한 합의가 이루어지지 않고 협상이 결렬될 위기에 처할 경우에 대비하여 협상 당사자들이 BATNA를 갖고 있다면, 협상이 타결될 가능성이 존재한다. BATNA를 확인하기 위해서는 다음과 같은 세 가지 측면을 고려할 필요가 있다.[18]

- 당사자의 유일성 여부 : 협상 당사자 또는 대상이 하나인 경우 BATNA가 존재하기 어렵다. 쌍방의 협상에 있어서 어느 일방이 협상을 결렬시킬 경우, 다른 협상 당사자를 찾을 수 없다면 협상 상대방은 BATNA를 갖지 못한다.

---

17 Fisher, R., Ury, W. and Patton, B.(1991), p. 97 이하.
18 하혜수/이달곤(2017), p. 180 수정 재인용; Ury, W.(1993), p. 22.

- 대안적 조치의 존재 : 협상 당사자가 유일할지라도 대안적 조치를 취할 수 있다면 BATNA가 존재할 수 있다. 예를 들면, 노사 간의 협상에 있어서 사용자와의 협상이 결렬될 경우 노동조합이 파업을 한다면, 이러한 파업은 대안적 조치에 해당된다.
- 제3자의 활용 가능성 : 조정, 중재 및 재판 등과 같은 제3자의 개입이 이루어질 경우 BATNA가 존재한다. 이러한 제3자를 통하여 타결되는 타율적 협상은 자율적 협상을 대체한다는 측면에서 볼 때 BATNA가 존재한다고 볼 수 있다. 하지만 협상 당사자들 모두에게 제3자의 개입이 이루어지기 때문에 이것은 협상 당사자들 모두의 협상력을 높이기 위한 BATNA로 보기 어려운 측면도 있다.

협상 당사자

누가 실제로 협상에 참여하는가에 대한 문제는 협상의 시작, 경과 및 종결(타결 또는 결렬)에 누가 결정적인 의사결정권을 갖고 있는가에 대한 것이다. 예를 들면, 노사 간의 임금협상이 진행되는 경우에 있어서 겉으로 보이는 협상을 주도하는 협상 당사자들은 노동조합의 대표와 인사부서의 관리자(책임자)이지만 실질적인 최종 의사결정권은 그 기업의 대표가 가지고 있다. 따라서 협상 당사자들은 협상을 진행하면서 누가 협상을 실질적으로 주도하고 있는가를 파악하는 것이 중요하다.

이해관계

협상 당사자들의 근본적 요구 또는 우선순위는 협상의 의제만으로 명확하게 파악하기 힘들 수도 있다. 그러므로 협상 당사자들은 그들의 이해관계에 영향을 미칠 수 있는 여러 가지 측면들을 협상의 과정 중에 또는 협상을 시작하기 전에 고려하는 것이 바람직하다. 예를 들면, 기업합병과 관련된 협상을 진행하는 경우에 있어서 단순히 한 기업이 다른 기업과 합병한다는 차원을 넘어, 합병과 관련하여 나타날 수 있는 세금, 시스템 합병(흡수), 기간, 인수대금 지급방법 및 종업원 승계 등과 같은 다양한

문제에 대한 검토가 이루어져야 한다.[19]

가 치

비즈니스협상에서의 가치는 협상 당사자들 간의 견해 차이에서 창출된다. 협상에서 이러한 가치가 어떻게 창출이 되고, 누가 그것을 가지게 되는가에 대한 문제는 협상의 핵심이라고 할 수 있다. 예를 들면, 공급업체와 구매업체 간의 어떤 제품에 대한 납품 및 구매계약에 있어서 공급업체는 최소 1,000만 원을 받기를 원하고, 구매업체는 최대 1,200만 원을 지불하려고 하는 경우, 이들 협상 당사자들 간에는 200만 원이라는 가격흥정의 융통성이 존재한다. 이러한 200만 원의 가격차이가 가치를 만들어내는 원천이 되며, 이것을 ZOPA(Zone of Possible Agreement)라고 한다. ZOPA는 협상 당사자들이 동시에 받아들일 수 있는 협상영역을 의미한다. 협상 당사자들이 받아들 수 있는 ZOPA에 발생하는 가치는 협상 당사자들 간의 힘의 차이 때문에 고르게 배분되지 않을 수도 있다.[20]

장 벽

비즈니스협상에 있어서 장벽은 협상의 타결을 방해하는 장애요인들을 의미한다. 협상 당사자들 간에 ZOPA가 존재함에도 불구하고 협상의 타결을 방해하는 이유는 다음과 같이 요약될 수 있다.[21]

- 완고하고 보수적인 협상자들 : 협상자들이 협상을 자신의 의지를 테스트하는 전투로 받아들인다면, 협상은 타결에 이르지 못하고 무의미하게 종결될 가능성이 높다.
- 신뢰의 부족 : 협상 당사자들 간의 신뢰가 부족한 상태에서는 협상의 타결이 어

---

19 김기홍(2017), p. 105.
20 Wheeler, M.(2001).
21 현대경제연구원 역, 하버드 경영대학원 저(2010), p. 141 이하.

려울 수 있다.

- **정보부재와 협상자의 딜레마** : 협상 당사자들이 서로에 대한 정보를 잘 모르거나 갖고 있지 않은 경우, 양측 모두 만족할 만한 협상의 결과가 도출되기 어렵다. 또한 협상 당사자들 간의 정보부재로 인하여 '협상자의 딜레마(negotiator's dilemma)'가 나타날 수 있다. 즉, 협상 당사자들이 모두 정보공개를 한다면 양측 모두 만족할 수 있는 결과가 도출될 수 있지만, 양측 모두 정보공개를 하지 않고 속인다면 양측 모두 이득을 얻지 못하거나 협상이 타결되지 않을 가능성이 높다. 협상 당사자들 간에 정보공개가 전혀 없는 상태에서 협상이 진행된다면, 양측 모두 협상을 포기하는 '협상자의 딜레마'에 빠질 가능성이 높아진다. 〈표 1-2〉는 협상자의 딜레마를 보여준다.

- **구조적인 장애요인들** : 이러한 요인들은 협상에 필요한 당사자들이 모두 모이지 않은 경우, 협상과 관련이 없는 당사자들이 참여하는 경우, 협상 당사자들 중에서 한둘이 협상의 진전을 의도적으로 방해하는 경우, 그리고 아무도 시간의 부담을 느끼고 있지 않기 때문에 협상을 질질 끌고 있는 경우 등이다.

- **문화적인 차이와 남녀 간의 차이** : 문화적 차이와 남녀 간의 차이로 인하여 협상이 의도하지 않은 방향으로 진행될 수 있다.

- **커뮤니케이션상의 문제** : 커뮤니케이션(communication)은 협상의 매개수단이기 때문에 커뮤니케이션이 없는 협상은 제대로 진행되기 어렵다.

- **대화의 힘** : 대화(dialogue)는 강력한 커뮤니케이션의 방법이다. 협상 당사자들 간의 진실한 대화는 협상을 성공으로 이끄는 원동력이 될 수 있다.

표 1-2	협상자의 딜레마		
협상자의 딜레마		B사	
		솔직하고 진실한 협상 자세	숨기고 속이는 협상 자세
A사	솔직하고 진실한 협상 자세	양측 모두 적당한 이득을 얻는다.	A사는 적은 이득을, B사는 상당한 이득을 얻는다.
	숨기고 속이는 협상 자세	A사는 상당한 이득을, B사는 적은 이득을 얻는다.	양측 모두 이득을 얻지 못하며 협상은 실패할 가능성이 높다.

자료원 : 현대경제연구원 역, 하버드 경영대학원 저(2010), p. 141 이하 재인용; Watkins, M.(2000), p. 4.

힘

이것은 협상 당사자들이 보유하고 있는 협상력을 의미한다. 즉, 이것은 협상 당사자들 간의 특정한 협상의제에 대하여 협의하고 서로의 이해관계를 조정해서 일정한 합의를 도출해 내는 능력을 말한다. 일반적으로 ZOPA에 발생하는 가치는 협상력이 높은 협상 당사자에게 더 많이 배분되는 경향이 있다. 협상력에 구체적인 내용은 제3장에서 논의하기로 한다(제3장, 3.4 참고).

윤 리

이것은 협상의 과정에서 해야 하는 올바른 일들은 무엇인가에 대한 질문과 관련되어 있다. 윤리적 협상을 진행하기 위하여 다음과 같은 다섯 가지의 질문을 통하여 협상에서의 윤리적 문제에 대처하는 것이 바람직하다.[22] 비즈니스협상과 윤리적 문제에 대한 것은 제5장에서 구체적으로 살펴보기로 한다.

- 어느 정도로 솔직하게 협상 상대방을 대할 것인가?
- 합의한 결과들이 합의의 형평성에 부합하는가?
- 협상에서 강압적으로 굴지는 않았는가?

---

22 Wheeler, M.(2001).

- 협상의 결과가 제3자에게 어떤 영향을 미치는가?
- 제3자를 대신하여 협상을 진행할 경우, 발생하는 문제는 무엇인가?

1.4 본서의 구성 및 주요 내용

본서는 총 3부 14장으로 구성되어 있으며, 그 주요 내용은 다음과 같다.

'제1부 비즈니스협상에 대한 개념적 기초'는 본서의 도입 부분으로서 비즈니스협상의 개념(제1장), 비즈니스협상의 과정과 전략(제2장), 비즈니스협상을 수행하는 협상가와 협상력(제3장), 비즈니스협상과 갈등관리(제4장), 비즈니스협상과 윤리적 문제(제5장)에 대하여 설명한다.

'제2부 기능영역과 관련된 주요 협상 이슈'는 마케팅협상(제6장), 인사협상(제7장), 재무협상(제8장), 생산운영협상(제9장)에 대하여 체계적으로 논의한다. 특히, 제2부는 기업의 각 기능영역과 관련된 이론적 측면들을 논의하고, 협상과 관련된 주요 이슈들을 검토한다.

마지막으로 '제3부 글로벌 기업활동과 관련된 주요 협상 이슈'는 글로벌 비즈니스협상과 문화적 환경의 이해(제10장), 수출협상(제11장), 라이선싱 및 프랜차이징협상(제12장), 해외직접투자협상(제13장), 전략적 제휴협상(제14장)에 대하여 논의한다. 제3부는 글로벌 기업활동과 관련된 다양한 이론적 측면들을 설명하고, 협상과 관련된 주요 이슈들을 논의한다. 〈그림 1-2〉는 본서의 구성 및 주요 내용을 제시한다.

그림 1-2	본서의 구성 및 주요 내용

제1부 비즈니스협상에 대한 개념적 기초

제1장 비즈니스협상의 개념
제2장 비즈니스협상의 과정과 전략
제3장 비즈니스협상을 수행하는 협상자와 협상력
제4장 비즈니스협상과 갈등관리
제5장 비즈니스협상과 윤리적 문제

제2부 기능영역과 관련된 주요 협상 이슈

제6장 마케팅협상
제7장 인사협상
제8장 재무협상
제9장 생산운영협상

제3부 글로벌 기업활동과 관련된 주요 협상 이슈

제10장 글로벌 비즈니스협상과 문화적 환경의 이해
제11장 수출협상
제12장 라이선싱 및 프랜차이징협상
제13장 해외직접투자협상
제14장 전략적 제휴협상

비즈니스협상의
과정과 전략

CHAPTER 02

CHAPTER 02

비즈니스협상의 과정과 전략

2.1.1 협상과정의 의의

일반적으로 비즈니스협상은 사전협상, 본협상 및 사후협상의 과정(단계)을 거치게 된다.[1] 여기에서는 협상과정의 의미에 대하여 간략히 살펴보기로 한다.

- 사전협상(pre-negotiation) : 이것은 협상을 원활하게 수행하기 위한 계획이 수립되는 본협상 이전의 준비단계를 말한다. 무엇보다도 이 과정에서는 협상의 준비를 철저히 하여 본협상에 임하는 것이 중요하다.
- 본협상(main negotiation) : 이것은 협상 당사자들 간의 협상이 시작되고, 진행되

---

1 김기홍(2017), p. 114 이하; Rojot, J.(1991), p. 174 이하.

고, 종결되는 단계를 포함한다. 이 단계에서 협상 당사자들은 그들의 협상목적을 달성하기 위하여 치열한 협상을 한다.

- **사후협상(post-negotiation)** : 이것은 본협상이 종결된 이후 협상의 결과에 대하여 최종적으로 정리하는 단계를 의미한다. 특히, 이 단계에서는 협상을 통하여 도출된 결과를 어떻게 이행하여야 할 것인가에 대한 문제를 처리하여야 한다.

2.1.2 협상전략의 의의

협상전략(negotiation strategy)은 '협상목표를 달성하고, 협상을 유리하게 진행하기 위한 협상전개의 방향과 틀'이라고 정의할 수 있다. 이러한 정의는 비즈니스협상에서도 동일하게 적용될 수 있다. 특히, 협상에서 전략이 차지하는 비중 또는 역할이 크고 다양하기 때문에 협상전략은 다음과 같은 다섯 가지 전략의 의미를 모두 포함하는 개념으로 볼 수 있다. 즉, 전략은 다섯 가지의 범주로 분류될 수 있으며, 이것은 5P로 설명될 수 있다.[2]

- **계획(plan)으로서의 전략** : 이것은 환경에 대응하기 위하여 조직(예를 들면, 기업)이 의도적인 행동방향과 지침을 제공하는 것을 의미한다.
- **책략(ploy)으로서의 전략** : 이것은 특정 경쟁상황에서 경쟁자를 압도하기 위한 의도된 구체적인 방책을 말한다. 어떤 측면에서 볼 때 협의의 전략, 즉 전술과도 비슷한 의미로 볼 수 있다.
- **행동패턴(pattern)으로서의 전략** : 이것은 사전에 의도된 것이든 의도되지 않은 것이든 특정 조직과 그 구성원들에게 일관되게 나타나는 모든 행동방식을 뜻한다.
- **위치설정(position)으로서의 전략** : 이것은 조직의 내부와 환경을 결합시킴으로써

---

2 http://dtims.dtaq.re.kr:8084/dictionary.do?method=main; http://100.daum.net/encyclopedia/view/196 XXXXX15615.

외부나 환경에서 조직의 위치나 지위, 이미지 등을 결정하는 수단으로서의 전략을 의미한다.

- 관점(perspective)으로서의 전략 : 이것은 전략결정자가 환경을 인식하는 관점을 의미한다. 이 정의는 가장 추상적이고 개념적인 것으로, 특정 집단이 공유하고 있는 문화, 가치관, 세계관 등의 개념과 유사하다.

2.2 사전협상과 전략

2.2.1 사전협상

사전협상의 단계에서는 본협상을 성공적으로 수행하기 위하여 계획과 준비를 하는 것이 중요하다. 협상 당사자들 간의 본협상에 앞서 계획과 준비를 더욱 철저히 하는 협상 당사자가 그렇지 못한 협상 당사자에 비해 본협상에서 유리한 결론을 이끌어낼 가능성이 높다. 이론적 또는 실무적으로 정해진 규칙이나 순서는 없지만 사전협상의 단계에서 중요하게 고려하여야 할 측면들은 다음과 같이 요약될 수 있다.[3]

- 협상계획의 수립 : 본협상을 수행하기에 앞서 협상의 시작부터 종료까지 협상과 관련된 모든 사항에 대한 구체적인 계획이 수립되어야 한다. 무엇보다도 협상 일정표를 미리 작성하여 본협상에 임하는 것이 중요하다. 또한 일정별 주요 목표를 설정하여 본협상이 진행되는 동안 설정한 목표와 도출된 결과를 지속적이고 주기적으로 비교(피드백)할 필요가 있다.
- 협상팀의 구성 또는 단독협상자의 선정 : 협상 상대방과의 협상을 수행할 협상팀

---

3 윤홍근/박상현(2010), p. 91 이하; 박승주 역, Stark, P. B. and Flaherty, J. 저(2007), p. 134 이하; Simons, T. and Tripp, T. M.(2007), p. 74 이하; Watkins, M. and Rosen, S.(2001), p. 19 이하; Rojot, J.(1991), p. 176 이하.

또는 단독협상자를 선정하는 것은 본협상의 성공적 타결을 위한 가장 중요한 의사결정의 하나이다. 협상팀 또는 단독협상자의 자질과 능력에 따라 본협상의 결과가 달라질 수 있다.

- 협상의제의 선택 : 협상의제는 협상의 주제 또는 이슈가 무엇인가에 대하여 명확한 정의를 내리는 것과 관련되어 있다. 일반적으로 협상의제는 협상 당사자들 간의 사전협상 또는 예비협상을 통하여 선택된다.

- 협상목표의 설정 : 협상목표는 협상계획의 수립단계에서 설정되어야 하며, 이것은 협상을 통하여 얻을 수 있는 이상적인 결과가 무엇인지를 미리 정하는 것을 의미한다.

- 협상 상대방에 대한 주요 정보의 수집과 평가 : 협상을 준비하는 협상팀 또는 단독협상자는 본협상을 성공적으로 수행하기 위하여 협상 상대방에 대한 다양한 정보를 수집하고 평가하여야 한다. 협상의제 또는 이슈에 따라 구체적인 체크리스트를 작성하여 정보를 수집 또는 평가한다면, 협상자는 본협상에서 이것을 유용하게 활용할 수 있다.

- 협상장소의 선택 : 협상장소가 본협상에서 결정적인 영향을 미치지 않을 수 있지만, 경우에 따라서 협상자가 정한 협상장소가 협상에 유리한 영향을 미칠 수도 있다. 일반적으로 협상자는 자기가 잘 아는 장소 또는 공간에서 협상을 할 경우 편안함을 느낄 수 있을 뿐만 아니라, 협상 상대방이 지정하는 다른 장소 또는 제3의 장소로의 이동에 따른 불편함 또는 불이익을 줄일 수 있다.

- 협상시한의 설정 : 대부분의 협상은 협상시한을 설정한 후 진행된다. 본협상이 수행되기에 앞서 협상 당사자들 간의 합의를 통하여 협상시한이 설정될 필요가 있다. 일반적으로 협상은 협상초반보다는 설정한 시한이 끝나갈 무렵 실질적 진전 또는 타결 가능성이 있다. 만일 협상시한이 없다면 협상이 신속하게 진행되지 않거나 실질적 진전이 없는 유명무실한 협상이 될 가능성이 높다.

〈표 2-1〉은 관점 질문서를 보여준다. 이 표는 협상을 준비하는 단계에서 나의

관점과 상대방의 관점에서 협상 당사자들에 대한 다양한 질문의 결과를 일목요연하게 기록할 수 있도록 도와준다.

표 2-1	관점 질문서	
나의 관점		**상대방의 관점**
주 제:		주 제:
비 전:		비 전:
정보의 출처:		정보의 출처:
입수 가능한 사실들:		입수 가능한 사실들:
협상할 수 있는 문제들:		협상할 수 있는 문제들:
협상 당사자들의 '드러난' 욕구:		협상 당사자들의 '드러난' 욕구:
협상 당사자들의 '내재적인' 욕구:		협상 당사자들의 '내재적인' 욕구:
개인인가 팀인가?		개인인가 팀인가?
협상 스타일:		협상 스타일:
선택사항 혹은 대안들:		선택사항 혹은 대안들:
사안에 대한 의견:		사안에 대한 의견:
전략과 기술:		전략과 기술:
최적 대안:		최적 대안:
논의 사항 목록:		논의 사항 목록:
장 소:		장 소:

자료원 : 박승주 역, Stark, P. B. and Flaherty, J.(2007), p. 141.

〈표 2−2〉는 협상 체크리스트를 제시한다. 이 표는 협상을 준비하는 단계에서 검토해야 하는 여러 가지 질문의 결과를 일목요연하게 기록할 수 있도록 도와준다.

표 2-2	협상 체크리스트
질문영역	**체크리스트**

나의
관점
	1. 전반적인 목표는 무엇인가?
	2. 이슈들은 무엇인가
	3. 각 이슈는 얼마나 중요한가?
	  a) 모든 이슈들의 리스트 작성
	  b) 모든 이슈들의 순위 설정
	  c) 모든 이슈에 대한 점수 부여(100점 만점 기준 가중치 부여)
	  d) 각 이슈별 합의 가능범위의 설정(해당 산업규범 및 최선의 기대치에 근거하여 실현 가능한 기대치, 낮은 기대치 및 높은 기대치 등으로 평가)
	  e) 각 이슈별로 확인된 가능한 결과들에 대한 점수 부여
	  f) 부여된 점수의 정확성에 대한 재확인
	  g) 협상 테이블에서 제시되는 어떤 제안을 평가하기 위하여 스코어링 시스템 활용
	4. BATNA(협상이 합의에 이르지 못할 경우에 선택할 수 있는 최선의 대안)는 무엇인가?
	5. 협상에 대한 저항점(즉, 협상의 종결 이전에 받아들여야 하는 최악의 합의)은 무엇인가? BATNA가 애매하다면, 받아들일 수 있는 최소 조건을 다시 확인하고, 더 많은 정보를 수집하기 위하여 협상 보류를 검토한다.

상대방의 관점	1. 각 이슈가 상대방에게 얼마나 중요한가(아울러 어떤 새로운 이슈들이 추가되는가)? 2. 상대방의 BATNA는 무엇인가? 3. 상대방의 저항점은 무엇인가? 4. 위의 질문들에 기초하여 나의 관점에서 목표는 무엇인가?
협상의 상황	1. 협상의 시한이 있는가? 누가 더 조급한 상황인가? 2. 적용할 수 있는 공정성 규범 또는 판단 기준은 무엇인가? 3. 나의 관점에서 회피하고 싶은 주제 또는 질문은 무엇인가? 상대방이 이에 대한 질문을 하면 어떻게 반응할 것인가?
협상 당사자들 간의 관계	1. 협상이 반복적인가? 만일 그렇다면, 나의 관점에서 고려하고 있는 각 전략, 전술 또는 행동으로 인한 미래의 결과는 무엇인가? 2. a) 상대방을 신뢰하는가? 상대방에 대해 알고 싶은 것은 무엇인가? b) 상대방이 나를 신뢰하는가? 3. 상대방의 스타일 및 전술에 대해 알고 싶은 것은 무엇인가? 4. 상대방의 권한의 한계점은 무엇인가? 5. 의제에 대하여 상대방과 미리 상의하라.

자료원 : Simons, T. and Tripp, T. M.(2007), p. 75.

이 표는 앞서 제시한 〈표 2-1〉과 유사한 측면도 있지만 협상의 상황 및 협상 당사자들 간의 관계에 대한 추가적인 질문을 제시하고 있다.

〈표 2-3〉은 협상준비에 필요한 7가지 기본요소를 보여준다. 이 표는 협상을 준비하는 단계에서 검토해야 하는 다양한 질문을 통하여 본협상에서의 혼란을 방지하고 본협상을 원활히 수행하는데 많은 도움을 줄 수 있다.

표 2-3	협상준비에 필요한 7가지 기본요소
기본요소	**질문사항**
관 계	1. 협상 당사자들의 기존 관계는 어떻다고 생각하는가? 2. 적대적인가 우호적인가? 3. 협상 당사자들 사이의 관계가 어떻게 되기를 바라는가? 4. 좀 더 나은 관계를 맺기 위해서는 어떻게 해야 할까? 5. 나란히 앉아야 할까? 친구들끼리 쓰는 말투를 사용해야 할까? 6. 우호적인 반응을 이끌어내려면 어떻게 해야 할까?
의사소통	1. 상대방의 말에 제대로 귀를 기울이고 있는가? 2. 무엇을 위해서 경청해야 하는 걸까? 3. 요점은 무엇인가?
관 심	1. 우리의 가장 큰 관심은 무엇인가? 상대방의 가장 큰 관심은 무엇인가? 2. 서로 화합할 수 있는 관심은 무엇이고, 갈등을 일으킬 가능성이 있는 관심은 무엇인가?
대 안	1. 협상에 참여한 양측이 받아들일 수 있는 합의점은 무엇일까?
공평성	1. 양측을 납득시킬 수 있는 선례나 합리적인 기준은 무엇일까?
가장 합리적인 대안	1. 상대방과 합의에 이르지 못하면 우리는 어떻게 해야 하는가? 2. 상대방은 어떤 대안을 가지고 있을까?
결 정	1. 상대방의 결정 중에서 우리가 받아들여 볼만한 것이 있을까? 2. 합의에 도달하기 위해서 필요하다면 우리가 해야 하는 결정이 있는가? 3. 양측의 가능성 있는 결정을 나열해본다.

자료원 : 이진원 역, Fisher, R. and Shapiro, D. 저(2007), p. 247 재인용; Fisher, R., Ury, W. and Patton, B.(1991).

2.2.2 사전협상의 전략

앞서 논의한 바와 같이 협상전략은 여러 가지 관점에서 그 의미가 해석될 수 있다(2.1 참고). 아래에서는 '책략으로서의 전략(예를 들면, 전술, 방법, 기법 또는 테크닉 등)'의 관점에서 사전협상과 관련된 다양한 전략을 서술하기로 한다.

협상의 테크닉 학습

본협상에 임하기 전에 협상자는 협상의 테크닉을 익힐 필요가 있다. 본협상에 임하기 전에 협상자가 갖춰야 할 기본적 테크닉 또는 자세는 다음과 같다.[4]

- 거래한다는 생각보다는 협상 당사자들 상호간의 이익에 우선적으로 관심을 가짐 : 이것은 나의 관점뿐만 아니라 상대방의 관점도 함께 고려하여 본협상을 수행해야 한다는 것을 의미한다. 이러한 마음가짐을 가지고 본협상에 임한다면 협상 상대방에게 신뢰를 줄 수 있는 관계가 형성될 수 있다.
- 상호 신뢰감을 높인 후 본협상을 시작함 : 협상 상대방에게 신뢰감을 높인 후 본협상을 수행하게 되면, 협상 상대방도 신뢰감을 가지고 본협상에 임하게 된다. 이러한 신뢰를 바탕으로 본협상이 진지하고 건설적으로 진행될 수 있다.
- 협상 상대방에 대한 정보를 수집하고 분석함 : 협상자가 협상 상대방에 대한 정확한 정보를 갖고 있어야 본협상에서 우위를 점할 수 있다. 무엇보다도 협상자는 협상 상대방이 원하는 것, 그리고 협상 상대방의 강점과 약점이 무엇이고, 언제까지 협상시한을 정하고 있는가를 파악하는 것이 중요하다.
- 시간을 효율적으로 활용하고, 때를 기다릴 줄 알아야 함 : 본협상을 수행하는 경우에 있어서 협상자는 주어진 시간을 잘 활용하여야 한다. 또한 협상자는 협상의 상대방에게 자신이 가진 협상 마감시한을 절대 노출해서는 안 된다. 협상 마감

---

4 이서정 편(2008), p. 40 이하.

시한이 노출되는 경우, 협상 상대방은 시간끌기를 하며 협상자를 초초하게 만들어 그들에게 유리한 결과를 도출하려고 한다.

- 커뮤니케이션 중에는 논쟁을 하지 말고 설득하는 자세를 보여야 함 : 협상자가 본협상에서 언성을 높이며 논쟁을 하는 것은 결코 좋은 결과를 가져다주지 못한다. 협상자는 협상 상대방을 편하게 대하고, 거래의 대상으로 보지 않고 상호 이익을 존중하는 자세를 가지고 접근하는 것이 바람직하다.

- 원칙에 충실해야 함 : 일단 협상의 원칙이 정해졌다면, 협상자는 이 원칙을 지키며 본협상에 임해야 한다. 협상자가 내세우는 원칙과 일관성은 협상 상대방으로 하여금 원칙의 중요성을 은연중에 깨닫게 한다. 편법과 무원칙은 본협상을 불리한 방향으로 이끌 수 있으므로 주의해야 한다.

사전협상의 전략

아래에서는 사전협상의 단계에서 협상자가 추구해야 하는 기본적 전략을 제시한다.[5]

- 협상준비를 철저히 함 : 사전협상의 단계에서 협상준비를 철저히 하여 본협상에 임한다면, 협상자는 본협상을 원활히 수행할 수 있다. 앞서 설명한 '관점 질문서', '협상 체크리스트'와 '협상준비에 필요한 7가지 기본요소'를 활용하여 협상준비를 한다면, 협상자는 본협상의 주요 내용, 의제, 이슈, 흐름 또는 줄거리 등을 쉽게 파악할 수 있다.

- 수집한 정보를 객관적으로 제시함 : 사전협상의 단계에서 수집되고 분석된 모든 정보는 객관적 관점에서 제시되어야 한다. 만일 수집되고 분석된 정보가 주관적이라면, 이러한 정보는 본협상에서 설득력이 있는 정보로 활용되기 어렵다.

- 목표를 명확히 설정함 : 협상자가 사전협상의 단계에서 해야 하는 가장 중요한

---

5 김기홍(2017), p. 129 이하.

과업 중의 하나는 본협상에서 추구해야 하는 목표를 명확하게 설정하는 것이다. 협상목표는 정량적 및 정성적 관점에서 분명하게 제시되어야 한다. 일반적으로 협상목표는 높게 설정하는 것이 바람직하다. 만일 높게 설정된 협상목표가 본협상에서 달성되기 어렵다면, BATNA가 협상목표를 대신할 수도 있는 상황이 발생할 수도 있다.

- 상황보다 상황에 대한 인식이 중요함 : 본협상에서 가장 중요한 것은 협상의 당사자들이 각각 협상 상대방에 대하여 어떠한 인식을 하고 있느냐는 것이다. 예를 들면, 어떤 부품의 구매와 납품과 관련된 협상에 있어서 구매업체가 대기업이고 납품업체가 중소기업이라면 대기업이 납품단가를 낮출 힘을 갖고 있다고 중소기업이 생각할 경우에 그 힘은 효력을 발휘한다. 즉, 대기업이 힘을 갖고 있다는 사실보다는 중소기업이 그렇게 인식한다는 것이 중요하다. 그러므로 협상 상대방에게 이러한 인식을 심어주는 것도 하나의 협상전략이 될 수 있다.
- 협상타결에 연연하지 않음 : 예상되는 협상결과가 협상의 원칙을 침해하거나 이익을 가져다주지 못할 경우 협상타결에 연연하지 않고 협상을 종결하는 것이 좋을 수도 있다.

2.3 본협상과 전략

2.3.1 본협상

본협상은 협상 당사자들 간의 협상이 시작되고, 진행되고, 종결되는 단계로 구성되어 있다.[6] 아래에서는 본협상의 단계별 주요 내용 및 고려사항들을 살펴보기로 한다.

---

6 Rojot, J.(1991), p. 188 이하.

본협상의 시작단계(beginning phase)

이 단계에서는 협상 당사자들이 협상장소를 정한 후, 협상의제(주제) 또는 이슈 등에 논의를 시작하는 첫 만남(first meeting)이 이루어진다. 협상 당사자들은 비즈니스협상의 성격에 따라 협상팀 또는 단독협상자를 협상장으로 파견한다. 첫 만남에서의 주요 고려사항은 다음과 같다.

- 우호적 협상 분위기의 조성 : 대부분의 협상은 협상 당사자들이 그들에게 유리한 방향으로 협상을 주도하려고 하기 때문에 첫 만남부터 긴장이 고조되고, 갈등이 야기될 수 있다. 협상 당사자들은 이러한 긴장된 분위기를 누그러뜨려 협상 분위기를 우호적으로 만들어야 협상을 순조롭게 진행시킬 수 있다는 것을 인식할 필요가 있다. 협상장에서 가장 먼저 해야 할 일들 중의 하나는 협상 당사자들 간의 냉랭한 얼음과 같은 분위기를 깨는 아이스브레이킹(icebreaking)이다.[7] 이것은 새로운 사람을 만났을 때 나타날 수 있는 어색하고 서먹서먹한 분위기를 깨뜨리는 것을 말한다. 협상 당사자들 간에 우호적이고 협동적인 분위기를 조성하기 위하여 서로의 협상 상대방에게 건네는 우호적인 인사, 유머 또는 농담 등을 통하여 아이스브레이킹이 성공적으로 이루어질 수 있다.
- 최초 제안의 중요성 인식 : 본협상의 첫 만남에서 협상이 바로 타결되는 경우는 거의 없다. 그러므로 첫 만남에서 협상의 주도권을 확보하기 위하여 협상 당사자들은 최초 제안의 중요성에 대해 관심을 갖게 된다. 즉, 협상 당사자들 중에 누가 먼저 최초 제안을 하는가에 대한 문제도 중요한 사항이 될 수 있다. 협상 상황에 따라 첫 만남에서 최초 제안이 이루어지지 않을 수도 있다. 최초 제안은 기싸움의 성격이 강하며, 향후 협상에서 서로에게 유리한 입지를 확보하려는 수단으로 활용될 수 있다.

---

7 김병국(2009), p. 212 이하.

- 협상 상대방의 협상 권한의 확인 : 협상의 준비단계 또는 첫 만남에서 최종 협상 권한을 누가 갖고 있는지를 파악하는 것이 중요하다.[8] 예를 들면, 우리 측의 협상자는 최종 협상 권한을 갖고 있는데 반해, 첫 만남에 참석한 협상 상대방이 최종 협상 권한을 갖고 있지 않다면, 최종 협상 권한을 가진 상대방 측의 협상자가 협상에 참석할 것을 요구해야 한다. 최종 협상 권한이 없는 협상 상대방과 협상을 지속한다면, 우리 측의 협상자는 향후 협상의 진행 중에 또 다른 협상 상대방과 다시 협상을 시작하게 되는 비효율적인 상황에 직면하게 된다.

본협상의 진행단계(middle phase)

본협상의 진행단계에서는 본격적으로 협상이 진행되며, 협상 당사자들 간에 제안(proposal)과 대응 제의(counter-proposal), 수정 제안과 수정 대응 제의 등의 절차를 거치면서 협상의제 또는 이슈에 대한 반복적이고 지속적인 협의가 이루어진다.[9] 이 단계에서는 협상 당사자 간의 정보교환과 설득이 중요한 역할을 한다.

- 정보교환(information exchange) : 성공적인 협상을 이끌어가기 위해서는 협상 상대방에 대한 정보수집이 매우 중요하다. 사전협상의 단계에서 수집되고 분석된 정보는 본협상에서 유용하게 활용될 수 있다. 만일 우리 기업이 협상 상대방과 관련된 더 많은 정보를 확보하고 있다면, 협상은 우리 기업에게 유리한 방향으로 진행될 수 있다. 또한 본협상이 진행되는 과정에서도 지속적인 정보수집이 요구된다. 본협상의 의제를 논의하고, 이슈를 해결하기 위하여 수행되는 협상 당사자 간의 정보교환은 협상의 흐름에 큰 영향을 미칠 수 있다. 다음과 같은 질문들을 통하여 본협상의 진행단계에서 협상 상대방에 대한 정보를 추가적으로 수집할 수 있다.[10]

---

8 박노형(2007), p. 155 이하.
9 백종섭(2015), p. 86; Rojot, J.(1991), p. 191.
10 김병국(2009), p. 218 이하.

- 예산규모와 최후의 양보선은 어디인가?
- 협상 권한과 조직 내의 역학구도는 어떠한가?
- 어떠한 경쟁구도로 협상을 진행하려고 계획하고 있는가?
- 어떤 시간 계획으로 협상을 진행하려고 하는가?
- 얼마나 협상타결을 필요로 하는가?
- 얼마나 시급하게 협상타결을 하려고 하는가?
- 왜 우리와 협상을 하려고 하는가?

본협상이 진행되는 과정에서 협상 당사자들 간의 커뮤니케이션은 대화뿐만 아니라 프레젠테이션(presentation)을 통하여 이루어질 수 있다. 협상 상대방을 효과적으로 설득하기 위해서는 다음과 같은 측면들을 고려하는 체계적인 프레젠테이션이 필요하다.[11]

- 협상의 목표를 구체적으로 세운다.
- 협상 상대방에 대한 강점, 약점, 기회 및 위협에 대하여 분석한다.
- 협상 상대방이 가장 중요하게 생각하는 핵심 가치를 파악한다.
- 협상 상대방의 핵심 가치와 행동의 불일치를 찾아낸다.
- 협상 상대방의 행동이 핵심 가치와 일치되도록 설득한다.

- 설득(persuasion) : 이것은 본협상에서 대화를 나누고, 커뮤니케이션을 수행하기 위하여 협상자가 정보를 있는 그대로 전달하지 않고 협상 상대방의 관점에서 정보를 가공하여 전달하는 것을 말한다.[12] 즉, 설득은 협상자가 협상 상대방에게 있는 그대로의 정보를 제공하는 설명(explanation)과는 다른 관점에서 이루어져야 한다. 설득에 영향을 미치는 요인들은 다음과 같이 요약될 수 있다.[13]

  - 정보 발신자의 신뢰도 : 누가 협상 상대방에게 정보를 제공하는가에 따라 제공되는 정보의 신뢰수준이 달라질 수 있다. 일반적으로 정보 발신자의 지

---

11 전게서, p. 223.
12 강영문(2010), p. 119 이하.
13 전게서, p. 120 이하.

위가 높을수록 정보의 신뢰도가 높아진다.

- 메시지의 내용 : 협상 상대방과 우리 기업의 차이점보다는 공통점을 부각시킬 수 있는 메시지를 제공할 경우, 협상 상대방은 더욱 쉽게 설득될 수 있다. 즉, 협상 상대방의 입장에서 전달해야 할 메시지가 가공되어야 한다.
- 설득의 방법 : 적절한 언어와 목소리(톤) 및 정보전달의 방법(예를 들면, 말만 하는 숫자 설명이 아닌 도표나 그림으로 보여주는 경우 설득이 잘 될 수 있음)을 어떻게 선택하는가에 따라 설득의 효과가 달라질 수 있다.

본협상의 종결단계(end phase)

본협상의 종결단계는 협상이 마무리되는 단계를 말하며, 이 단계에서는 협상이 최종적으로 타결이 되거나, 아니면 결렬될 수 있다. 본협상의 종결단계에서는 다음과 같은 측면들이 중요하게 고려되어야 한다.[14]

- 합의의 도출 : 협상의제 또는 이슈에 대한 협상 당사자들 간의 최종 합의가 도출되어야 한다. 일반적으로 이러한 협상타결의 결과는 문서(예를 들면, 협상 체결문 또는 협상 합의문)로 작성하여 서로 교환하며, 경우에 따라서 법적인 효력을 높이기 위하여 공증을 받기도 한다. 합의문에는 합의된 모든 사항들이 포함되어야 하지만, 향후에 협상 당사자들 간에 일어날 수 있는 분쟁에 대비하여 분쟁해결방법 또는 규정에 대한 내용도 포함시켜야 한다.[15] 또한 합의문에 기록된 모든 사항들이 실행이 되어야만 협상이 온전하게 종결된다.
- 협상의 결렬 : 협상 당사자들 간의 의견의 차이로 인하여 협상이 결렬될 가능성은 항상 존재한다. 협상이 결렬될 경우, 협상 당사자들은 어느 정도 시간을 두고 조정 또는 재협상을 할 수도 있고, 제3자가 개입되는 중재를 선택할 수도 있다.

---

14 백종섭(2015), p. 88 이하.
15 박노형(2007), p. 203.

2.3.2 본협상의 전략

앞서 논의한 사전협상의 전략과 동일한 관점에서 본협상의 전략을 살펴보기로 한다. 즉, 아래에서는 '책략으로서의 전략(예를 들면, 전술, 방법, 기법 또는 테크닉 등)'의 관점에서 본협상과 관련된 다양한 전략을 검토하기로 한다.

협상전략의 종류

협상전략은 결과에 대한 관심도와 관계에 대한 관심도를 기초로 하여 5가지로 구분될 수 있다. 즉, 두 가지 종류의 관심도를 기초로 협상전략이 분류되기 때문에 이것을 '이원관심 모델'이라고 한다. 〈그림 2-1〉은 이원관심과 5가지 협상전략을 제시한다. 이러한 협상전략을 구체적으로 살펴보면 다음과 같다.[16]

- 회피전략(avoiding strategy) : 이것은 관계와 결과에 대한 중요도가 모두 낮고, 자신과 상대의 이익에 대한 관심도가 모두 낮은 경우에 해당되는 전략이다. 이 전략은 상대에게 협상을 하지 않겠다고 하거나 협상을 고의로 지연시키는 것이다. 이 전략을 선택하는 상황은 다음과 같다.
  - 협상 이외의 대안이 있을 때
  - 협상이익과 상대와의 관계가 큰 의미가 없을 때
  - BATNA가 더 좋은 결과를 가져올 수 있을 때
- 수용전략(accommodating strategy) : 이것은 관계에 대한 중요도와 상대의 이익에 대한 관심도가 높고, 결과에 대한 중요도와 자신의 이익에 대한 관심도가 낮은 경우에 선택되는 전략이다. 이 전략은 자신의 실질적 성과보다는 상대방의 관계의 질을 유지하거나 개선하는 것이 좋다고 생각될 때 추구된다. 이 전략을 선택하는 상황은 아래와 같다.

---

16 윤홍근/박상현(2010), p. 172 이하.

- 단기 손실이 있더라도 장기 이익이 기대될 때
- 협상 상대와 더 깊은 상호 의존관계가 필요할 때
- 적대적이었던 관계를 개선할 필요가 있을 때
- 협상결과에서 이익을 취하는 것이 관계를 심각하게 악화시킬 때
- 협상목표가 관계 개선에 초점을 맞추고 있을 때

- 대결전략(competitive strategy) : 이것은 결과에 대한 중요도와 자신의 이익에 대한 관심도가 높고, 관계에 대한 중요도와 상대의 이익에 대한 관심도가 낮은 경우에 채택되는 전략이다. 이 전략은 자신의 실질적 성과를 최대화하는 것이 중요하고, 상대방과의 관계를 고려할 필요가 없다고 판단할 때 선택된다. 이 전략을 선택하는 상황은 다음과 같다.
  - 장래에 다시 협상할 가능성이 없는 일회적인 협상일 때
  - 장래의 관계가 크게 중요하지 않을 때
  - 과거부터 관계를 맺어오긴 했지만 그 관계가 큰 의미가 없을 때
  - 상대가 이미 대결전략을 사용해 왔을 때
  - 상대가 협상에 진정성을 갖고 임하지 않을 때

- 협동전략(collaborative strategy) : 이것은 관계와 결과에 대한 중요도가 모두 높고, 자신과 상대의 이익에 대한 관심도가 모두 높은 경우에 추구되는 전략이다. 이 전략은 실질적 성과와 관계유지가 모두 중요하다고 판단할 때 채택된다. 이 전략을 선택하는 상황은 다음과 같다.
  - 자신과 상대의 이익이 모두 중요할 때
  - 상대와의 관계가 큰 의미가 있을 때
  - 문제해결이 시급하게 요구될 때

- 절충전략(compromising strategy) : 이것은 관계와 결과에 대한 중요도가 모두 중간 정도이고, 자신과 상대의 이익에 대한 관심도가 모두 중간 정도인 경우에 선택되는 전략이다. 이 전략은 협동전략이 선택되기 어려울 때, 그리고 어느 정도의 결과를 추구하거나 관계를 유지하려고 할 때 채택된다. 이 전략을 선택

하는 상황은 아래와 같다.

- 협동전략이 불가능할 때
- 당사자들 간의 관계가 너무 복잡하고 어려울 때
- 협력관계가 곤란하거나 상대와의 관계가 지나치게 긴장상태여서 협력관계가 쉽지 않을 때
- 협력전략을 채택하기에는 시간이 부족하고 필요한 자원도 부족할 때
- 협상 당사자가 관계와 결과 모두에서 전부가 아니더라도 조금이라도 이익을 확보하려 할 때

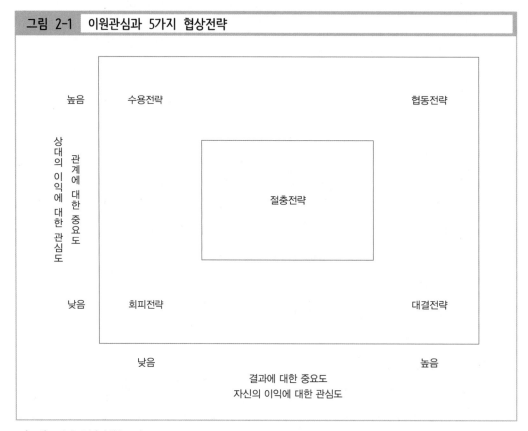

그림 2-1 이원관심과 5가지 협상전략

자료원 : 윤홍근/박상현(2010), p. 177.

본협상의 전략

아래에서는 본협상의 단계에서 협상자가 선택할 수 있는 기본적 전략을 제시한다.[17]

- **전체 의제를 상정함** : 협상이 시작되면 협상에서 논의될 전체 의제를 상정하는 것이 중요하다. 또한 협상을 시작하기 전부터 상대방의 의제상정의 의도를 적극적으로 파악할 필요가 있다. 전체 의제를 상정하더라도 협상의 막바지에 이르게 되면 추가 의제가 상정될 수도 있으므로 아울러 이에 대한 대비가 요구된다.

- **첫 제안의 원칙을 고려함** : 첫 제안을 위해서 철저한 준비를 하여야 한다. 준비되지 않은 첫 제안을 하게 되면, 협상 상대방에게 우위를 뺏기는 상황이 발생할 수도 있다. 첫 제안을 누가 먼저 하느냐에 대한 논란은 있을 수 있지만, 협상준비가 잘 되었다면 상대방보다 내가 먼저 하는 것이 좋을 수 있다. 먼저 제안한 당사자의 의견이 협상의 시작기준이 될 수 있기 때문이다. 상대방이 먼저 첫 제안을 하는 경우, 그 제안의 수준이 긍정적 또는 부정적인가에 따라 협상 결과의 도출속도에 영향을 미칠 수 있다. 그리고 상대방의 첫 제안은 받아들이지 않는 것이 좋을 수 있다. 상대방의 첫 제안을 받아들이면 처음부터 상대방이 너무 낮은 수준의 제안을 했다는 후회를 하게 만들 수 있고, 시작부터 상대방이 불만스러워 할 수 있다. 향후의 협상이 진행되는 동안 적절한 밀고 당기기를 하면서 협상자는 첫 제안을 받아들이거나 첫 제안보다 더 나은 결과를 도출하는 것이 바람직하다.

---

17 이진주 역, Tanihara, M. 저(2010), p. 82 이하; 조자현 역, Thompson, L. 저(2010), p. 115 이하; 김병국 (2009), p. 230 이하; 김정수 역, Karrass, C. L. 저(2007), p. 263 이하; 이현우 역, Thomas, J. C. 저 (2007), p. 49 이하.

- 첫 번째 양보는 과감하게 하되, 그 이후의 양보는 현저히 줄임 : 첫 제안에서 높게 시작했다면, 첫 번째 양보는 과감하게 할 필요가 있다. 그러나 그 이후의 양보는 상황에 따라 조금씩 하는 것이 우리 측에 유리하다. 하지만 양보는 협상 당사자들이 서로 주고받는 상호주의의 관점에서 이루어져야 한다.

- 질문의 수준을 고려함 : 내가 대답하기 곤란한 것은 상대방에게도 질문하지 않는 것이 유리하다. 이러한 질문을 하는 과정에서 역으로 나올 수 있는 상대방의 공격적 질문이 우리 측 협상자를 당황하게 만들 수 있고, 우리 측의 답변이 상대방에게 유리한 상황을 제공할 수도 있다.

- 아직 일어나지 않는 일까지 합의함 : 일반적으로 협상의제 또는 이슈는 현재의 관점에서 상정되는 경향이 있다. 이러한 협상의제 또는 이슈가 타결되거나 해결되더라도 미래 시점에서 일어날 수 있는 일을 미리 예측하여 합의를 이끌어내는 것이 중요하다.

- 불확실한 큰 것보다 작지만 확실한 것들을 선택함 : 협상이 시작되고 진행되는 과정에서 협상자는 작지만 확실한 것들에 대하여 일단 먼저 합의를 하고 협상에 임해야 한다. 불확실하고 큰 것에 대한 합의는 많은 시간이 걸릴 수 있으므로 협상자는 무리하지 않고 차분하게 협상에 임할 필요가 있다.

- 협상의 마감시한을 활용함 : 협상의 마감시한을 협상 당사자들이 정하지 않았다면, 자신의 협상 마감시한을 상대방이 알게 해서는 안 된다. 상대방에게 이것이 알려지면 불리하게 압박을 받는 상황에 노출될 수 있다. 만일 우리 측의 협상자가 상대방의 마감시한을 알고 있다면, 시간을 끌면서 상대방을 초조하게 만들어 우리 측에 유리한 협상 결과가 도출될 수 있도록 이를 이용한다. 또한 협상의 마감시간이 임박해오면 협상결렬에 대한 공포가 협상을 서둘러 끝내게 하는 계기를 만들기도 한다.

2.4 사후협상과 전략

2.4.1 사후협상

앞서 간략히 언급한 바와 같이 사후협상은 본협상이 종결된 이후 협상의 결과에 대하여 최종적으로 정리하는 본협상 이후의 단계를 의미한다. 특히, 이 단계는 다음과 같은 두 가지 중요한 이슈와 관련되어 있다.[18]

- 합의의 이행(implementation) : 협상 당사자들 간에 합의된 사항이 법적인 공증을 받고, 협상 당사자들이 속한 기업 또는 조직의 최고경영자 또는 관리자로부터 합의문이 승인되었을지라도 본협상 이후의 단계에서 합의가 약속대로 이행되었는가를 확인하는 것이 중요하다. 만일 합의가 약속한대로 이행되지 않았다면 협상 당사자들이 다시 만나서 협상해야 하는 상황이 발생할 수 있다.
- 협상수행의 결과보고(debriefing) 및 평가(evaluation) : 본협상이 계획하고 준비한대로 잘 수행되었는가를 확인하고 검토하기 위해서는 협상 전반에 대한 결과보고 및 평가가 이루어져야 한다. 특히, 결과보고는 다음과 같은 두 가지 측면과 관련되어 있다.
  - 결과(results) : 협상목표의 달성 여부, 협상전략 전술의 성공적 수행 여부, 당면한 문제와 해결 가능성, 예측하지 못한 사건의 발생, 협상 상대방과의 관계(변화 또는 개선) 등에 대한 결과가 최종적으로 피드백 과정을 거쳐야 한다. 이러한 결과를 검토함으로써 향후에 보다 효과적이고 효율적인 협상이 수행될 수 있다.
  - 과정(process) : 협상력의 발휘 여부, 정보의 정확성, 협상조건의 실현 여부, 협상과정에서의 양보의 적절성, 협상 당사자들이 겪은 조직 내부적 문제점

---

18 Rojot, J.(1991), p. 195 이하.

발생 여부, 협상 스타일의 적합성, 협상팀의 문제점 발생 여부, 협상과정의 계획과 관리에 대한 융통성 발휘 여부, 협상 상대방 및 조직의 협상 스타일의 학습 여부 등과 같은 협상과정에 대한 다양한 측면들이 분석 또는 검토되어야 한다.

2.4.2 사후협상의 전략

앞서 사전협상과 본협상과 관련된 전략에서 설명한 바와 같이 사후협상의 전략에서는 협상 이후에 협상 당사자들이 취할 수 있는 몇 가지 '책략으로서의 전략(예를 들면, 전술, 방법, 기법 또는 테크닉 등)'에 대하여 논의하기로 한다.[19]

- 일방적 계약파기 : 본협상을 통하여 합의한 협상결과가 환경(상황)의 변화 때문에 이행할 수 없다면 일방적으로 파기하는 것이 바람직하다. 그러나 협상파기로 인하여 협상 상대방에게 손해를 발생시킨다면, 이러한 기업 또는 조직은 이에 대한 법적 책임을 질 각오를 해야 한다.
- 계약의 성실한 이행 : 본협상을 통하여 합의한 협상결과는 반드시 이행되어야 한다. 앞서 살펴본 일방적 파기의 상황에 해당되지 않는다면, 협상 당사자들은 계약을 성실히 이행하여 협상의 성과를 극대화시켜야 한다.
- 재협상의 시도 : 협상 당사자들이 최종적으로 합의한 협상일지라도 문제점이 발견되거나 어느 일방에게 불리하게 작용할 가능성이 높을 경우에는 재협상을 시도하는 것이 바람직하다. 협상 합의문에 재계약 관련 조항을 추가하여 협상을 타결한다면, 협상 당사자들은 큰 부담 없이 재협상을 할 수 있다.
- 관계형성으로서의 협상 : 협상 이후의 단계에 협상 당사자들이 재협상을 하는 경우, 협상 당사자들 간의 관계형성이 중요한 문제로 부각된다. 이러한 관계형성

---

19 김기홍(2017), p. 152 이하; 김병국(2009), p. 310 이하.

은 본협상의 단계뿐만 아니라 협상 이후의 단계에서도 협상 당사자들의 만남(협상장)과 커뮤니케이션(예를 들면, 전화 이메일, SNS 등)을 통하여 우호적인 방향으로 촉진될 수 있다.

• **추가 협상 및 정기적 협상의 준비** : 협상이 최종 타결되었더라도 협상 당사자 간의 합의에 근거하여 추가 협상이 수행될 수 있기 때문에 이에 대한 준비가 요구된다. 또한 협상이 정기적으로 이루어지는 경우(예들 들면, 노동조합과 사용자 간에 매년 정기적으로 개최되는 임금협상)를 대비하여 협상 당사자들은 다음 협상을 준비하여야 한다. 특히, 추가 협상과 정기적 협상은 새로운 협상이라는 관점에서 준비되고 수행되어야 한다.

Business Negotiation

Negotiation Issues in Functional Areas
and Global Business

비즈니스협상을 수행하는
협상자와 협상력

CHAPTER 03

CHAPTER 03

비즈니스협상을 수행하는
협상자와 협상력

3.1 협상자의 역할과 자질

3.1.1 협상자의 역할

비즈니스협상을 수행하는 협상자(negotiator)는 협상상황에 따라 협상팀의 일원 (negotiating team member)으로서 또는 단독협상자(solo negotiator)로 협상에 참여한다. 협상자가 수행해야 하는 가장 중요한 역할은 자신이 속한 기업 또는 조직을 위해 성 공적인 협상결과를 이끌어내는 것이다. 협상자는 다음과 같은 역할을 담당한다.

- **협상의 준비** : 사전협상의 단계에서 설명한 바와 같이, 본협상을 성공적으로 수 행하기 위하여 협상자는 철저하게 협상을 준비하여야 한다(제2장, 2.2.1 참고).
- **본협상의 수행** : 협상자는 본협상을 수행하면서 성공적인 협상결과를 도출하여 야 한다(제2장, 2.3.1 참고).

- 협상 이후의 최종 마무리와 추가적 준비 : 본협상의 타결 또는 결렬, 그리고 추가
  협상 및 정기적 협상의 필요성 제기 등과 같은 본협상 이후의 상황에 따라 협
  상자는 최종적으로 협상을 마무리하거나 추가적으로 협상을 준비할 필요가 있
  다(제2장, 2.4.1 참고).

〈표 3-1〉은 단독협상과 팀협상에서의 심리적 과정(psychological process)의 주요
특징을 비교하여 제시한다.[1] 협상자가 협상팀의 일원인가, 아니면 단독으로 협상을
수행하는가에 따라 서로 다른 심리적 과정이 나타날 수 있다. 심리적 과정은 개별적 과

표 3-1	단독협상과 팀협상에서의 심리적 과정의 주요 특징의 비교			
	심리적 과정			
상 황	개별적 과정		집단 내부적 과정 (당사자 소속집단 내부)	집단 간 과정 (당사자 간)
	인지적-정보적	사회적-인지적		
단독 협상	• 협상 상대방의 이해관계 판단 • 가능한 제안 창출 • 편견(협상계획, 협상실행, 자만심)	• 확인적 정보처리 • 초두효과* • 자기중심	• 단독협상에 적용되지 않음	• 기준의 개발과 유지(두 명의 단독협상자들 간)
팀 협상	• 협상 당사자와 상대방의 이해관계 판단 • 수용 가능한 해결방안 창출 • 개별적 판단의 다극화 • 과업 복잡성의 증대	• 높은 기대치의 개발 • 확인적 정보처리 • 초두효과* • 자기중심 • 동조행동	• 전략의 개발과 실행 • 분산기억 시스템** • 결속력 • 동맹형성 • 커뮤니케이션 • 책임 압력	• 기준의 개발과 유지 • 집단 정체성 • 집단 범주화 • 사회적 영향 • 집단 경계

* : 초두효과(primacy effect)는 상반되는 정보가 시간 간격을 두고 제공되면 정보처리의 과정에서 초기정보가 후기정
 보보다 더 중요하게 작용하는 것을 의미한다.
** : 분산기억 시스템(transactive memory system)은 어떤 협상팀의 일원이 무엇을 알고 있는지에 대한 메타 지식(지
 식에 대한 지식)을 제공해 지식 공유가 원활해지고, 이를 통하여 지식이 효과적으로 활용될 수 있게 해 준다.
자료원 : Brodt, S. and Thompson, L.(2007), p. 318.

---

1 Brodt, S. and Thompson, L.(2007), p. 316 이하.

정, 그리고 집단 내부적 과정(당사자 소속집단 내부) 및 집단 간 과정(당사자 간)으로 구분될 수 있다. 특히, 개별적 과정은 단독협상자의 심리적 과정과 관련되어 있는데, 여기에서 이러한 과정은 인지적-정보적, 그리고 사회적-인지적 관점에서 파악될 수 있다.

3.1.2 협상자의 자질

협상자는 협상을 준비, 수행 및 종결하는 협상의 전 과정에 걸쳐서 다양한 상황에 부딪히게 된다. 이러한 다양한 상황에 잘 대처하면서 협상 상대방을 대상으로 성공적인 협상결과를 도출하기 위해서는 무엇보다도 협상자의 자질이 중요하다. 협상자에게 요구되는 주요 자질은 다음과 같이 요약될 수 있다.[2]

지적 능력(intellectual ability)

협상자는 협상상황에서 나타날 수 있는 여러 가지 문제점들을 인식하고 해결할 수 있는 지적 능력을 갖출 필요가 있다. 특히, 협상자는 협상을 유리하게 이끌어가기 위해 상황에 적합한 다양한 아이디어를 창출하여야 할 뿐만 아니라, 어떤 사실을 기반으로 추론할 수 있는 능력을 보유하여야 한다. 유능한 협상자는 협상의제 또는 이슈에 대하여 완벽히 파악할 수 있는 인지 능력을 갖추어야 할 뿐만 아니라, 협상과 관련된 방대한 정보를 분석하고 조합할 수 있는 지적 능력을 보유하여야 한다.

감정적 능력(emotional ability)

협상수행의 과정에서 표출되는 감정적 행동은 효율적인 협상의 걸림돌이 될 수 있으며, 경우에 따라서 협상을 결렬시킬 수 있는 돌발변수가 될 수 있다.[3] 성공적인 협상을 수행하기 위하여 협상자는 감정을 통제하고 절제할 수 있는 감정적 능력을

---

2 안세영(2017), p. 90 이하; 베놀리엘/캐시댄(2013), p. 168 이하; 김태훈 역, Diamond, S. 저(2011), p. 128 이하; 김병국(2009), p. 115 이하; 박노형(2007), p. 278 이하.

3 Diamond, S.(2012), p. 135.

갖출 필요가 있다. 감정적 능력은 다음과 같은 것들을 포괄하는 개념이다.[4]

- **자신을 아는 능력** : 자신의 생각, 기분, 충동, 행동 등에 대하여 인식하는 능력
- **자기 통제** : 자신의 감정을 통제하고 절제할 수 있는 능력
- **자신에 대한 동기부여** : 목표달성을 위해 자신에게 동기부여를 할 수 있는 능력
- **인내** : 자신이 만들어내는 동기부여를 끈기 있게 유지하는 능력
- **감정이입** : 상대방의 감정을 이해하여 제안할 전략을 수립하는 데 필요한 능력

협상을 수행하는 과정에서 협상 상대방이 다음과 같은 행동을 할 때 협상 당사자는 감정적으로 반응할 가능성이 높다.[5]

- 거짓말을 하거나 모욕할 때
- 약속을 깨거나 거부할 때
- 권위나 신뢰성에 의문을 제기하면서 공격적으로 나올 때
- 이기적인 태도로 과도한 요구를 하거나 일방적인 혜택만을 누리려 할 때
- 원칙 없이 굴면서 자제력을 잃을 때
- 기대에 어긋나는 모습을 보일 때

또한 협상 상대방이 감정적으로 행동할 때, 다음과 같이 대응할 필요가 있다.[6]

- 상대방이 감정적으로 변하는 순간을 포착하라.
- 상대방의 감정과 인식을 이해하려고 노력하라.
- 상대방의 감정과 목표의 근원을 파악하라.

---

4 베놀리엘/캐시댄(2013), p. 169 이하.
5 김태훈 역, Diamond, S. 저(2011), p. 131.
6 전게서, p. 135 이하.

- 자신의 협상 스타일이 상대방을 자극하는지 살펴보라.
- 사과, 양보, 공감을 통하여 상대방의 감정에 호응하라.
- 신뢰를 쌓기 위해 노력하라.
- 극단적인 발언을 삼가라.
- 제3자의 도움을 받아라.
- 잘못된 사실이 있으면 즉시 바로 잡아라.

〈표 3-2〉는 협상요소별 부정적 감정과 긍정적 감정의 효과를 보여준다. 이 표에 제시되어 있는 바와 같이, 부정적 감정의 효과는 협상에 매우 부정적인 영향을 미칠 수 있기 때문에 협상자는 부정적 감정을 자제하면서 협상에 임할 필요가 있다.

표 3-2 협상요소별 부정적 감정과 긍정적 감정의 효과

협상요소	부정적 감정의 효과	긍정적 감정의 효과
관 계	• 불신으로 가득 찬 긴장 관계	• 협력적 작업 관계
의사소통	• 제한적 및 대립적 의사소통	• 개방적이고 수월한 양방향 의사소통
관 심	• 관심 무시 • 극단적 요구 집착 • 완강한 주장	• 상호 관심과 희망에 대하여 듣고 학습함
대 안	• 두 개의 대안 : 우리 측의 대안 또는 상대방의 대안 • 상호 이익이 가능한 대안인지 회의적임	• 각 당사자의 관심사항에 부응하는 해결 가능한 대안의 창출 • 상호 이익이 되는 대안이 창출될 수 있는 낙관적 상황
공평성	• 상대방은 잘못 되었고, 우리 측은 옳다는 이유를 주장하는 의지의 싸움 • 불의의 일격을 당할 수 있다는 공포감	• 상대방의 대안이 우리 측의 대안보다 왜 더 공정한가를 각 당사자에게 서로 설득할 수 있는 평가기준을 활용함 • 공명정대함
가장 합리적인 대안	• 우리 측의 BATNA가 나쁠지라도 가능한 합의를 회피함	• 우리 측의 BATNA보다 좋다면 최고의 결정이 가능함
결 정	• 비합의 또는 불확실하거나 이행 불가능한 결정 • 합의(또는 비합의)에 대한 후회	• 확실하고, 이행 가능하고, 현실적인 합의 도출 • 합의에 대한 만족, 지원 및 옹호

자료원 : Fisher, R. and Shapiro, D.(2005), p. 9.

대인관계(interpersonal relation)

대인관계는 자신과 다른 사람과의 관계를 말하며, 사회적 관계(social relation)라고 도 한다. 협상자의 대인관계 능력은 협상 상대방을 이해할 수 있게 하고, 동기부여를 해주는 역할을 한다. 원만한 협상을 수행하기 위하여 협상자는 다음과 같은 대인관계를 잘 유지하는 방법을 활용할 필요가 있다.

- **상대방의 관점에서 생각함** : 협상 상대방과 좋은 대인관계를 유지하기 위해서 협상자는 상대방의 관점에서 생각하여야 한다.
- **상대방의 장점을 인정하고 칭찬함** : 대인관계가 좋은 협상자는 대부분 상대방의 장점을 잘 파악하여 이를 진심으로 존중하고 칭찬해주는 사람이다. 반면 대인관계가 좋지 않은 협상자는 대부분 상대방의 단점만 지적하고 비판하는 경우가 많다.
- **상대방의 말을 경청함** : 협상 상대방의 말을 잘 들어주는 협상자는 상대방으로부터 신뢰를 얻을 수 있다.
- **효과적인 의사소통 방법을 활용함** : 좋은 대인관계를 맺기 위해서는 협상자의 의도가 협상 상대방에게 잘 전달되어야 한다. 이를 위해서 협상자는 자신의 견해를 솔직하고 명확하게 밝히는 것이 중요하다.

학습기술(learning skill)

협상자는 경험으로부터의 학습을 통하여 자신의 경험을 전문지식으로 변환시켜 협상자로서의 자질을 향상시킬 수 있을 뿐만 아니라, 협상에 대한 이론적 교육 또는 독자적 학습을 통하여 협상자로서의 자질을 함양할 수 있다. 학습을 통하여 협상의 경험을 전문지식으로 전환하기 위해서는 다음과 같은 세 가지 절차를 밟아야 한다.[7]

---

7 안세영(2017), p. 93.

- **협상에서 경험한 내용에 대한 정리** : 협상자가 과거에 참여한 협상에서 어떤 것들을 경험하였는지에 대한 구체적인 정리가 필요하다. 협상자는 본협상을 계획하고 준비한대로 잘 수행하였는가를 확인하고 검토하기 위해서 협상 전반에 대한 결과보고 및 평가를 하여야 한다(제2장, 2.4.1 참고).
- **협상의 실패 또는 성공의 경험 구분** : 협상자가 수행한 협상이 실패하였는지 또는 성공하였는지를 정확하게 평가하여야 한다. 어떤 협상자는 실패한 협상을 성공한 협상으로 착각하기도 한다.
- **앞의 두 과정에 대한 개념적 분석** : 협상에 실패한 경우, 협상자는 왜 실패하였는지를 분석하여야 한다. 또한 협상에 성공한 경우, 성공요인이 무엇인지 확인하는 것이 바람직하다. 협상자는 과거에 수행한 협상의 실패하거나 성공한 요인들을 개념적으로 분석함으로써 다음에 수행할 협상에 필요한 전문지식을 쌓을 수 있다.

또한 협상자는 협상에 대한 이론적 교육 또는 독자적 학습을 통하여 협상에 대한 전문지식을 습득할 수 있다.

- **이론적 교육** : 대학에서의 협상 교과목 수강, 협상 전문가가 제공하는 협상교육 또는 세미나 참가, 협상관련 인터넷 강의 수강 등
- **학습** : 협상관련 서적을 통한 독자적 학습

듣는 기술(listening skill)

이것은 협상자가 협상 상대방의 말을 경청하는 것과 관련되어 있다. 협상 상대방의 말을 경청함으로써 협상자는 상대방으로부터 신뢰를 얻을 수 있다. 이러한 신뢰에 기초하여 협상이 원활히 수행될 수 있다. 또한 원만한 대인관계를 유지하고 협상을 성공적으로 수행하기 위해서 협상자는 협상 상대방의 말을 끝까지 경청한 다음 자신의 의견을 제시하는 것이 중요하다. 협상자가 협상 상대방의 말을 잘 듣지 않고

자신의 말을 많이 한다면, 협상에 불리한 말을 할 수 있는 가능성이 있으므로 주의해야 한다.

협상자가 갖추어야 할 자질에 대한 요약 및 불리한 협상자

〈표 3-3〉은 협상자가 갖추어야 할 자질을 제시한다. 이 표에 요약되어 있는 바와 같이, 총 5점 만점에 4점 이상으로 비교적 높은 점수를 받은 자질은 협상계획 수립과 준비능력, 협상현안에 대한 지식, 불확실성과 압력 하에서도 명쾌히 협상할 수 있는 능력, 듣는 기술, 판단력과 지적 능력, 설득능력 및 인내심 등이다.

표 3-3	협상자가 갖추어야 할 자질	
순 위	자 질	응답 평균값*
1	협상계획 수립과 준비능력	4.8
2	협상현안에 대한 지식	4.5
3	불확실성과 압력 하에서도 명쾌히 협상할 수 있는 능력	4.5
4	듣는 기술	4.4
5	판단력과 지적 능력	4.3
6	설득능력	4.1
7	인내심	4.0
8	단호한 의사결정능력	3.9
9	상대의 존경과 신뢰를 얻을 수 있는 노력	3.8
10	감정통제능력	3.8
11	상대의 감정을 꿰뚫어 보는 능력	3.8
12	협상팀 통솔능력	3.6
13	개방적 성격	3.5
14	승부근성	3.5

* : 34개 항목 중 14개 항목만 제시하였으며, 5점 만점임.
자료원 : 안세영(2017), p. 91 재인용; Raiffa, H.(2000), p. 121.

〈표 3-4〉는 협상을 불리하게 만드는 4가지 유형의 협상자를 보여준다. 이 표에서는 협상을 불리하게 만든 각각의 협상자의 주요 특징, 결과 및 해결방안을 제시한다.

표 3-4	협상을 불리하게 만드는 4가지 유형의 협상자		
유 형	주요 특징	결 과	해결방안
'소심쟁이'형	• 너무 착해서 자신을 희생해서라도 협상 상대를 배려한다.	• 자신에게 불리한 방향으로 협상을 이끌어간다.	• 상대방에게 유리한 말을 하지 않는다. • 자신의 요구사항을 표명한다.
'평화주의자'형	• 남과 대립하는 것을 좋아하지 않는다. 협상이 치열해지면 바로 자신이 양보해 버린다.	• 협상에서 항상 불리한 처지에 몰린다.	• 협상의 목적이 무엇인지 잊지 않는다.
'어린아이'형	• 남이 하는 말을 곧이곧대로 믿는다. 상대방의 거짓말이나 허세를 알아차리지 못한다.	• 협상에서 항상 불리한 처지에 놓인다.	• 사람을 믿더라도 사실은 검증한다.
'막무가내'형	• 감정이 풍부해 쉽게 열이 뻗쳐서 냉정하게 판단할 수 없다.	• 이성적인 판단을 할 수 없어 협상에서 불리한 처지에 놓인다.	• 협상할 때 항상 냉정함을 유지하라.

자료원 : 이진주 역, Tanihara, M. 저(2010), p. 31 이하; 저자에 의해 표로 요약되었음.

3.1.3 국제협상자의 역할과 자질

국제협상(international negotiation)은 서로 다른 국적의 협상 당사자들 간의 협상을 의미한다. 국제협상은 국적을 달리하는 개인 간의 협상, 기업 간의 협상 및 국가 간의 협상을 포괄한다.[8] 특히, 국제 비즈니스협상을 수행하는 협상자는 협상 상대방이 속한 국가에 대한 문화적 환경을 이해하는 것이 중요하다(글로벌 비즈니스협상과 문화적

---

8 김기홍(2012), p. 232.

환경에 대한 자세한 설명은 제10장 참고).

국제협상자(international negotiator)는 국제협상을 담당하는 협상자를 말하며, 국제협상에서 다음과 같은 역할을 수행한다.

- 문화 간 원활한 커뮤니케이션 수행 : 국제협상자는 협상 상대국에 대한 문화적 지식 및 언어 능력(협상 상대방이 속한 국가의 언어, 영어, 외국어 등의 구사능력)에 기초하여 커뮤니케이션을 수행한다.
- 문화 간 갈등의 해결 : 국제협상자는 국제협상을 수행하는 과정에서 나타날 수 있는 문화 간 갈등(예를 들면, 현지 자회사의 노사협상을 진행하는 경우, 본사파견 관리자와 현지 근로자 간의 갈등)을 해결한다.
- 다른 국가 또는 지역에 대한 문화의 해석 : 국제협상자는 서로 다른 문화에 대한 해석을 통하여 문화 간의 차이점과 유사성을 파악한 후 협상을 수행한다.

국제협상자가 갖추어야 할 자질은 앞서 논의한 협상자의 자질(3.1.2 참고)과 동일하지만, 국제협상자는 기본적으로 다음과 같은 세 가지의 자질을 갖추는 것이 중요하다.

- 문화에 대한 해석 능력 : 국제협상에서 협상 당사자 간의 문화적 차이는 협상의 진행을 가로막는 장애물로 작용할 수 있기 때문에, 국제협상자는 문화가 갖는 의미(예를 들면, 가치관, 취향, 전통 등)에 대하여 정확한 해석을 할 필요가 있다.
- 문화 간 커뮤니케이션 능력 : 국제협상은 다문화적 관점에서 수행되기 때문에 협상 당사자들의 커뮤니케이션 능력이 무엇보다도 중요하다. 문화 간 원활한 커뮤니케이션을 방해하는 대표적인 요인은 언어장벽이다. 언어장벽을 극복하기 위하여 국제협상자는 협상 상대방이 속한 국가의 언어, 영어, 지역별 통용 외국어(예를 들면, 중남미의 스페인어, 중화권의 중국어 등) 등을 능통하게 구사하여야 한다. 만일 국제협상자가 협상에서 사용하기로 합의한 관련 외국어 능력이 부

족하다면, 전문 통역자를 활용하는 것이 바람직하다.

- 신속하고 유연한 판단력 : 국제협상자는 협상의 수행과정에서 발생할 수 있는 다양한 상황에 대하여 신속하고 유연하게 대처할 수 있는 판단력을 보유하여야 한다. 또한 국제협상자는 협상 상대방의 다양한 문화적 측면들에 대하여 성급한 판단을 하지 않기 위해서 다음과 같은 '5R'을 실천할 필요가 있다.[9]

    - 판단하고자 하는 자연스런 경향을 인식함(recognize) : 협상 상대방에 대하여 '전형적인 선입견'을 가지고 자연스럽게 일방적으로 단정(예를 들면, 독일인은 보수적이라고 생각하는 것)하는 것을 인식하고 자제한다.

    - 판단하는 것을 억제함(refrain) : 판단하기 전에 한발 물러서서 협상 상대방에게 의심하거나 생각할 기회를 준다.

    - 자신 속에 있는 외국인을 대하는 태도를 되돌아봄(retrace) : 협상 상대방을 판단하기에 앞서 자국의 문화, 태도 및 취향 등과 같은 문화적 요인들을 생각한다.

    - 자신의 태도를 고침(reclaim) : 협상 상대방의 잘못만을 보지 말고 자신의 잘못된 태도가 있다면 고친다.

    - 새로운 자세로 임함(resurface) : 협상 상대방은 자신과 크게 다르지 않다는 것을 인식하고 협상에 새로운 자세로 임한다.

3.2 협상팀의 구성

비즈니스협상의 성격에 따라 단독협상자(solo negotiator) 또는 협상팀(negotiation team)이 협상을 준비하고 수행한다. 경우에 따라서 단독협상자가 협상을 먼저 수행한 후, 협상팀이 그 협상을 마무리할 수도 있다. 협상의 규모가 크고 그 내용이 중요하

---

9 백종섭(2015), p. 101 이하 재인용; Hindle, T.(1998), p. 20 이하.

다면, 단독협상자보다는 협상팀이 협상에 참여할 가능성이 높다. 또한 단독협상을 할 것인가, 아니면 팀협상을 할 것인가에 대한 사항은 협상 당사자들 간의 합의에 의해 결정된다. 협상팀이 협상을 진행할 경우, 다음과 같이 협상팀(협상조 또는 협상단이라고도 함)이 구성될 수 있다.[10] 협상상황에 따라 참여 인원수 및 역할 등이 각각 다르게 구성되고 설정될 수도 있다.

- 협상 리더(negotiation leader) : 협상을 총괄하며, 협상과 관련된 주요 사항들과 협상진행에 대하여 최종적 책임을 진다.
- 착한 역할 협상자(good guy) : 협상장에서 협상 상대방이 착한 사람으로 인식하게 하여 그들의 방심을 유도하여 전열을 무너뜨리는 역할을 한다.
- 나쁜 역할 협상자(bad guy) : 협상장에서 협상 상대방이 나쁜 사람으로 느끼게 만들어 협상장 분위기를 험악하게 만들고, 상대방의 약점을 노출시키거나 양보를 강요하는 역할을 담당한다.
- 강경파 협상자(hard liner) : 협상장에서 자신들의 협상 최저선을 고수하거나 유지하도록 만들어 협상이 자신들에게 유리하게 수행되도록 하는 역할을 한다.
- 협상 조절자(sweeper) : 협상의 진행과정에서 자신들 또는 협상 상대방이 협상의 주제 또는 논점에서 벗어나는 경우 이를 지적하거나 수정하는 역할을 수행한다.

〈표 3-5〉는 협상팀의 구성원과 역할을 제시한다. 이 표는 협상팀의 구성원의 주요 기능과 역할을 구체적으로 보여준다.

---

10 윤홍근/박상현(2010), p. 108 이하.

표 3-5	협상팀의 구성원과 역할	
협상팀의 구성원	주요 기능	역 할
협상 리더	• 모든 협상팀에는 리더가 필요하다. • 리더는 팀에서 최고 연장자가 맡을 필요는 없으며, 가장 전문적인 능력을 가진 사람이 맡을 수도 있다.	• 협상을 지휘하고, 필요한 경우 다른 사람들을 요청한다. • 전문적인 문제를 지배한다. 예를 들면, 기업주식을 공개매입하기 위한 자금이 충분한 경우 이를 결정한다. • 팀원들을 조화롭게 조직화한다.
착한 역할 협상자	• 이 사람에 대하여 상대방 팀원들 대부분이 동질감을 갖는다. • 상대방 팀원들은 이 착한 사람만이 그들의 유일한 적이었기를 바랄지도 모른다.	• 상대방측의 관점을 이해하며, 동정심을 표시한다. • 자신이 속한 팀이 이전에 가진 입장을 철회하려는 시도를 한다. • 상대방 팀원들을 속여 안도감을 가지게 만들고, 긴장감을 풀도록 한다.
나쁜 역할 협상자	• 이 사람은 착한 사람과 정반대의 경우로, 상대방측으로 하여금 이 사람이 없다면 보다 쉽게 합의에 도달할 수 있다고 믿게 하는 역할을 수행한다.	• 필요한 경우에는 협상이 더 이상 진행되지 않도록 제동을 건다. • 상대방측이 밀어붙이고자 하는 관점이나 논쟁을 저지한다. • 상대방측에 겁을 주며, 그들이 취약점을 노출하게끔 시도한다.
강경파 협상자	• 이 사람은 모든 사안에 대해서 강경한 입장을 견지한다. • 이 사람은 상대방측에 복잡한 것을 제시하며, 종종 팀원들로 하여금 지연시키도록 한다.	• 시간벌기 전술을 사용하여 협상진행을 지연시킨다. • 자신의 팀원들이 만들었을지 모르는 연성제안을 철회하도록 한다. • 협상의 진행과정을 관찰하고 기록한다. • 자신의 협상팀이 협상목표에 초점을 유지하도록 한다.
협상 조절자	• 이 사람은 제시된 여러 가지 관점들을 모으고 정리하여 하나의 적절한 사례로 내놓는다.	• 교착상태에 빠진 협상을 벗어나기 위한 전술이나 방안들을 제시한다. • 협상의 논의가 중심 이슈에서 너무 멀리 벗어나지 않도록 제지한다. • 상대방측의 주장에서 어떤 모순이 있는지를 지적해낸다.

자료원 : 백종섭(2015), p. 105 이하 재인용; Hindle, T.(1998), p. 20 이하.

3.3 국제협상팀의 역할과 구성

국제협상팀(international negotiation team)의 역할은 앞서 논의한 국제협상자의 역할과 동일하다(3.1.3 참고). 국제협상팀은 국제적 협상을 수행하기에 앞서 협상 상대방이 속한 국가의 환경에 대한 거시적 정보뿐만 아니라 협상환경에 대한 미시적 정보를 수집하고 분석하여야 한다. 국제적 협상의 주제, 내용 및 상황에 따라 국제협상팀이 수집하고 분석해야 할 거시적 및 미시적 정보는 달라질 수 있다. 예를 들면, 합작투자와 관련된 국제적 협상을 수행하기 위하여 필요한 정보는 다음과 같이 요약될 수 있다.[11]

- 거시적 정보(macro information) : 정치, 경제, 언어, 정부의 의사결정, 정부의 상태, 법체계 등
- 미시적 정보(micro information) : 목적, 협상범위, 법률적 합의, 자금조달, 이윤배분, 경영구조, 수명주기, 협상의 종결 등

국제협상팀을 구성하기 위해서는 먼저 협상팀의 규모(예를 들면, 팀원 또는 구성원의 수)를 결정하여야 한다. 일반적으로 국제협상을 수행하는 팀원의 수가 너무 많으면 협상이 신속하게 진행되지 않을 수 있기 때문에 적절한 규모의 협상팀을 구성하여야 한다.[12] 국제협상팀은 앞서 살펴본 일반적인 협상팀의 구성과 동일한 방식으로 구성될 수 있다(3.2 참고).

국제협상팀의 구성을 위하여 가장 중요한 의사결정의 하나는 리더(협상대표)를 선정하는 것이다. 국제협상 리더는 국제협상자가 갖추어야 할 자질(3.1.3 참고)을 갖추어야 할 뿐만 아니라, 리더의 지위에 상응하는 권한을 보유하여야 한다. 국제협상 리더가 협상을 진행하면서 단독으로 결정할 수 없는 사항은 최종 의사결정자(예를 들면, 최

---

11 Munns, A. K., Aloquili, O. and, Ramsay, B.(2000).
12 강영문(2010), p. 177.

고 경영자)와 상의한 후 결정하게 된다. 국제협상 리더에게 주어지는 권한의 정도에 따라 다음과 같은 상황이 발생할 수 있다.[13]

- 국제협상 리더에게 전권이 부여된 경우 : 협상을 탄력적으로 수행할 수 있으나, 협상 상대방으로부터 최종 결정의 압력을 받을 수 있다.
- 국제협상 리더에게 권한이 제한적으로 부여된 경우 : 협상 상대방으로부터 양보 또는 최종 결정의 압력을 받을 때 자신에게 권한이 없음을 협상 상대방에게 확인시키고, 양보 또는 최종 결정을 미루면서 최종 의사결정자로부터 단계적으로 승인을 받는다.

국제협상팀을 효과적으로 구성하기 위해서는 다음과 같은 사항들을 고려하여야 한다.

- 리더에게는 기획력, 실무진에게는 추진력, 그리고 협상 창구역할을 하는 담당자에게는 교섭력이 요구된다.[14]
  - 리더의 기획력 : 어떤 사안을 종합적으로 보고 판단하는 능력
  - 실무진의 추진력 : 어떤 일이 곤경에 처했을 때 포기하지 않고 돌파하는 능력
  - 담당자의 교섭력 : 자신이 속한 기업 또는 조직과 상대방의 기업 또는 조직을 넘나들며 탄력적으로 협상을 수행하는 능력
- 국제협상의 주제와 내용에 적합한 팀원을 선발한다.
- 최종 의사결정자는 국제협상 리더에게 위임하는 권한을 명확하게 설정하여야 한다.
- 국제협상의 진행상황에 따라 가능하다면 팀원을 교체하거나 보강하여야 한다.

---

13 전게서, p. 179 이하.
14 전게서, p. 181 이하.

- 국제협상 리더가 속한 기업 또는 조직에서의 지위는 협상 상대방 리더가 속한 기업 또는 조직에서의 지위와 동일하거나 높은 것이 바람직하다.

3.4 협상력의 의의와 구성요소

3.4.1 협상력의 의의

협상력(bargaining power)은 협상자가 특정 사안에 대하여 협상 상대방과 협의하고 서로의 이해관계를 조정하여 합의를 도출해 내는 능력을 의미한다. 협상 당사자들이 각각 갖고 있는 협상력의 차이는 협상의 결과에 직접 또는 간접적으로 영향을 미칠 수 있다. 일반적으로 협상의 결과는 협상 당사자들이 보유하고 있는 협상력의 상호 작용에 의해 좌우되기 때문에 상대적 관점에서 이해되어야 한다. 협상력을 결정하는 주요 변수를 살펴보면 다음과 같다.[15]

- 협상자의 지위 : 협상력은 협상 당사자가 차지하고 있는 기업 또는 조직 내의 지위와 관련되어 있다. 협상자의 지위는 협상에서 어느 정도 영향력을 미칠 수 있는가를 보여주는 대표적인 요인일 뿐만 아니라, 협상의 중요한 도구로도 활용될 수 있다.[16]
- 자원 및 역량 : 협상을 준비하는 과정에서 투입되는 인적 및 물적 자원, 그리고 기업 또는 조직의 역량 등이 협상력에 큰 영향을 미친다. 즉, 어떤 기업 또는 조직이 보유한 자원이 풍부하고, 역량이 뛰어나다면, 이 기업 또는 조직의 협상자는 협상에서 우위를 점할 수 있다.

---

15 윤홍근/박상현(2010), p. 322 이하.
16 김정수 역, Karrass, C. L. 저(2007), p. 112 이하; 이진원 역, Fisher, R. and Shapiro, D. 저(2007), p. 139.

- 상황적 변수 : 협상에 영향을 미치는 상황적 여건에 따라 협상력이 달라질 수 있다. 예를 들면, 협상 상대방에 대한 의존성이 높거나, 시간 압박의 상황에 노출되어 있는 협상자의 협상력은 약화될 수 있다.
- BATNA의 존재 여부 : 협상이 합의에 이르지 못할 경우에 선택할 수 있는 최선의 대안인 BATNA를 보유한 협상자는 그렇지 못한 협상 상대방보다 더 큰 협상력을 보유할 수 있다.

3.4.2 협상력의 구성요소와 작용 메커니즘

협상력의 구성요소

비즈니스협상뿐만 아니라 정치, 무역, 외교 등과 같은 다양한 분야의 협상에 영향을 미칠 수 있는 협상력의 구성요소는 다음과 같이 분류될 수 있다.[17]

- 구조적 요인 : 이것은 종합적 물리력(힘), 이슈 관련 능력 및 규범적 요소(권리) 등으로 구성되어 있다.
- 상황적 요인 : 이것은 정보요인, 관계요소 및 인지심리적 요소 등을 포함한다.

〈표 3−6〉은 협상력의 구성요소를 보여준다. 이 표에 나타나 있는 바와 같이 협상력은 구조적 요인과 상황적 요인으로 구성되어 있다. 또한 이러한 요인들은 여러 가지 세부 요인들을 포괄하며, 세부 요인들에 대한 구체적인 내용은 이 표에 제시되어 있다.

---

17 윤홍근/박상현(2010), p. 326 이하.

표 3-6	협상력의 구성요소		
구성요소	주요 요인	세부 요인	내 용
구조적 요인	종합적 물리력(힘)	상대적 가용자원	협상 상대방과 비교한 이용가능한 인적 및 물적 자원
		상대적 능력	협상 상대방과 비교한 기업 또는 조직의 역량
	이슈 관련 능력	어젠다(의제) 설정	협상 당사자들 간에 협의할 의제
		규칙설정	협상의 의결, 진행, 논의 방식 등과 같은 규칙설정
		시 간	협상타결에 영향을 미치는 시간적 압박
		대안(BATNA)	협상이 합의에 이르지 못할 경우에 선택할 수 있는 최선의 대안
	규범적 요소 (권리)	제 도	합의된 규칙, 적법한 절차
		규 범	사회적 규범(태도 및 행동)
		과거의 관례	과거에 적용한 기준과 규범
		사회적 통념	제도화되지 않았지만 널리 통용되는 개념
상황적 요인	정보요인	정보수집	협상과 관련된 객관적 정보수집
		정보분석	협상과 관련된 정보분석
		정보의 적용(설득)	협상 상대방의 이해관계를 고려한 설득, 약점을 강점으로 바꾸는 설득
		전문지식	전문지식을 활용한 협상 상대방 설득
	관계요소	권 위	직위, 지위, 전문지식, 연령 등에 의한 신뢰의 확보
		상호성	협상에서의 상호주의 원칙
		호 감	호감을 통한 신뢰의 확보
		일관성	일관성이 있는 말과 행동
		인적 네트워크	사회적 인간관계의 활용
		청중(후원자)	대중의 공감과 지지의 확보
	인지 심리적 요소	프레임(인식의 틀) 창출	인식의 차이에 기초한 상황해석
		해결의지	협상을 유리하게 타결하려는 의지

자료원 : 윤홍근/박상현(2010), p. 330; 저자에 의해 일부 수정됨.

협상력의 작용 메커니즘

협상력은 앞서 논의한 다양한 구성요소의 상호작용에 의해 그 힘이 발휘될 수 있다. 협상력의 작용 메커니즘은 다음과 같은 두 가지 관점에서 설명이 가능하며, 이러한 메커니즘은 협상력이 상대적이고 주관적이라는 가정을 전제로 설명이 가능하다.[18]

- 갈등(conflict)과 협력(cooperation) : 협상의 필요성을 제기하는 갈등(예를 들면, 현실적으로 표면화된 노사관계의 갈등적 상황)과 협상의 수행과정에서 발생하는 갈등(예를 들면, 협상장에서의 갈등상황)은 협상 당사자들이 해결하여야 하는 핵심 과제이다. 협상력은 갈등을 해결하는 과정에서의 협력을 통하여 그 힘을 행사하는 경향이 있다. 그러므로 갈등과 협력은 상호의존적인 측면에서 이해되어야 한다.
- 불확실성(uncertainty) : 협상 당사자들 간의 협상에 있어서 협상력은 미래 시점에 타결 또는 부결되는 불확실한 협상결과와 관련되어 있다. 그러므로 협상수행 과정에서의 협상력은 미래에 수용 가능한 협상결과에 대한 불확실성을 통제 또는 제거하려는 목적으로 행사된다.

---

18 Rojot, J.(1991), p. 54 이하.

비즈니스협상과 갈등관리

CHAPTER 04

CHAPTER 04

비즈니스협상과 갈등관리

4.1 갈등의 의의와 원인

4.1.1 갈등의 의의

비즈니스협상에 있어서 갈등(conflict)은 협상 당사자들 간의 의견, 목적 또는 태도 등의 차이에 의해 발생하는 모순, 대립, 충돌 또는 불일치를 의미한다. 일반적으로 갈등은 분배하여야 할 자원이 한정적이고, 이를 두고 협상 당사자들 간의 이해관계가 충돌할 때 나타난다. 비즈니스협상뿐만 아니라 정치, 무역, 외교 등과 같은 다양한 분야의 협상에 있어서 협상 당사자들 간에 나타나는 갈등은 다음과 같은 5단계를 거치면서 표출된다.[1]

---

1 슈미트/탄넨바움(2009), p. 28 이하.

- 예상 단계 : 협상 당사자들이 서로의 이해관계가 충돌할 것이라는 것을 예상한다. 즉, 협상 당사자들은 그들 사이에 의견차이가 생길 것이라는 것을 인지하고 있다.
- 의식하지만 표출되지 않는 단계 : 협상 당사자들 간에 논쟁이 일어날 것 같은 분위기가 감돌며 긴장이 쌓이기 시작한다.
- 토의 단계 : 협상 당사자들이 각각 그들의 의견을 제시한다. 즉, 협상과정에서의 질문과 대답 등을 통하여 각자의 의견이 드러나기 시작한다.
- 노골적인 논쟁 단계 : 협상 당사자들 간에 간접적이고 불확실하게 표출되던 의견차이가 보다 구체적으로 표면화된다.
- 공공연한 갈등 단계 : 협상 당사자들 간의 쟁점 사안에 대해서 각각 서로의 입장을 고수하면서 그들 사이의 분쟁이 명확하게 규정된다. 이 단계에서 협상 당사자들은 각각 그들의 주장이 타당하다는 입장을 고수하기 때문에 이해관계가 정면으로 충돌하게 된다.

4.1.2 갈등의 원인

갈등이 발생하는 원인은 매우 다양하지만 다음과 같은 몇 가지 관점에서 설명이 가능하다.[2]

- 개인적 관점 : 개인(예를 들면, 개별 협상자)이 갖고 있는 다음과 같은 특성에 근거하여 갈등이 발생할 수 있다.
  - 가치관의 차이 : 이것은 서로 다른 개인의 성장과정, 문화적 및 종교적 배경 등에 의해 나타난다.
  - 인식의 차이 : 이것은 사물 또는 사건을 바라보고 해석하는 시각이 다를 경우에

---

2 백종섭(2015), p. 23 이하; 장동운(2009), p. 29 이하.

나타나며, 가치관, 성격, 태도 등의 차이에 의해 발생하는 경향이 있다.

- 성격의 차이 : 이것은 각 개인이 지닌 특유한 성질이나 품성의 차이를 말한다.
- 태도의 차이 : 이것은 어떤 상황에 직면했을 때 개인이 입장이나 자세에 의해 유발된다.
- 신뢰 부족 : 다른 사람에게 신뢰를 주지 못하는 경우, 이것은 갈등의 원인으로 작용할 수 있다.

• 조직구조적 관점 : 조직구조적 관점에서의 갈등은 다음과 같은 상황에서 나타날 수 있다.

- 업무의 분화와 상호의존성 : 조직 내의 다양한 업무들이 직접 또는 간접적으로 연결되어 있을 뿐만 아니라 상호의존적 경향을 띠기 때문에 이와 관련된 갈등이 유발될 수 있다.
- 제로섬(zero-sum) 상황 : 어떤 조직구성원들이 필요로 하는 자원은 다른 조직구성원들도 관심을 갖기 때문에 제로섬 상황이 발생할 수 있다.
- 권한과 책임의 불분명 : 이 경우에 있어서 조직구성원들은 각각 권한을 더 많이 보유하고 책임을 적게 지려는 갈등 상황에 노출될 수 있다.
- 평가기준과 보상체계에서의 상이성 : 공정한 평가와 보상이 제대로 이루어지지 않는 조직에서는 갈등이 유발될 가능성이 높다.

• 의사소통의 관점 : 협상 당사자들 또는 조직구성원들 간에 의사소통이 잘 되지 않는 경우, 갈등이 발생할 수 있다. 특히, 국제협상에 있어서 서로 다른 사회문화적 환경요인(언어, 문화의 차이 등) 때문에 협상 당사자들 간에 갈등이 유발되기도 한다.

• 사회적 관점 : 사회적 관점에서 접근할 수 있는 갈등의 원인은 다음과 같은 세 가지 관계에 의해 설명이 가능하다.

- 개인 간 갈등 : 조직 내 개인 간 갈등, 개별 협상자 간 갈등
- 집단 간 갈등 : 조직구성원이 속한 집단 간 갈등, 서로 다른 협상팀 간의 갈등

－ 조직 간 갈등 : 서로 다른 조직 간의 갈등, 협상을 수행하는 서로 다른 기업
과 기업 간의 갈등

4.2 갈등의 과정과 해결방법

4.2.1 갈등의 과정

협상의 진행과정에서 나타나게 되는 갈등은 대체로 다음과 같은 4단계의 과정을
거친다.[3] 이러한 갈등의 과정을 간략히 요약하면 다음과 같다.

갈등의 시작(의견 불일치 단계)

본협상이 시작되면 협상 당사자들 간의 의견 불일치로 인한 갈등이 표출되기 시
작한다. 본협상의 초기 단계에서는 서로 협상 상대방을 잘 모르는 상태이기 때문에
잠재적 갈등이 실제적으로 갈등의 형태로 나타나기 시작한다. 무엇보다도 이 단계에
서는 협상 상대방에 대한 이해가 부족하기 때문에 협상 당사자들은 협상과정에서 서
로에게 유리한 요구조건을 제시하며 협상의 주도권을 잡으려고 한다. 이 단계는 갈
등이 시작되는 단계이기 때문에 갈등의 정도는 대체로 낮다.

갈등의 증폭(대결 및 격화 단계)

갈등의 시작 단계에서 확인된 협상 당사자들 간의 의견 불일치가 해소되지 않은
상태에서 협상이 계속 진행되면서 협상 당사자들은 본격적인 대결 단계로 접어들게
된다. 이 단계에서는 갈등이 증폭(escalation)되면서 갈등의 정도가 대폭적으로 높아진
다. 또한 갈등이 대결 단계를 넘어 격화 단계로 접어들면서 협상 당사자들 간의 갈등

---

3 강영문(2010), p. 42 이하; 장동운(2009), p. 56 이하; 이선우(2004); Pruitt, D. G. and Rubin, J. Z.(1986).

은 더욱 심화된다. 이 단계에서는 협상 당사자들이 지속적으로 자신에게 유리한 방향으로 갈등을 해결하려고 하기 때문에 협상 당사자 간의 갈등이 최고조에 달하게 된다.

갈등의 교착(진정 단계)

이 단계에서 협상 당사자들은 갈등을 해결하기 위한 더 이상의 협상기술 또는 카드가 없기 때문에 갈등은 교착(stalemate)의 국면에 접어든다. 갈등의 교착 단계에서는 갈등의 정도가 높은 수준을 유지하며 지속되지만, 갈등이 진정 단계로 접어들었다고 볼 수 있다. 협상 당사자들 간의 지속적인 긴장과 갈등이 협상의 타결을 위해 더 이상 도움이 되지 않는다는 현실을 인식하게 되면 본격적인 갈등의 해소 단계로 이행하게 된다.

갈등의 점진적 축소(해소 단계)

이 단계에서는 갈등의 정도가 점진적으로 축소(de-escalation)되기 시작한다. 즉, 협상 당사자들 간의 갈등이 더 이상 협상의 타결 또는 문제해결에 도움이 되지 않는다는 것을 그들이 인식하기 때문이다. 협상 당사자들 간의 갈등은 다양한 해결방법을 통하여 해소될 수 있다(4.2.2 참고).

〈표 4-1〉은 갈등의 과정과 원인을 보여준다. 단계별로 제시된 원인을 제대로 이해한 후 협상에 임한다면, 협상 상대방과의 갈등이 잘 해결될 수 있을 것이다.

〈그림 4-1〉은 갈등의 과정을 제시하고 있다. 이 그림에 나타나 있는 바와 같이 갈등은 시작, 증폭, 교착 및 점진적 축소의 단계를 거쳐 해소(해결)에 이르게 된다.

표 4-1	갈등의 과정과 원인
과 정	원 인
갈등의 시작 (의견 불일치 단계)	• 협상 상대방에 대한 정보수집 및 분석을 통하여 의견의 차이가 확인됨 • 협상이 시작된 이후 협상 상대방에 대한 이해가 부족함 • 협상과정에서의 각각 유리한 요구조건을 제시하며, 의견충돌이 시작됨
갈등의 증폭 (대결 및 격화 단계)	• 흑백 논리가 뚜렷해지고 협상 상대방을 이길 수 있다는 자신감이 생김 • 협상 상대방을 이길 수 있는 보다 확실한 증거를 발견함 • 협상 상대방에 대한 정보가 왜곡되어 유리한 것만 확보됨 • 협상 당사자에게 유리한 정보만 선택함 • 협상에 너무 몰입하여 자기 논리에 갇혀 있음
갈등의 교착 (진정 단계)	• 협상 당사자들이 더 이상 사용할 협상기술 또는 카드가 없음 • 사회 또는 주위의 지지를 받지 못함
갈등의 점진적 축소 (해소 단계)	• 협상 상대방이 계속 무반응을 보임 • 협상 상대방으로부터 얻을 것이 없거나, 협상 상대방이 너무 완강함

자료원 : 강영문(2010), p. 42 이하; 장동운(2009), p. 56 이하; 이선우(2004); Pruitt, D. G. and Rubin, J. Z.(1986); 저자에 의해 일부 수정됨.

그림 4-1	갈등의 과정

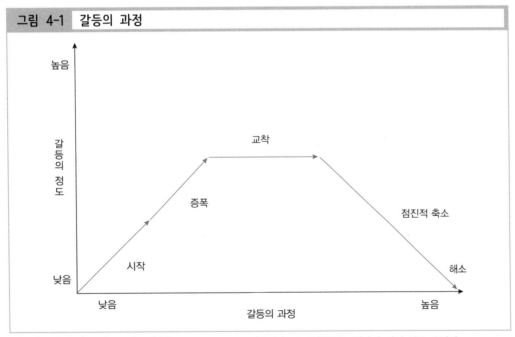

자료원 : 강영문(2010), p. 42 재인용; Pruitt, D. G. and Rubin, J. Z.(1986); 저자에 의해 일부 수정됨.

4.2.2 갈등의 해결방법

비즈니스협상뿐만 아니라 다양한 분야의 협상에서 나타날 수밖에 없는 갈등은 다음과 같은 세 가지 방법을 통하여 해결될 수 있다.[4]

이해관계 중심적 해결방법(interests-oriented resolution)

이 방법은 협상 당사자들이 상호 호혜적인 관점에서 이해관계를 조정하여 갈등을 해결하는 것이다. 협상 당사자들 간의 이해관계는 쉽게 조정될 수 없는 것이기 때문에, 협상을 통하여 서로가 주고받을 것들이 결정된다. 이 방법은 비용이 적게 들고, 협상결과에 대한 협상 당사자들의 만족도가 높고, 협상 당사자들의 관계에 긍정적인 영향을 미치는 장점을 갖고 있다. 그러나 협상 당사자들의 이해관계가 상황에 따라 변화될 경우, 갈등이 재발될 가능성이 높은 단점을 갖고 있다.

권리 중심적 해결방법(rights-oriented resolution)

이 방법은 어느 협상 당사자의 권리(예를 들면, 사용자의 권리 또는 노동자의 권리)가 더 정당한가를 판단하여 갈등을 해결한다. 즉, 이 방법은 인지된 합법성(legitimacy) 또는 공정성(fairness)을 갖는 독립적 표준에 기초하여 누가 더 정당한가를 판단한다. 이러한 권리는 법 또는 계약에 의해 공식화되거나 사회적으로 수용되는 규범 또는 행동에 의해 부여된다. 이해관계 중심적 해결방법과 권력(힘) 중심적 해결방법의 효율과 비교해 볼 때, 이 방법은 중간 정도의 효율을 보여준다.

권력(힘) 중심적 해결방법(power-oriented resolution)

이 방법은 강력한 권력(힘)을 갖고 있는 협상 당사자가 그 권력에 기초하여 주도적으로 갈등을 해결하는 것을 말한다. 이 방법은 협상자에게 부여된 권력을 통하여

---

4 윤홍근/박상현(2010), p. 22 이하; Ury, W. L., Brett, J. M. and Goldberg, S. B.(2007), p. 1 이하.

갈등이 신속하게 해결될 수 있기 때문에 갈등이 재발할 가능성이 매우 낮고, 권력을 보유한 협상자가 느끼는 만족도가 매우 높은 장점을 지니고 있다. 그러나 이 방법은 비용이 많이 들고, 상대방이 느끼는 결과에 대한 만족도가 낮으며, 협상 당사자들의 관계에 부정적인 영향을 미치는 단점을 갖고 있다.

　　갈등을 해결하는 중요한 기준이 되는 권력은 다음과 같은 다섯 가지로 구분될 수 있다.[5] 협상 당사자들이 각각 갖고 있는 다양한 종류의 권력은 협상의 결과에 직접 또는 간접적으로 영향을 미칠 수 있다.

- **보상적 권력(reward power)** : 보상을 해 줄 수 있는 자원과 능력에 기초하여 상대방에게 이익(예를 들면, 최종 조립업체의 공급업체에 대한 납품 승인)을 줄 수 있는 권한
- **강압적 권력(coercive power)** : 강압적인 힘을 행사(예를 들면, 위협, 처벌, 정신적 압박 등)하여 상대방을 강제적으로 통제하는 권력
- **합법적 권력(legitimate power)** : 합법적으로 부여(예를 들면, 협상팀 대표 또는 노동자 대표에게 위임된 의사결정권)된 정당한 권력
- **준거적 권력(referent power)** : 개인의 힘 또는 능력(예를 들면, 협상팀 대표의 카리스마 또는 대인관계 능력)이 상대방에게 영향을 주고 본받게 하는 기준이 될 수 있는 권력
- **전문적 권력(expert power)** : 기술 또는 전문지식(예를 들면, 기술도입 관련 협상에 참가한 기술전문가의 탁월한 전문지식)에 기초한 권력

　　〈표 4-2〉는 갈등의 해결방법과 효율적 해결방안의 판단기준을 제시한다. 협상 당사자들은 이 표에 나타나 있는 세 가지 해결방법의 장점 및 단점을 고려한 후, 그들에게 적합한 해결방법을 선택하여 갈등을 해결하는 것이 바람직하다.

---

5 French, Jr., J. R. P. and Raven, B.(1959), p. 150 이하.

표 4-2	갈등의 해결방법과 효율적 해결방안의 판단기준			
해결방법	비 용	결과에 대한 만족도	향후 관계에 미치는 영향	재발 가능성
이해관계 중심적	낮음	높음	긍정적	높음
권리 중심적	중간	중간	중간	중간
권력(힘) 중심적	높음	높음(권력보유자) 낮음(상대방)	부정적	낮음

자료원 : 윤홍근/박상현(2010), p. 25; Ury, W. L., Brett, J. M. and Goldberg, S. B.(2007), p. 6 이하.

4.3 분쟁과 해결방법

4.3.1 분쟁의 의의

분쟁(dispute)은 협상 당사자들이 어떤 상황 또는 문제를 두고 서로 다투는 것을 의미한다. 분쟁은 협상 당사자들이 협상을 시작하기 전에 발생했을 수도 있고, 협상 진행 중에도 발생할 수 있다. 특히, 비즈니스협상이 분쟁을 해결하려는 목적(예를 들면, 노사협상에서의 분쟁해결)으로 수행될 경우에 있어서 협상 당사자들 간의 협상을 통하여 이러한 분쟁이 직접적으로 해결될 수도 있고, 제3자가 개입하는 조정 및 중재 등을 통하여 분쟁이 해결될 수도 있다. 분쟁을 해결하기 위해서는 분쟁에 대한 정확한 진단이 요구되며, 이를 위하여 다음과 같은 과제가 수행되어야 한다.[6]

- 당면한 분쟁의 성격 진단
  - 분쟁발생의 이유 확인
  - 분쟁 당사자들에 대한 조사

---

6 김태기(2007), p. 137 이하 재인용; Watkins, M.(2002); Ury, W. L., Brett, J. M. and Goldberg, S. B.(1993).

- 분쟁 당사자들 간의 과거의 분쟁 상황 파악
- 향후의 분쟁발생 가능성 조사
- 조직 또는 환경이 분쟁의 발생과 해결에 미치는 영향의 분석
- 조직 또는 환경의 변화 방향의 검토
- 현재까지의 분쟁해결 과정 및 효과적 분쟁해결에 대한 진단
  - 과거의 분쟁진행 과정에 대한 조사
  - 과거에 발생한 유사한 분쟁의 확인 및 대응 방법 조사
  - 분쟁 발생초기의 분쟁 당사자들의 대응 방법 조사
  - 분쟁해결을 위해 소요된 시간과 비용의 검토
  - 분쟁이 해결된 이후의 분쟁 당사자들의 만족도 및 분쟁 당사자들 간의 관계에 대한 검토
- 특정 분쟁해결 방법의 선택이유 조사 및 분쟁해결의 장애요인 파악
  - 현재 채택하고 있는 분쟁해결 방법이 갖고 있는 결함의 확인
  - 협상을 통한 분쟁해결의 경우, 분쟁 당사자들의 협상 의지가 부족한지에 대한 검토
  - 협상 의지가 있는 경우, 협상기술의 보유 여부 확인
  - 분쟁해결에 필요한 정보 및 조정자 등과 같은 자원의 부족 여부 확인
  - 조직 또는 환경의 문제가 분쟁해결의 장애물로 작용할 가능성 조사

4.3.2 분쟁의 해결방법

분쟁은 협상을 통하여 해결될 수 있다. 앞서 논의한 바와 같이, 본협상에서 활용할 수 있는 다양한 전략을 실행하여 분쟁이 해결될 수 있다(제2장, 2.3.2 참고). 또한 분쟁은 넓은 의미의 갈등에 포함될 수 있기 때문에 앞서 설명한 갈등의 해결방법을 적용한다면, 협상 당사자들 간의 분쟁이 해결될 수 있다(4.2.2 참고). 협상 당사자들은 그들 사이의 분쟁을 해결하기 위하여 이와 같은 전략과 해결방법을 사용할 수 있을 뿐

만 아니라, 통합적 합의를 통하여 분쟁을 해결할 수도 있다. 분쟁해결을 위한 통합적 합의에 대한 구체적인 종류와 내용은 〈표 4-3〉에 제시되어 있다.

표 4-3	분쟁해결을 위한 통합적 합의
합의의 종류	설 명
교환 합의	양측이 서로 높은 우선순위의 쟁점들에서 이익을 얻기 위해 낮은 순위의 쟁점들에서 양보하는 합의
작은 범위에 초점을 맞춘 합의	쟁점을 뒷받침하는 일반원리에 초점을 맞추는 대신에 분쟁의 특정한 환경에 초점을 맞추는 합의
단기간의 합의	하나의 방법을 단기간에 시도해보고 평가를 한 다음 계속할지의 여부를 정하는 합의
조건부 합의	다른 사건이나 일(대부분 미래의 일)에 성사여부가 달려 있는 합의
넓은 범위에 초점을 맞춘 합의	분쟁을 뒷받침하는 이해관계에 초점을 맞춘 합의
미래에 기반을 둔 합의	과거를 다루기 전에 미래부터 다루는 합의

자료원: 김성형/이은우 역, Brett, J. M. 저(2011), p. 223.

협상 당사자들 간의 분쟁 또는 갈등이 협상을 통하여 합의에 이르지 못하게 될 경우, 협상 당사자들은 법적인 소송을 할 수 있다. 그러나 이러한 방법은 시간과 비용이 많이 소요될 뿐만 아니라, 기업 또는 조직의 이미지가 악화될 수 있기 때문에 협상 당사자들은 소송외적인 접근을 통하여 분쟁을 해결하는 것이 바람직하다. 이러한 접근을 '대안적 분쟁해결방안(alternative dispute resolution, ADR)'이라고 하며, 협상, 조정 및 중재 등이 이러한 방안에 해당된다. 먼저 소송에 대하여 간략히 살펴본 후, 제3자가 개입하는 대표적인 분쟁해결방법으로 인정되고 있는 조정과 중재에 대하여 논의하기로 한다.

기업 또는 조직이 본국 또는 현지국에서 협상 당사자들 간의 법적 분쟁에 휘말릴 경우에는 소송, 조정 및 중재를 통하여 이러한 분쟁이 해결될 수 있다.[7]

---

7 박주홍(2012), p. 108 이하 수정 재인용; 김성형/이은우 역, Brett, J. M. 저(2011), p. 268 이하; Czinkota, M. R. et al.(2005), p. 125; Ball, D. A. et al.(2004), p. 367.

소송(litigation)

본국 또는 현지국에서 어떤 법적인 문제가 발생하였을 때, 기업 또는 조직은 본국 또는 현지국 법원에 소송을 제기할 수 있다. 그러나 이 해결방법은 최후의 수단으로 사용되어야 한다. 왜냐하면 소송은 비용이 많이 들고, 오랜 시간이 걸리고, 기업의 이미지가 악화될 수 있고, 본국이 아닌 현지국에서 소송이 제기되는 경우 현지국 법정에서 차별대우를 받을 수 있는 단점이 있기 때문이다.

조정(mediation)

조정은 법적 분쟁의 당사자들이 비공식적 또는 자발적으로 합의하여 분쟁을 해결하는 방법이며, 조정을 통하여 타협(conciliation)이 도출된다. 조정을 담당하는 조정관은 권한이 없는 제3자의 역할을 담당한다. 이 방법은 분쟁을 평화적으로 해결할 수 있는 장점을 갖고 있으나, 조정 또는 타협에 실패할 경우 중재 또는 소송으로 이어질 수밖에 없는 단점을 갖고 있다.

중재(arbitration)

중재는 분쟁의 당사자들과 이해관계가 없고, 전문성을 보유한 제3자 또는 기관을 중재자를 선정하여 분쟁을 해결하는 방법이다. 중재를 수행하는 중재자는 권한을 위임받은 제3자의 역할을 담당한다. 이 방법은 시간이 적게 걸리고, 비용이 적게 들며, 기업 또는 조직의 이미지를 손상시키지 않는 장점을 갖고 있다. 그러나 분쟁 또는 갈등이 법률문제와 관련되어 있을 때 중재의 판단능력이 떨어질 수 있다는 것과 신속한 중재를 위해 분쟁 당사자들이 출석하지 않더라도 심리가 진행되는 절차상의 문제가 발생할 수 있다는 것이 중재의 단점으로 지적될 수 있다.

국제적으로 인정받고 있는 중재기관으로는 1923년에 설립된 국제상공회의소 산하의 국제중재법원(International Court of Arbitration)을 들 수 있다. 본국 또는 현지국에서의 법적 분쟁이 소송으로 이어지는 것을 방지하기 위하여 기업 또는 조직이 체결하는 모든 계약에 중재조항(arbitration clause)을 삽입하는 것이 바람직하다. 이것은 계약서 또는 합의서에 삽입하는 중재합의에 대한 조항이다. 즉, 이것은 계약 또는 합의와 관련된 분쟁이 발생할 경우, 법원의 재판을 통하지 않고, 중재를 통하여 분쟁을 해결하겠다고 약속하는 것을 의미한다. 또한 합의 당사자들은 표준중재조항(standard arbitration clause)을 계약서 또는 합의서에 삽입할 수 있다. 대한상사중재원과 국제상공회의소가 각각 제시하는 표준중재조항은 다음과 같다.[8]

- 대한상사중재원 표준중재조항 : "이 계약으로부터 또는 이 계약과 관련하여 당사자들 간에 발생하는 모든 분쟁, 논쟁 또는 차이 그리고 계약위반은 대한민국 법과 대한상사중재원 중재규칙에 따라서 대한민국 서울에서 중재로 해결된다. 중재인에 의해서 내려진 중재판정은 최종적이며 관련 당사자들을 구속한다."
- 국제상공회의소 표준중재조항 : "현존하는 계약으로부터 또는 관련하여 발생하는 모든 분쟁은 국제상공회의소 중재규칙에 따라서 선임된 1인 또는 그 이상의 중재인에 의하여 동 규칙에 따라서 최종적으로 해결된다."

〈표 4-4〉는 대안적 분쟁해결방안(ADR)의 주요 유형을 비교하여 보여준다. 이 표에 나타난 바와 같이 조정과 중재는 제3자의 개입을 통하여 분쟁을 해결하지만, 협상은 제3자가 개입하지 않고 협상 당사자들이 분쟁을 직접 해결한다.

---

8 https://ko.wikipedia.org/wiki/%EC%A4%91%EC%9E%AC%EC%A1%B0%ED%95%AD.

표 4-4	대안적 분쟁해결방안(ADR)의 주요 유형 비교		
비교 기준	협 상	조 정	중 재
절차개시에서 당사자의 합의	필수요건	필수요건/예외	필수요건/예외
제3자 — 개 입	불개입	개입	개입
제3자 — 범 위	해당 없음	민간/공·사기관	민간/공·사기관
제3자 — 선 정	해당 없음	쌍방합의	쌍방합의
제3자 — 역 할	해당 없음	합의도출	일방적 결정
절차의 진행내용	이해/입장조정	이해/입장조정	확인/이해조정
절차진행의 주요 수단	협상	화해/조정협상	사실발견/협상
결정의 정형성	없음	대개 없음	조금 있음
결정의 근거	쌍방합의	제3자의 조언을 바탕으로 쌍방합의	쌍방 간의 증거자료와 중재인의 결정
결정의 구속력	쌍방의 동의 필요	쌍방의 동의 필요	구속적/예외

자료원: 이달곤(2005), p. 25 재인용; 우동기/장영두(1999), p. 47.

〈표 4-5〉는 조정관과 중재자를 선임할 때 유용한 질문을 보여준다. 이 표에 제시되어 있는 질문에 대한 대답을 잘 충족하는 조정관과 중재자를 선임한다면, 분쟁당사자들 간의 분쟁과 갈등이 원활하게 잘 해결될 수 있다.

표 4-5	조정관과 중재자를 선임할 때 유용한 질문
선임 대상자	질 문

조정관	• 다른 사람의 의견을 잘 청취하는가?
	• 당신측에 공정한 대우를 했는가?
	• 상대방측에 공정한 대우를 했는가?
	• 당신측의 이해관계를 올바로 숙지하였는가?
	• 상대방측의 이해관계를 올바로 인지할 수 있도록 도움이 되었는가?
	• 합의문의 옵션을 만들어내는 과정에서 양측 모두에게 개입하였는가?
	• 당면한 사례와 연관된 법이나 계약의 해석을 제공하였는가?
	  해석들은 양쪽 당사자들이 요구였는가?
	  그런 것들이 갈등해결에 도움이 되었는가?
	• 분쟁 당사자들이 합의할 수 있도록 조정관이 적절하게 압박을 가했는가?
	• 사건이 합의되었는가?
	• 같은 조정관을 다시 선임하겠는가? 그 이유는?

중재자	• 다른 사람의 의견을 잘 청취하는가? • 당신측에 공정한 대우를 했는가? • 상대방측에 공정한 대우를 했는가? • 관계된 분야의 법에 정통한가? • 판결을 적절한 시간 내에 하였는가? • 판결문은 청구인들이 잘 이해할 수 있게 쓰여졌는가? (이것은 노사분규에 있어 특히 중요하다.) • 당신측이 승리하였는가, 패하였는가? • 같은 중재자를 다시 선임하겠는가? 그 이유는?

자료원 : 김성형/이은우 역, Brett, J. M. 저(2011), pp. 272-270, 281.

비즈니스협상과
윤리적 문제

CHAPTER 05

CHAPTER 05

비즈니스협상과 윤리적 문제

비즈니스협상과 윤리적 문제에 대한 개념적 기초

5.1.1 협상윤리의 의의

협상윤리(ethics in negotiation)는 협상 당사자들이 협상에서 지켜야 하는 규범을 말한다. 이러한 규범은 협상에서 허용되거나 허용되지 않는 옳고 그름에 대한 사회적 기준 또는 그 준수의식을 말한다. 일반적으로 협상자들은 협상 상대방에 대한 협상력을 증대시키기 위하여 비윤리적인 협상전술 또는 술수를 사용하려고 한다.[1] 비즈니스협상뿐만 아니라 다양한 분야에서 수행되는 협상에 있어서 협상자들이 비윤리적인 행동을 하는 주요 동기를 살펴보면 다음과 같다.[2]

---

1 박노형(2007), p. 238.
2 이달곤(2005), p. 228 이하.

- 협상과정에서 협상 당사자들은 각각 자신뿐만 아니라 자신이 속한 기업 또는 조직의 이익을 추구하는 것이 당연하다고 생각하며, 협상자들은 이를 위하여 수단과 방법을 가리지 않고 인간의 욕망에 근거한 비윤리적 행동을 하게 된다.
- 협상 당사자들 중에서 어느 일방이 협상진행 중에 비윤리적 행동을 함으로써 다른 일방이 공정성 또는 정의가 상실되었다는 판단을 하는 경우, 다른 일방의 협상자는 상실된 공정성 또는 정의를 회복하기 위하여 비윤리적인 행동이 정당화될 수 있다는 믿음을 가지고 이러한 행동을 감행하게 된다. 경우에 따라서 다른 일방의 협상자는 공정성 또는 정의의 회복이 아닌 보복심리에 기초한 비윤리적 행동을 할 수도 있다.

위와 같은 비윤리적 협상전술 또는 술수를 사용하게 되는 경우, 협상자들은 다음과 같은 비용을 감수하여야 한다.[3]

- 융통성 없는 협상(rigid negotiating) : 비윤리적 협상은 융통성 없는 협상을 초래할 수 있다. 그러나 장기적 관점에서의 융통성이 있고 개방된 접근방법은 협상 당사자들 모두에게 이익이 될 수 있다.
  - 손상된 관계(damaged relationships) : 비윤리적인 협상은 협상 당사자들 간의 현재의 관계뿐만 아니라 미래의 관계도 손상시킬 수 있다.
  - 명성의 훼손(sullied reputation) : 비윤리적 협상은 협상을 주도한 개인(예를 들면, 협상을 담당한 직원), 기업 또는 조직의 이미지를 손상시킬 수 있을 뿐만 아니라, 미래의 협상에도 나쁜 영향을 미칠 수 있다.
  - 잃어버린 기회(lost opportunity) : 비윤리적인 협상은 상호 호혜적인 결과를 도출할 수 있는 협상자의 능력을 약화시킬 뿐만 아니라, 새롭고 생산적인 주제를 다루는 진보적인 토의를 방해하는 경향이 있다.

---

3 박주홍(2017b), p. 255 이하 재인용; Reitz, H. J., Wall, J. A., Jr. and Love, M. S.(1998), p. 5 이하.

5.1.2 글로벌 비즈니스협상과 윤리적 판단기준[4]

글로벌 비즈니스협상(global business negotiation)은 글로벌 기업활동의 하나에 속하기 때문에 글로벌 윤리경영(global ethics management)의 관점에서 논의되어야 한다. 글로벌 윤리경영은 글로벌 기업의 경영활동에 있어서 기업윤리를 중요한 가치로 설정하여, 투명하고 공정하게 업무를 수행하는 경영정신에 그 기초를 두고 있다. 즉, 글로벌 윤리경영은 글로벌 기업의 운영·관리에 있어서 윤리적 요소를 고려하여 글로벌 기업의 이윤극대화를 추구할 뿐만 아니라 비윤리적 경영에 의해 야기될 수 있는 위험을 회피하려는 목적으로 수행하는 경영방법을 의미한다.

글로벌 비즈니스협상은 협상 당사자들이 속한 문화 또는 국적이 다르기 때문에 글로벌 윤리경영의 관점에서 윤리적 문제가 검토될 필요가 있다. 글로벌 윤리경영은 기업이 활동하는 국가 또는 지역의 서로 다른 법률적 및 사회문화적 환경의 영향을 받을 수 있기 때문에 이와 관련된 다양한 판단기준에 대한 이해가 선행되어야 한다. 이러한 판단기준은 다음과 같은 네 가지 관점에서 고찰될 수 있다.[5]

개인적 상대주의(individual relativism)

이것은 개인이나 조직의 관점에 따라 윤리적 행동이 결정되는 것을 말한다. 즉, 개인적인 가치관에 따라 어떤 특정 상황(예를 들면, 협상의 진행상황)에 대한 판단이 이루어진다. 이 경우에 있어서 기업윤리 환경에 대한 개인의 대응은 달라질 수 있으므로 일관성과 보편성이 결여될 수 있다.

문화적 상대주의(cultural relativism)

이것은 현지국의 문화에 따라 윤리적 행동이 결정된다는 가정에서 출발한다. 즉,

---

4 박주홍(2017a), p. 30 이하 수정 재인용.
5 박주홍(2012), p. 476 재인용; 임성훈(2010), p. 540 이하; 최순규/신형덕 역, Hill, C. W. L. 저(2009), p. 183 이하.

이것은 '로마에 가면 로마법을 따르라(When in Rome, do as the Romans do)'는 격언을 실천하는 것과 관련되어 있다. 윤리적 판단기준은 본사국의 관점보다는 현지국의 관점에 근거하기 때문에 현지국 문화를 존중한다는 긍정적인 측면이 있을 수 있다. 그러나 현지국의 어떤 문화적 특징이 글로벌 표준에 미달된다면, 국제적인 비난의 대상이 되거나 반감이 나타날 수 있다(예를 들면, 아동노동, 뇌물제공 등에 대한 문화적 차이). 글로벌 비즈니스협상에 있어서 협상자는 협상 상대방이 속한 기업 또는 조직의 관점에서 윤리적 문제를 다루게 된다.

윤리적 제국주의(ethical imperialism)

이것은 본사국의 윤리적 관점을 전 세계의 현지 자회사에 동일하게 적용하는 것을 의미한다. 일반적으로 선진국(본사국) 기업이 개발도상국 또는 후진국(현지국)에서 활동하는 경우, 본사국의 윤리적 판단기준이 현지국에서 존중되는 경향이 있으므로 글로벌 윤리강령(global code of ethics)이 본사 중심적으로 제정되기도 한다(예를 들면, GE 윤리강령). 이러한 판단기준은 본사와 현지 자회사가 각각 협상을 수행하는 경우에 있어서 전 세계적으로 동일한 윤리적 기준을 적용해야 한다는 것을 의미한다.

보편주의(universalism)

이것은 전 세계적으로 존중되고 인정받고 있는 기본적인 가치, 원칙 및 신념 등에 근거하여 윤리적 행동을 추구하는 것을 말한다. 그러므로 보편주의는 글로벌 표준(global standard)의 동의어로 간주되기 때문에 본사국과 현지국의 윤리적 행동에 있어서 일관성이 중요하게 고려된다.

글로벌 기업의 관점에서 볼 때, 본국과 현지국의 상관습이 다르고, 이에 대한 법적 규정이 없을 경우 글로벌 기업이 선택할 수 있는 대안은 다음과 같이 네 가지로 요약될 수 있다.[6]

---

6 이종영(2009), p. 617.

- 본국의 윤리규범에 따름 : 기업의 본거지인 본국에서의 명성이 유지되고 사회적 지지를 받을 수 있다.
- 현지국의 윤리규범에 따름 : 현지국의 문화와 관행을 존중하게 되면, 현지국에서의 영업활동이 원활하게 이루어질 수 있다고 판단한다.
- 수익에 가장 유리한 대안을 선택함 : 본국과 현지국의 윤리규범 중에서 수익이 더 높은 대안을 선택한다.
- 윤리수준이 더 높은 대안을 선택함 : 이러한 선택을 한 글로벌 기업은 국제사회에서 사회적 책임을 잘 감당한다는 평가를 받게 된다.

〈표 5-1〉은 글로벌 기업의 윤리문제의 분류체계를 제시한다. 이 표에 제시되어 있는 바와 같이, 글로벌 기업은 본국과 현지국의 법규와 사회적 규범의 성격(예를 들면, 국가 간 법규의 합법과 불법 및 사회적 규범의 합치와 불합치)에 따라 다양한 윤리문제에 직면하게 된다. 이 표에 의하면, 본국의 법규와 사회적 규범이 현지국의 법규와 사회적 규범과 같을 경우에는 글로벌 경영활동과 비즈니스협상에서 윤리문제가 부각되지 않는다. 반면에, 본국의 법규와 사회적 규범이 현지국의 법규와 사회적 규범과 다를 경우에는 글로벌 경영활동과 비즈니스협상에서 윤리문제가 중요한 의사결정의 대상이 될 수 있다.

표 5-1   글로벌 기업의 윤리문제의 분류체계

기 준			본 국			
			법 규		사회적 규범	
			합 법	불 법	합 치	불합치
현지국	법 규	합 법	O	?	O	?
		불 법	?	×	?	×
	사회적 규범	합 치	O	?	O	?
		불합치	?	×	?	×

O : 합법, 윤리적; ? : 본국과 현지국의 윤리기준 중에서 선택; × : 불법, 비윤리적
자료원 : 이종영(2009), p. 609; 저자에 의해 일부 수정됨.

5.2 협상윤리에 대한 이론적 접근방법

협상윤리에 대한 세 가지 이론적 접근방법은 *쉘*(*Shell*)에 의해 분류되었으며, 다음과 같은 세 가지 학파의 관점에서 설명될 수 있다.[7]

5.2.1 포커 학파

포커 학파(poker school)는 "거래는 게임이다"라는 관점에서 출발한다. 이 학파는 협상을 어떤 규칙을 가진 게임으로 보고 있다. 이러한 규칙은 법으로 규정되어 있다. 이 규칙이 허용하는 범위 내에서 행동하면 윤리적이지만, 이 규칙을 위반하면 비윤리적인 것이 된다. 협상을 수행하는데 있어서 협상자는 포커 게임에서처럼 승리하기 위하여 허세를 부릴 수는 있지만 규칙을 지키는 것이 중요하다.

포커 학파의 창시자는 미국의 33대 대통령 트루먼의 특별 보좌관을 지낸 *카*(*Carr*)이며, 그는 1960년대에 '게임으로서의 비즈니스(Business as a Game)'라는 책을 저술하였다. 그의 주장에 따르면 합법적인 협상전술 게임에서 허세와 허위는 없어서는 안 되는 요소들이다. 그러나 이 학파를 옹호하는 사람들은 협상을 하는 것과 포커를 하는 것이 완전히 같지 않을 수 있다는 것을 인정한다. 하지만 자신이 갖고 있는 패의 범위 내에서 상대방을 속이거나 허풍을 떠는 기술은 협상이나 포커에 동일하게 적용될 수 있기 때문에 포커 학파의 주장이 비윤리적 협상을 설명하는 데 있어서 어느 정도 설득력을 가지고 있다.

포커 학파의 주장은 다음과 같은 문제점들을 갖고 있다.

- 포커 학파는 모든 사람이 협상을 게임으로 여긴다고 추정하지만, 실제로 협상을 게임처럼 취급하지 않는 이상주의자와 실용주의자가 존재한다.

---

7 쉘(2013), p. 129 이하; Shell, G. R.(1999), p. 201 이하.

- 모든 사람들은 정해진 규칙이 포커 게임에서처럼 냉정하다는 것을 알고 있지만, 법적인 규칙은 때때로 산업 분야, 각 국가 또는 지역에 따라 다르게 적용될 수 있다.
- 법은 단일한 판결 안에서조차 확실한 것이 아니기 때문에 협상자가 더 정확한 판단을 하기 위해서는 유능한 법률가에게 협상의 규칙(예를 들면, 포커 게임의 규칙과 같은 협상의 규칙)에 대한 해석을 의뢰할 필요가 있다.

5.2.2 이상주의자 학파

이상주의자 학파(idealist school)는 "상처를 입을지라도 좋은 일을 하라"라는 이상주의적 관점에서 협상을 대한다. 이 학파는 협상도 사회생활의 한 단면이기 때문에 건전한 사회생활에서 하는 것처럼 협상을 수행하면서 비윤리적 행동을 하지 않아야 된다고 주장한다. 즉, 이 주장을 수용하는 사람들은 사회생활에서 비윤리적인 행동을 하는 것이 나쁜 것처럼 협상에서도 비윤리적인 행동을 하는 것이 나쁘다고 생각한다.

이상주의자들은 협상을 게임으로 보지 않으며, 협상을 사람과 사람 사이에서 진행하는 진지하고 연속적인 커뮤니케이션 활동으로 보고 있다. 어떤 측면에서 보면, 이상주의자들은 협상을 철학 및 윤리적 관점에서 이해하려고 한다. 이상주의자들은 포커 학파를 신봉하는 사람들을 이기적이고 약탈적인 사람으로 간주하지만, 포커 학파를 주장하는 사람들은 이상주의자들을 순진하고 어리석은 사람으로 취급한다.

협상에 대한 이상주의적 시각은 다음과 같은 한계점을 내포하고 있다.

- 이상주의자들은 윤리적 행동 또는 그들이 정한 기준에 중점을 두어 협상을 수행하기 때문에 협상의 현실적 진전이 더딜 수 있다.
- 협상 상대방의 비윤리적 행동으로 인하여 협상이 이상주의자들에게 불리하게 타결될 수 있다.

- 협상을 수행하면서 이상주의자들이 다른 사람의 이익을 대변하는 경우에 있어서 협상의 한계가 있을 수 있다.
- 이상주의는 윤리적 기준으로 협상에 임하는 유일한 방법이 아닐 수 있다.

5.2.3 실용주의자 학파

　실용주의자 학파(pragmatist school)는 "뿌린대로 거둔다"라는 측면에서 협상을 고찰한다. 이 학파의 주장에 동조하는 사람들은 협상의 진행상황에 따라 포커 학파가 거리낌 없이 사용하는 비윤리적인 행동을 수용할 뿐만 아니라, 이상주의자가 주장하는 윤리적 행동을 선택하기도 한다. 실용주의자는 포커 학파와 이상주의자의 중간에 있다고 볼 수 있다.

　실용주의자들은 협상 상대방의 행동에 따라 그들의 행동방식을 결정한다. 만일 협상 상대방이 비윤리적 행동을 한다면, 실용주의적 태도를 가진 협상자는 협상 상대방과 마찬가지로 비윤리적 행동을 하게 된다. 비윤리적 행동으로 인한 협상의 이익이 장기적 비용보다 클 경우, 그리고 협상 상대방이 비윤리적 행동을 할 경우에 있어서 실용주의적 시각을 가진 협상자는 비윤리적 행동을 하게 된다.

　실용주의자 학파의 주장은 다음과 같은 단점을 갖고 있다.

- 협상 상대방의 행동방식에 따라 윤리적 행동의 기준을 판단할 경우, 협상에 대한 객관적이고 합리적 행동기준을 느슨하게 적용할 수 있을 뿐만 아니라 협상 상대방의 비윤리적 행동에 끌려가는 처지에 놓일 수도 있다.
- 협상을 수행하면서 실용주의자들이 협상상황에 따라 선택한 비윤리적 행동들이 장기적인 관점에서 볼 때 자신과 자신이 속한 기업 또는 조직에 불이익을 초래할 수도 있다.

5.3 비윤리적 협상전술과 대응방법

일반적인 협상에서 통용될 수 있는 다음과 같은 열 가지의 협상전술은 윤리적 관점에서 볼 때 문제가 있기 때문에 협상에서는 이러한 협상전술을 사용하지 않는 것이 바람직하다.[8] 아래에서는 열 가지의 비윤리적 협상전술의 의미를 각각 살펴본 후, 이에 대한 대응방법을 간략히 제시하기로 한다.

허 위(lies)

- 의미 : 이것은 협상과 관련된 특정 자료를 속이거나 거짓말을 하는 것을 말한다. 넓은 의미에 볼 때, 허위는 거짓을 사실인양 말하는 거짓말을 포함한다. 거짓말의 특징은 다음과 같은 내용으로 요약될 수 있다. "거짓말은 특별한 것이 아니다. 거짓말은 아주 정상적인 것이다. 즉흥적이고 무의식적인 것이다. 냉소적이거나 냉정할 정도로 분석적이지도 않다. 우리의 마음과 몸은 거짓말을 분비해낸다."[9] 협상의 진행과정에서 협상 상대방에게 거짓말을 하는 아홉 가지의 상황은 다음과 같다.[10]
  - 같이 거짓말하기(lie-for-a-lie) : 협상 상대방이 거짓말 할 때 같이 거짓말하기
  - 단판 협상(one shot) : 협상 상대방과 한 번만 만나서 단판 협상을 할 경우, 앞으로 더 이상 만날 이유가 없는 상황
  - 개인적 이익(personal gain) : 거짓말을 하여 협상자 개인이 얻을 이익이 있는 경우
  - 곤경에서 벗어나기(not getting caught) : 곤경에 처하여 거짓말을 하여 벗어나기
  - 생사의 상황(life or death) : 협상이 생사를 결정하는 상황

---

8 Reitz, H. J., Wall, J. A., Jr. and Love, M. S.(1998), p. 10 이하.

9 아들러(2013), p. 110.

10 Thompson, L.(2005), p. 176.

- 약한 협상력(low power) : 협상 상대방이 더 강한 협상력을 가진 상황에서 우리가 가진 약한 협상력을 유리하게 이끌어 가려는 경우
- 불필요한 명성의 유지(protecting reputation) : 협상 상대방에 대하여 우리 측의 명성을 지킬 이유가 없는 상황
- 반감(dislike) : 협상 상대방에 대하여 반감을 갖고 있는 상황
- 고정된 파이(fixed pie) : 누가 유리한 협상결과를 쟁취할 것인가에 중점을 둔 분배적인 협상상황

• 대응방법 : 협상 상대방에 의해 협상장에서 구두로 표현(발설)되거나 협상장 이외의 장소에서 유포되는 허위 또는 거짓말을 구체적으로 확인하여 대처하는 것이 무엇보다도 중요하다. 경우에 따라서 협상 상대방이 하는 거짓말을 우리 측이 알고 있다는 신호를 보내는 것도 좋은 대응방법이 될 수 있다. 협상 상대방이 거짓말을 하는 경우, 우리 측에서도 똑같이 거짓말을 하여 대응할 수도 있다.

또한 협상 상대방이 거짓말을 할 때 그것을 간파할 필요가 있다. 일반적으로 거짓말을 하는 사람은 상대방과 눈을 맞추지 않거나, 귀를 잡아당기거나 땀을 흘리는 등의 행동을 하게 된다. 또한 평소의 목소리와 다르게 말하고, 부자연스럽게 웃으며, 질문에 대한 답변을 할 때 평소보다 오래 걸리고, 손가락을 꼼지락거리거나 긴 숨을 몰아쉬는 것 등도 거짓말을 하는 사람의 전형적인 행동이다.[11]

과대선전(puffery)

• 의미 : 어떤 협상대상의 가치를 부풀려 말하는 것을 과대선전이라고 한다. 예를 들면, 협상 당사자는 비즈니스협상에 있어서 원가, 조건 또는 가치 등을 과장하여 말함으로써 협상 상대방을 유인하려고 한다. 협상 당사자는 협상 상대방을 속이려는 의도를 가지고 과대선전을 할 뿐만 아니라, 협상 상대방에게 손실

---

11 아들러(2013), p. 113.

을 끼쳐 자신의 이익을 추구하려는 목적으로 과대선전을 하게 된다. 과대선전은 허위 또는 거짓말에 대한 또 다른 완곡한 표현으로 볼 수 있다.

• 대응방법 : 어떤 협상대상에 대한 과대선전이 의심되는 경우, 우리 측 협상자는 과대선전을 한 협상 상대방에게 가치를 부풀려 말한 근거의 제시를 요구할 수 있다. 우리 측의 협상자는 협상 상대방의 과대선전에 현혹되지 않고 차분하게 협상에 임하는 것이 중요하다. 또한 협상 상대방이 특정 협상대상에 대하여 과대선전을 하는 경우, 우리 측 협상자도 과대선전으로 맞대응을 할 수도 있다.

기 만(deception)

• 의미 : 이것은 약속을 위반하거나 사실을 왜곡 또는 허위로 진술하는 것을 의미한다. 때때로 협상자는 그들에게 유리한 방향으로 협상을 이끌어가기 위해 기만적 술수(dirty tricks)를 사용하여 협상 상대방을 위협하거나 제압하려고 한다. 협상자가 기만적 술수를 사용하여 협상을 수행하는 경우, 다음과 같은 문제점들이 나타날 수 있다.[12]
  – 높은 위험
  – 협상자의 명성 추락
  – 협상 상대방의 보복 가능성 제기
  – 협상결렬

• 대응방법 : 협상 상대방이 기만적 술수를 사용하여 우리 측 협상자를 기만한다면, 다음과 같은 대응을 할 수 있다.[13]
  – 양자택일 : 인내 후 결별(일단 참지만, 더 이상 협상하지 않음)하거나 맞대응 전략(협상 상대방이 기만하면, 우리 측 협상자도 같이 기만함)으로 대응한다.

---

12 안세영(2017), p. 169 이하.
13 전게서, p. 170 이하.

상대방의 약화(weakening the opponent)

- 의미 : 이것은 협상자가 자신의 상대적 강점을 부각시키고 협상을 자신에게 유리한 방향을 이끌어 가기 위하여 협상 상대방의 강점을 직접적으로 제압하거나 또는 협상 상대방과 제휴하는 것을 말한다. 협상자는 앞서 설명한 허위, 기만 및 과대선전 등과 같은 비윤리적 협상전술을 동원하여 상대방을 약화시킬 수도 있다.

- 대응방법 : 협상 상대방에 의해 쉽게 제압당하지 않는 강한 정신력을 가진 협상자를 협상장에 파견한다면, 우리 측의 협상자는 협상 상대방에게 굴복당하지 않을 수도 있다. 왜냐하면 협상 상대방의 약화는 심리적이고 정신적인 요소와 어느 정도 관련되어 있기 때문이다.

자신의 입지 강화(strengthening one's own position)

- 의미 : 이것은 협상 상대방이 사용할 수 없는 수단을 통하여 자신의 입지를 강화하는 것을 의미한다. 이것은 앞서 설명한 협상 상대방의 약화와 직접적인 관련이 없다. 왜냐하면 협상자는 그들의 협상력을 높이고 유리한 협상결과를 도출하기 위하여 협상 상대방을 의도적으로 약화시키지 않고도 자신이 가진 강점(예를 들면, 풍부한 인적 및 물적 자원의 보유)을 활용할 수 있기 때문이다.

- 대응방법 : 협상 상대방이 자신의 입지 강화를 통하여 우리 측의 협상자를 압박한다면, 그들의 압박에 굴복당하거나, 아니면 우리 측이 가진 강점들을 활용하여 반격할 수 있다.

비공개(nondisclosure)

- 의미 : 비공개는 협상 상대방에게 이익이 될 수 있는 관련 정보를 의도적으로 감추는 것을 말한다. 협상자는 협상에서의 우위를 점하고, 그들에게 유리한 협상결과를 도출하기 위하여 협상대상과 관련된 주요 정보를 협상 상대방에게

공개하지 않으려고 한다. 예를 들면, 어떤 제품에 대한 판매 및 구매협상에 있어서 제조업체(판매업체)는 그들의 제품이 가진 결함 또는 품질상의 문제를 구매업체에게 숨기려고 할 때, 이것은 비공개에 해당된다.

- 대응방법 : 협상대상과 관련된 주요 정보가 협상자에게 의도적으로 제공되지 않았다는 사실을 협상자가 협상진행 과정에서 확인하였다면, 협상자는 협상 상대방에게 이에 대한 정보공개를 요구하여야 한다. 만일 이러한 주요 정보가 비공개인 상태로 협상이 진행된다면, 불공정한 협상결과가 도출될 가능성이 높아진다. 주요 정보의 비공개에 따른 피해 또는 손실을 미리 예방하기 위하여, 향후에 정보의 비공개로 인하여 문제점이 발생할 경우 이에 대한 법적인 책임을 물을 수 있다는 내용(예를 들면, 계약파기, 손실배상 등)을 협상 당사자들 간에 체결하는 합의서 또는 계약서에 기록하는 것이 바람직하다.

정보착취(information exploitation)

- 의미 : 협상 상대방에 의해 제공되는 정보를 그들의 제공의도에 맞지 않게 다른 기업 또는 조직의 협상자가 남용하는 것을 정보착취라고 한다. 예를 들면, 협상자가 협상 상대방으로부터 받은 정보를 협상 상대방을 불리하게 할 목적으로 사용하거나, 이러한 정보를 제3자와 공유하는 것은 정보착취에 해당된다.
- 대응방법 : 협상자는 협상 상대방에게 제공하여야 할 정보와 제공하지 않아도 될 정보를 구분하여 정보를 제공할 필요가 있다. 또한 협상에 결정적인 영향을 미칠 수 있는 중요한 정보는 가능하다면 협상 상대방에게 제공하지 않아야 한다. 불가피하게 이러한 정보가 제공된다면 협상자는 협상 상대방에게 이러한 정보가 제3자에게 유출되지 않도록 적극적으로 요구하여야 한다.

태도변화(change of mind)

- 의미 : 이것은 협상과정에서 이전의 진술 또는 상황과 정반대로 행동하는 것을 말한다. 이러한 태도변화는 일관적이고 원활한 협상진행을 방해할 수 있다. 또

한 협상진행 중에 이미 합의한 내용을 번복하거나 변경하는 것도 태도변화에 해당된다.

- **대응방법**: 태도변화는 협상진행 중에 협상 상대방이 돌발적으로 또는 의도적으로 행할 수 있는 예측 불가능한 행동이다. 그러므로 협상진행 중에 구두로 합의된 내용 또는 사항이 있다면 협상 당사자들은 쌍방의 합의 하에 이러한 중간결과를 반드시 문서로 기록하여야 한다. 만일 오랜 기간에 걸쳐 협상이 진행된다면, 협상과 관련된 상황의 변화에 따라 협상 상대방의 태도변화가 나타날 수 있으므로 이에 대한 철저한 준비가 필요하다.

집중방해(distraction)

- **의미**: 이것은 협상 상대방에게 유익하게 작용할 수 있는 정보 또는 대안을 무시하기 위하여 협상자가 협상 상대방을 의도적으로 유인하여 집중력을 흩트리는 것을 의미한다. 협상자가 협상 상대방에게 다음과 같은 행동을 함으로써 집중방해가 발생할 수 있다.
  - 과도한 정보를 제공함
  - 수많은 질문을 함
  - 애매한 질문을 함
  - 쟁점사항을 무시함
  - 어떤 사항에 대하여 약한 척 행동함(협상 상대방이 약점에 집중하도록 하여 다른 주요 사항을 무시하도록 유도함)
- **대응방법**: 협상 상대방으로부터 의도적으로 유인되는 집중방해를 협상자가 즉각적으로 인식하기 어려울 수 있다. 집중방해에 대하여 적극적으로 대처하기 위하여 협상자는 협상 상대방이 제공하는 다양한 정보, 질문 및 행동 등을 면밀히 분석한 후 협상에 임하는 것이 바람직하다.

최대화(maximization)

- 의미 : 이것은 협상자가 협상 상대방에게 미치는 효과에 대하여 전혀 관심을 갖지 않고 자신의 이익만을 최대한 추구하는 것을 말한다. 이러한 행동은 협상자의 이기적인 행동에 그 기초를 두고 있다. 일반적으로 이러한 상황에서 협상자는 협상 상대방을 대상으로 윈-윈(win-win)이 아닌 윈-루즈(win-lose)의 결과를 이끌어내려고 한다.

- 대응방법 : 최대화의 상황이 발생하는 경우, 협상자는 협상 상대방을 대상으로 대결전략을 선택했다고 볼 수 있다. 이 전략은 협상자가 자신의 실질적 협상성과를 최대화하는 것이 중요하고, 협상 상대방과의 관계를 고려할 필요가 없다고 판단할 때 선택된다(제2장, 2.3.2 참고). 그러므로 협상 상대방이 최대화를 추구하는 경우, 우리 측 협상자도 최대화를 추구할 필요가 있다.

제2부에서는 기능영역과 관련된 주요 협상 이슈에 대하여 설명한다. 제6장에서는 마케팅협상에 대하여 알아본다. 여기에서는 제품보증과 리콜, 가격협상, 유통경로 중간상 선정, 광고대행사 및 광고매체의 선정 등에 대하여 살펴본다. 제7장에서는 인사협상에 대하여 논의한다. 이 장에서는 고용, 임금 및 노사관계 등과 관련된 협상, 조직의 갈등관리 등에 대하여 논의한다. 제8장에서는 재무협상에 대하여 설명한다. 여기에서는 주식발행을 통한 자본조달협상, 그리고 은행차입 및 회사채발행 등을 통한 자금조달협상에 대하여 설명한다. 마지막으로 제9장에서는 생산운영협상에 대하여 체계적으로 검토한다. 이 장에서는 원재료 및 부품조달을 위한 공급업체와의 협상, 운송업체와의 협상, 창고업체와의 협상 등에 대하여 논의한다.

PART 2

기능영역과 관련된 주요 협상 이슈

마케팅협상

CHAPTER 06

CHAPTER 06

마케팅협상

마케팅의 개념

2013년 미국 마케팅협회(American Marketing Association, AMA)는 마케팅(marketing)을 '고객, 클라이언트, 파트너, 그리고 사회 전반을 위해 제공물(offerings; 제품 및 서비스)을 창출, 커뮤니케이션, 전달 및 교환할 수 있도록 하는 활동, 조직구성 및 과정'으로 정의하였다.[1] 즉, 마케팅은 '고객의 욕구를 충족시키기 위하여 수행되는 교환활동'으로 요약될 수 있다. 이 정의에 포함된 용어를 구체적으로 살펴보면 다음과 같다.

- 고객(customer) : 제품 또는 서비스를 최종적으로 소비하는 사용자 또는 소비자 (개인, 기업, 국가, 기관 및 비영리단체 등을 포괄함)
- 욕구(needs or wants) : 제품 또는 서비스를 취득하기를 원하는 잠재적 또는 실제적 고객의 심리적 상태

---

1 https://www.ama.org/AboutAMA/Pages/Definition-of-Marketing.aspx.

- **충족**(satisfaction) : 고객이 원하는 제품 또는 서비스를 구매함으로써 느끼는 심리적 만족감
- **교환활동**(exchanges) : 제품 또는 서비스를 고객에게 판매하고, 그 가격만큼 다른 제품 또는 서비스를 얻거나(예를 들면, 물물교환) 또는 화폐(예를 들면, 외환획득)를 얻는 활동

또한 마케팅은 기업이 통제 불가능한 국내 및 글로벌 환경의 제약조건 내에서, 제품(product), 가격(price), 유통(place) 및 촉진(promotion) 등과 같은 통제 가능한 마케팅 4P 요소들을 활용하여 이윤을 추구하는 기업활동이다.[2] 〈그림 6-1〉은 국내 및 글로벌 마케팅의 환경과 마케팅 4P 믹스를 보여준다. 이 그림에 나타나 있는 바와

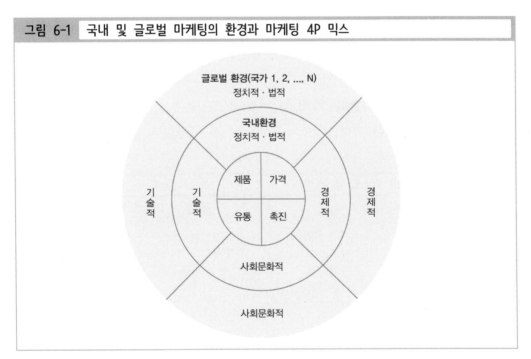

그림 6-1 국내 및 글로벌 마케팅의 환경과 마케팅 4P 믹스

자료원 : 박주홍(2013), p. 31.

---

2 박주홍(2013), p. 30 이하.

같이 마케팅을 성공적으로 수행하기 위해서는 국내환경과 글로벌 기업이 활동하고 있거나 활동하려는 국가들(1, 2,..., N)의 환경을 분석하여 마케팅 4P 믹스전략을 수립하여야 한다.

6.2 마케팅 믹스전략의 주요 구성요소와 협상의 대상

6.2.1 마케팅 믹스전략의 의의와 주요 구성요소[3]

마케팅 믹스전략(marketing mix strategy)의 의의

마케팅 믹스전략은 기업이 표적시장(target market)에서 마케팅 성과를 달성하기 위하여 제품, 가격, 유통 및 촉진 등과 같은 통제 가능한 마케팅 4P 요소를 조합(combination)하는 것을 의미한다. 〈표 6−1〉은 마케팅 4P 믹스의 주요 변수를 보여준다. 이 표에서 제시된 내용 중에서 가격 부분의 수출가격, 이전가격(본사와 자회사 또는 자회사와 자회사 간의 내부거래를 위해 책정하는 가격) 및 덤핑(생산원가보다 낮은 가격으로 수출) 등은 글로벌 마케팅과 관련되어 있다.

표 6-1 마케팅 4P 믹스의 주요 변수			
제 품(product)	가 격(price)	유 통(place)	촉 진(promotion)
제품속성	가격결정	유통경로의 구조	광 고
제품개발	가격조정	유통경로의 설계	인적판매
제품수정	가격변경	물적 유통	홍 보
제품제거	수출가격		판매촉진
브랜드	이전가격		
포 장	덤 핑		
보증 및 서비스			

자료원: 박주홍(2013), p. 203.

---

3 박주홍(2017a), p. 205 이하 수정 재인용.

마케팅 4P 믹스요소들이 적절하게 혼합되어야만 효과적인 마케팅전략 또는 마케팅 프로그램이 수립된다. 전략적 관점에서 볼 때, 이러한 마케팅 믹스전략은 표준화(standardization)와 차별화(differentiation)로 구분될 수 있다.

- 표준화 : 기업이 활동하는 모든 시장에 동일한 마케팅 4P 믹스를 사용하여 고객 또는 소비자에게 접근함.
- 차별화 : 기업이 활동하는 각 시장별로 서로 다른 마케팅 4P 믹스를 사용하여 고객 또는 소비자에게 접근함.

제 품(product)

제품은 노동력, 기계 및 원재료 등과 같은 생산요소를 투입하여, 가공 또는 생산과정을 거쳐 만든 완성품을 말한다. 넓은 의미에서 볼 때 제품은 유형의 제품뿐만 아니라 무형의 서비스(예를 들면, 금융서비스)도 포괄한다.[4] 〈그림 6-2〉에 나타나 있는 바와 같이 *코틀러(Kotler)*는 제품을 핵심제품, 유형제품 및 확장제품 등과 같은 세 가지 차원으로 분류하였다.[5]

- 핵심제품(core product) : 제품이 제공하는 핵심적인 편익 또는 서비스를 말함. 예를 들면, BMW의 '운전의 즐거움(Freude am Fahren)'이라는 슬로건에 나타나 있는 자동차의 편익을 들 수 있음.
- 유형제품(tangible product) : 핵심제품을 실제의 제품으로 형상화한 제품을 의미함. 브랜드, 디자인, 품질 및 포장 등과 같은 제품속성을 통하여 구체화 됨.
- 확장제품(augmented product) : 유형제품에 추가하여 제공되는 서비스 또는 기타의 혜택 등이 포함된 제품을 말함. 제품보증, 판매 후 서비스(after-sales service) 및 신용(예를 들면, 할부판매에서의 금융혜택) 등이 부가적으로 제공됨.

---

4 박주홍(2013), p. 220 이하 수정 재인용.
5 Kotler, P.(1986), p. 297.

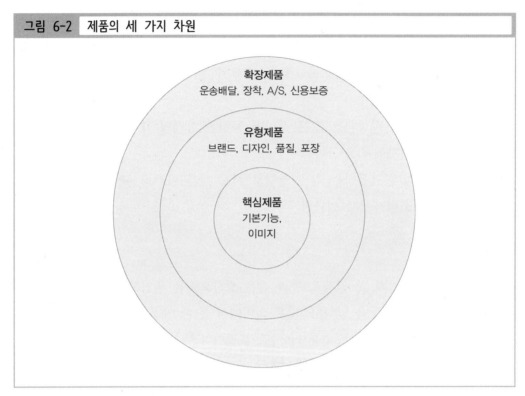

그림 6-2 제품의 세 가지 차원

확장제품
운송배달, 장착, A/S, 신용보증

유형제품
브랜드, 디자인, 품질, 포장

핵심제품
기본기능,
이미지

자료원 : Kotler, P. (1986), p. 297.

가 격(price)

가격은 제품 또는 서비스가 지니고 있는 가치를 화폐로 표시한 수치를 의미한다. 기업의 관점에서 볼 때 가격은 기업이 제품 또는 서비스를 생산 또는 창출하기 위하여 투입한 모든 비용(예를 들면, 인건비, 연구개발비, 생산비, 마케팅 비용 등)을 회수하고, 기업의 성장에 필요한 이익을 확보하기 위한 마케팅수단이다. 반면에, 소비자의 관점에서 볼 때 가격은 소비자가 욕구충족을 위하여 제품 또는 서비스를 구매하고 이에 대한 대가를 기업에게 지불한 금액을 말한다.[6]

가격결정은 기업내부요인, 시장요인 및 환경요인 등에 의해 영향을 받는다. 이러

---

6 박주홍(2013), p. 248.

한 영향요인들은 가격을 결정할 때 구체적으로 분석되고 검토되어야 하는 대상이다.[7]

- 기업내부요인(company internal factors) : 이것은 가격결정에 있어서 기업이 통제 또는 예측할 수 있는 변수로 구성되어 있다.
  - 기업의 목표(수익성, 시장점유율, 시장성장률 등) 및 가격전략(침투가격전략, 초기고 가전략 등)
  - 원가(고정비, 변동비)
  - 추가적 비용(유통비용, 운송비, 관세 및 세금 등)
- 시장요인(market factors) : 이것은 기업이 활동하고 있는 국내시장뿐만 아니라 다수의 현지국 시장에서 나타나는 수요 및 경쟁 등과 같은 통제 불가능한 변수들을 포함한다.
  - 수요(국가의 경제발전수준, GNP, 1인당 국민소득 및 가처분소득 등)
  - 경쟁(지역 또는 국가에서의 경쟁상황, 독점 또는 과점, 완전경쟁 등)
- 환경요인(environmental factors) : 이것은 기업이 통제할 수 없는 환율 및 인플레이션율, 그리고 정부의 규제 등과 같은 변수들로 구성되어 있다.
  - 환율 및 인플레이션율
  - 정부의 규제(가격통제, 덤핑규제 등)

유 통(place)

유통경로(distribution channel)는 제품 또는 서비스가 생산자로부터 최종 소비자에게 이전되는 과정에 참여하는 개인, 관련 조직 및 기업의 집합을 의미한다. 일반적으로 유통활동은 제품 또는 서비스를 생산한 기업(직접유통경로)이나 전문적인 유통업체(간접유통경로)를 통하여 이루어진다. 유통경로는 한 번 구축이 되면 변경하기 어렵기

---

7 전게서, p. 251 이하 수정 재인용; Gillespie, K., Jeannet, J.-P. and Hennessey, H. D.(2004), p. 320 이하.

때문에 장기적인 관점에서 경로를 설계할 필요가 있다.

유통경로는 다양한 요인들을 고려하여 결정되어야 한다. 이러한 요인들은 기업 내부적 요인과 기업 외부적 요인으로 구분될 수 있다.

- 기업 내부적 요인
  - 기업특성(기업전략, 보유하고 있는 인적 및 물적 자원, 해외활동의 중요성 등)
  - 제품특성(예를 들면, 제품복잡성의 정도, 사용빈도, 보관가능성 및 수송가능성 등)
- 기업 외부적 요인
  - 시장과 고객(고객의 수, 지리적 분포 및 구매습관 등)
  - 경쟁(경쟁업체의 유통경로, 경쟁의 심화 정도 및 경쟁제품의 특성 등)
  - 정부규제(수입규제, 수량규제, 특정 제품의 유통에 대한 법적 규제, 방문판매 또는 다단 계판매 등과 같은 피해자가 발생할 우려가 있는 유통활동에 대한 규제)
  - 경로환경(중간상의 선택, 중간상의 이용가능성, 중간상의 입지 및 유통비용, 유통수수 료, 운송비 및 보관비 등)

촉 진(promotion)

촉진 또는 커뮤니케이션(communication)은 기업이 생산한 제품 또는 서비스를 고 객들이 구매하도록 유도하기 위하여 자사의 제품 또는 서비스에 대한 정보를 제공 하고, 잠재적 또는 실제적 소비자를 설득하여 그들의 생각, 태도 및 행동 등에 영 향을 미치려는 목적으로 수행되는 마케팅활동을 말한다. 구체적인 촉진수단으로는 고객 또는 청중을 대상으로 하는 광고, 인적판매, 판매촉진, 홍보, 직접마케팅 및 스폰서십 등을 들 수 있다. 이러한 촉진수단의 의의를 간략히 살펴보면 다음과 같 다.

- 광고 : 이것은 기업이 비용을 지불하고 대중매체 또는 비인적 매체(nonpersonal media)를 통하여 자사의 제품 및 서비스를 고객에게 널리 알릴뿐만 아니라, 아

울러 그들을 설득하여 구매를 유도하기 위하여 수행하는 촉진활동이다. 광고활동을 효율적으로 수행하기 위하여 다음과 같은 두 가지 측면들을 고려하는 것이 중요하다.

 - 매체의 이용가능성 : 국가별 경제발전수준에 따라 매체의 이용가능성은 크게 차이가 날 수 있다. 즉, TV, 라디오, 신문 및 인터넷 등과 같은 국가별 매체의 기술수준 및 보급률에 따라 매체의 이용가능성이 달라질 수 있다.
 - 광고대행사의 이용가능성 : 이것은 광고제작을 대행해 줄 수 있는 유능한 기관이 국내 또는 현지국에 존재하는가에 대한 문제와 관련되어 있다. 국가별 경제발전수준에 따라 광고대행사의 이용가능성이 달라질 수 있다. 선진국에는 능력과 경쟁력을 갖춘 광고대행사들이 많은 반면, 후진국과 개발도상국에서는 유능한 광고대행사가 거의 발견되지 않을 수도 있다.

• 인적판매 : 이것은 판매인력이 고객을 직접 대면하여 제품 또는 서비스를 구매하도록 설득하거나 유도하는 촉진활동이다.

• 판매촉진 : 이것은 소비자 또는 중간상을 대상으로 특정 제품의 신속 판매 또는 대량 판매를 유도하기 위하여 수행되는 단기적인 인센티브(incentive)를 의미한다. 이것은 최종 소비자를 대상으로 하는 소비자 판매촉진(예를 들면, 할인쿠폰, 경품권, 리베이트)과 중간상을 대상으로 하는 유통업자 판매촉진(예를 들면, 수량할인, 판촉물), 그리고 특수한 형태의 판매촉진(예를 들면, 국제전시회, 박람회) 등으로 구분된다.[8]

• 홍보 : 이것은 기업이 활동하고 있는 특정 국가에서 공중집단(예를 들면, 언론매체, 공공기관, 압력단체, 지역사회 등)과 우호적인 관계를 형성함으로써 기업에 대한 관심, 호의 및 신뢰를 갖도록 하는 촉진활동이다.

• 직접마케팅 : 이것은 기업이 고객과 직접 접촉하고 1대 1의 관계를 구축하는 다

---

8 Kotabe, M. and Helsen, K.(2008), p. 464; 이장로(2003), p. 412 이하.

양한 형태의 상호작용 마케팅(interactive marketing)을 포괄한다.[9] 이러한 형태의 촉진활동은 인터넷의 보급, 신용카드의 사용, 무료 전화 및 라이프스타일의 변화 등으로 인하여 급속도로 증대되고 있다. 예를 들면, 다이렉트 메일(direct mail), 텔레마케팅(telemarketing), 인터넷 판매 및 카탈로그 판매 등은 대표적인 직접마케팅의 방법이다.

- 스폰서십 : 이것은 기업이 이벤트(예를 들면, 스포츠 경기, 음악회), 활동(예를 들면, 구호 또는 봉사활동) 및 개인(예를 들면, 스포츠 선수, 탐험가 또는 등산가) 등을 위하여 자금, 자원 또는 기타 지원을 제공하는 것을 의미한다.[10]

6.2.2 마케팅협상의 대상과 내용

마케팅협상의 대상과 내용은 마케팅 믹스전략의 주요 구성요소인 제품, 가격, 유통 및 촉진 등과 같은 4P의 관점에서 각각 요약될 수 있다. 〈표 6-2〉는 마케팅협상의 대상과 내용(예시)을 보여준다. 아래에서는 마케팅협상의 대상 중에서 중요한 것으로 평가될 수 있는 제품보증과 리콜, 가격협상, 유통경로 중간상의 선정, 광고대행사 및 광고매체 등에 대하여 살펴보기로 한다(6.3 참고).

---

9 Kotabe, M. and Helsen, K.(2008), p. 465 이하; Keegan, W. J.(2002), p. 435 이하.

10 Doole, I. and Lowe, R.(2004), p. 317.

표 6-2	마케팅협상의 대상과 내용(예시)	
마케팅 믹스전략의 구성요소	협상의 대상	협상의 내용(예시)
제 품	브랜드	브랜드 네이밍 전문가 또는 업체의 선정 및 비용
	포장 및 레이블	포장 및 레이블 디자인 의뢰 관련 제작업체의 선정 및 비용
	판매 후 서비스	판매 후 서비스를 담당할 외주업체의 선정, 고객과의 분쟁해결
	제품보증	제품보증 수리를 담당할 외주업체의 선정, 고객과의 분쟁해결
	리 콜	리콜 수리를 담당할 외주업체의 선정, 고객과의 분쟁해결
	할부판매	할부판매와 관련된 금융업체의 선정 및 할부이자
가 격	납품(가격협상)	구매업체, 대리점, 중간상 등에게 납품하는 제품에 대한 가격협상
	수출(가격협상)	수출대행업체 또는 현지 수입업체와의 가격협상
	이전가격	내부거래에 따른 본사와 현지 자회사, 현지 자회사와 현지 자회사 간의 납품가격의 결정
	덤 핑	현지국 정부 또는 관련 관청과의 반덤핑 협상
유 통	중간상(도소매)	중간상(유통경로 구성원)의 선정과 유통비용
	물 류	물류 관련 보관업체(창고) 및 운송업체의 선정과 비용
촉 진	광고대행사의 선정	광고대행사의 선정 및 비용
	광고매체의 선정	광고매체의 선정 및 비용
	판매촉진	판매촉진을 수행할 유통업체의 선정, 수량할인, 판촉물
	홍 보	홍보 대행업체의 선정 및 비용
	스폰서십	지원 대상자(스포츠 선수, 탐험가, 등산가 등)의 선정 및 비용

6.3 마케팅과 관련된 주요 협상 이슈

6.3.1 제품보증과 리콜

제품보증(product warranty)

제품보증은 고객(소비자)이 구매한 제품의 질에 대하여 기업이 수리, 교환, 환불 및 보상 등과 같은 책임을 지는 것을 의미한다. 제품보증은 명시적 보증(expressed warranty)과 묵시적 보증(implied warranty)으로 구분할 수 있다.[11] 명시적 보증은 제품 보증서에 의한 서면보증과 제품특성에 대한 구두보증을 포괄한다. 묵시적 보증은 제품책임을 명시한 문서 또는 제품에 대한 판매자(제조업체)의 설명이 없다 하더라도 그 제품이 기본적으로 갖추어야 할 품질수준에 대하여 사회통념상 보증되어야 하는 것을 뜻한다.

제품보증의 범위와 그 내용과 관련하여 기업과 고객 간의 분쟁이 발생할 경우, 명시적 보증에 근거하여 고객은 기업에게 그 책임을 물을 수 있다. 하지만 묵시적 보증의 관점에서 볼 때, 서면으로 제품품질에 대한 기업의 책임이 명시되지 않았기 때문에 기업과 고객 사이에 분쟁이 발생할 수 있다. 이러한 분쟁은 법적인 소송을 통하여 해결될 수도 있고, 기업과 고객 간의 협상을 통하여 해결될 수도 있다. 제품보증에 대한 고객과의 분쟁을 해결하기 위하여 기업은 다음과 같은 측면들을 고려하여 협상을 준비하여야 한다.

- 고객이 요구하는 제품보증이 수리, 교환, 환불 또는 보상 중에서 어디에 해당되는지를 확인한 후, 기업과 고객 사이에 인식의 차이가 있으면 분쟁이 발생한 것으로 판단할 수 있다. 예를 들면, 기업 측의 판단으로는 수리에 해당되지만, 고객 측이 교환, 환불 또는 보상을 요구한다면 기업과 고객 사이에 분쟁이 발

---

11 한희영(1986), p. 363 이하.

생한 것으로 본다.

- 고객이 요구하는 제품보증이 명시적 보증이 아닌 묵시적 보증에 해당된다면, 동일하거나 유사한 제품을 생산하는 기업의 제품보증 제도를 확인 또는 분석하여 고객과의 협상에 임하는 것이 바람직하다.

- 제품보증과 관련하여 고객이 개인적 차원에서 보증을 요구하는지, 아니면 집단적 차원에서 보증을 요구하는지에 따라 협상에 대한 접근방식이 달라질 수 있다. 특히, 고객들이 단체를 결성하여 제품보증을 요구하는 경우 그들의 협상력이 강할 수 있기 때문에 이에 대한 철저한 준비(예를 들면, 법적 자문, 고객 대응팀의 구성 등)가 필요하다.

- 기업과 고객 간의 분쟁이 원만하게 해결되지 않는 경우, 조정 또는 중재를 통하여 해결하는 것이 바람직하다(제4장, 4.3.2 참고). 이러한 분쟁이 법적인 소송으로 이어진다면 기업의 이미지가 손상될 뿐만 아니라, 비용과 시간이 많이 들게 된다.

리 콜(recall)

리콜은 제품의 결함으로 인해 소비자에게 피해를 줄 우려가 있는 제품에 대해 제조업체가 제품의 결함을 소비자에게 알리고 해당 제품을 수리 또는 교환하는 등의 조치를 취하도록 하는 것을 말한다. 법적인 용어로 정의하면 리콜은 '결함물품 등에 대한 시정조치'이며, 리콜제도라고도 한다. 일반적으로 리콜제도는 소비자의 생명, 신체 및 재산상의 위해를 끼치거나 끼칠 우려가 있는 제품결함이 발견된 경우, 제조업체(사업자) 스스로 또는 정부의 명령에 의해 소비자 등에게 제품의 결함내용을 알리고 해당 제품 전체를 대상으로 수거, 파기, 수리, 교환 및 환불 등의 적절한 조치를 취함으로써 결함제품으로 인한 위해확산을 방지하고자 하는 목적으로 시행된다.[12]

---

12 오수진/곽윤영(2015), p. 29; 최은실(2012), p. 3.

리콜은 위해발생 여부에 따라 제품결함은 발견되었으나 소비자에게 위해가 발생하기 전에 실시하는 '사전적 리콜'과 결함제품의 사용으로 소비자에게 위해가 발생한 이후에 위해의 확산방지를 위해 실시하는 '사후적 리콜'로 구분할 수 있다. 또한 강제여부에 따라 리콜은 사업자(제조, 수입, 유통, 판매업자 등) 스스로 또는 정부의 권고에 의해 시행하는 '자발적 리콜'과 정부의 명령에 의해 시행하는 '강제적 리콜'로 분류할 수 있다.[13]

우리나라의 '소비자기본법'은 소비자 안전 등 소비자의 권익을 위해 리콜에 대한 규정을 제정하고 있다. 하지만 품목별(제품별)로 개별법에 리콜에 관련된 규정이 있으면 해당 제품의 리콜은 개별법에 따라 이루어진다. 이에 대한 몇 가지 품목별 개별법을 살펴보면 다음과 같다.[14]

- **자동차** : 자동차관리법(자진리콜 및 리콜명령 : 국토교통부 주관), 대기환경보전법(자진리콜, 리콜명령 : 환경부 주관)
- **식품** : 식품위생법(자진리콜, 리콜명령 : 식약처, 시·도지사, 시장·군수·구청장), 식품안전기본법(자진리콜, 긴급대응 : 관계 중앙행정기관의 장)
- **공산품** : 제품 안전기본법(리콜권고, 리콜명령, 자진리콜 : 중앙 행정기관의 장), 품질경영 및 공산품안전관리법(리콜명령 : 시·도지사), 전기용품안전관리법(리콜명령 : 시·도지사)

리콜에 대한 고객과의 분쟁을 해결하기 위하여 기업은 고객뿐만 아니라 리콜에 대한 법적인 권한을 가진 정부기관과의 협상을 위해 다음과 같은 측면들을 고려하여야 한다.

---

13 최은실(2012), p. 3.
14 오수진/곽윤영(2015), p. 37 이하.

- 기업의 협상 담당자는 기업이 생산 또는 판매하는 제품이 어떤 개별법의 통제를 받는지 먼저 확인한 후, 리콜에 대한 대응방안을 마련할 필요가 있다. 글로벌 기업의 관점에서 볼 때, 리콜에 대한 법적인 규정은 기업이 활동하는 현지국에 따라 서로 다를 수 있기 때문에 국가별로 법적인 확인 절차가 요구된다.
- 제품보증에서도 설명한 바와 같이, 고객이 개인적 차원에서 리콜을 요구하는지, 아니면 집단적 차원에서 리콜을 요구하는지에 따라 협상방식과 내용이 달라질 수 있다. 고객 또는 고객집단이 요구하는 리콜이 '소비자기본법' 또는 관련 개별법에 근거한 것이라면 협상 담당자는 리콜의 절차 및 방법 등에 대한 사항들을 잘 준비하여 협상을 수행하여야 한다.
- 리콜은 법적인 규정과 국가기관의 공권력에 의해 시행되기 때문에 협상 담당자는 해당 기관의 협상 상대방과의 원활한 협상을 위해 관련된 법적 규정을 면밀히 검토하여 협상을 준비하여야 한다. 리콜에 대한 기업의 대응능력과 국가기관의 법적인 해석과 판단의 상호작용에 의해 리콜의 범위와 내용이 결정될 수 있으므로 협상 담당자는 신중하게 접근할 필요가 있다.

제품보증과 리콜에 의해 제품 또는 상품에 대한 수리가 필요한 경우에 있어서 기업이 직접 운영하는 서비스센터 또는 수리센터가 없다면, 기업은 수리를 담당할 외주업체를 선정하여야 한다. 이러한 외주업체를 선정하는 협상을 진행하기 위하여 협상 담당자는 다음과 같은 측면들을 검토하여야 한다.

- 외주업체의 수리 능력(예를 들면, 숙련된 정비공 및 설비 보유여부)
- 외주업체의 규모
- 외주업체가 요구하는 비용수준
- 외주업체의 입지 및 지역별 커버범위
- 경쟁업체의 외주업체 선정 및 활용 상황

6.3.2 가격협상

가격흥정(price bargaining)은 마케팅과 관련된 협상 중에서 가장 중요한 협상 중의 하나이며, 가격협상(price negotiation)이라고도 한다. 제품(상품)을 판매하는 제조업체 (판매업체)의 관점에서 볼 때, 가격협상의 결과에 따라 그들의 손익이 결정될 수 있기 때문에 협상 담당자의 역할이 무엇보다도 중요하다. 협상 상대방(가격협상의 상대방)은 개별 고객(소비자), 구매업체(대리점, 중간상, 수출대행업체 및 현지 수입업체) 등과 같이 다 양하다.

일반적으로 가격협상은 개별 고객(소비자)보다는 기업 고객(구매업체)을 대상으로 이루어진다. 제조업체의 관점에서 볼 때, 소액 또는 소량의 제품을 구매하는 개별 고 객과의 가격협상은 큰 의미가 없는 것으로 볼 수 있다. 기업 고객과의 가격협상을 위 해 협상 담당자는 다음과 같은 상황을 이해할 필요가 있다.

- 협상력 : 기업 고객의 협상력이 강하면, 가격협상에서 제조업체(판매업체)의 협 상력이 약화될 수 있다. 반면에, 기업 고객의 협상력이 약하면, 가격협상에서 제조업체(판매업체)의 협상력이 강화될 수 있다.
- 구매량 : 기업 고객의 구매량이 대량이라면, 가격협상에서 제조업체(판매업체)의 협상력이 약화될 수 있다. 반면에, 기업 고객의 구매량이 소량이라면, 가격협 상에서 제조업체(판매업체)의 협상력이 강화될 수 있다.

기업 고객(구매업체)과 가격협상을 해야 하는 제조업체의 협상 담당자는 다음과 같 은 측면들을 고려하여 협상을 준비하는 것이 바람직하다.[15]

---

[15] 김기홍(2012), p. 179 이하; 유지연 역, Babitsky, S. and Mangraviti, Jr., J. J. 저(2011), p. 182 이하; 현 대경제연구원 역, 하버드 경영대학원 저(2010), p. 127 이하; 카이저(2009), p. 115 이하.

- **최초 가격의 제시** : 가격협상에 있어서 협상 당사자들은 그들에게 유리한 최초 가격을 제시한다. 구매업체는 낮은 가격으로 구매하기를 원하고, 제조업체(판매업체)는 높은 가격으로 판매하기를 원한다. 그러므로 제조업체의 협상 담당자는 가격협상에서 너무 낮은 최초 가격을 제시하지 않는 것이 좋다. 왜냐하면 구매업체는 언제나 최초 가격을 기준으로 가격을 깎으려고 하기 때문이다.

- **가격제시의 범위** : 가격에 대한 협상 당사자들의 견해차이 때문에 가격협상이 이루어진다. 예를 들면, 제조업체와 구매업체 간의 어떤 제품에 대한 가격협상에 있어서 제조업체는 최소 1,000만 원을 받기를 원하고, 구매업체는 최대 1,200만 원을 지불하려고 하는 경우, 이들 협상 당사자들 간에는 200만 원이라는 가격흥정의 융통성이 존재한다. 이러한 200만 원의 가격차이를 ZOPA(Zone of Possible Agreement)라고 한다(제1장, 1.3 참고). 이 사례에서는 200만 원이라는 ZOPA가 존재하기 때문에 가격협상이 원활히 진행될 가능성이 높다. 하지만 현실적으로 볼 때, 협상 당사자들 간에 협상력 또는 힘의 차이가 있기 때문에 ZOPA가 성립되지 않을 수도 있다. 만일 제조업체의 협상력 또는 힘이 구매업체보다 강하다면, 제조업체의 협상 담당자는 먼저 높은 가격을 제시한 후, 가격협상 진행과정에서 약간씩 가격을 깎아주는 방법을 선택할 수 있다.

- **가격과 품질의 문제** : 가격협상에 있어서 협상의 대상이 가격이지만, 어떤 제품의 가격은 그 제품의 품질수준이 좌우할 수 있다. 그러므로 제조업체의 협상 담당자는 다음과 같은 내용을 협상 상대방에게 적극적으로 알릴 필요가 있다.
  - 암묵적이든 노골적이든, 우리 제품의 품질이 좋다는 것을 받아들이게 한다.
  - '고품질과 최저가 둘 다를 원한다는 건 말도 안 된다'라는 사고방식을 은근히 심어준다.
  - 협상 상대방이 '품질이 매우 중요하지'라는 생각이 들도록 만든다.
  - 품질이 좋으면 당연히 가격이 높아진다는 것을 인식시킨다.

- **선택사양의 제시** : 제조업체의 협상 담당자가 가격협상에 있어서 가격 이외의 선택사양(option)을 제시한다면, 협상 상대방은 이러한 선택사양에 현혹되어 보

다 높은 가격을 지불할 가능성이 있다. 예를 들면, 이러한 선택사양은 다음과 같다.

- 신속한 배송, 납기일 준수
- 판매제품에 대한 탁월한 제품보증 및 리콜 조건의 제시
- 좋은 조건의 결제방식(예를 들면, 외상 또는 할부판매)
- 대량구매를 할 경우, 추가적 가격할인의 제시 또는 추가적 수량 제공
- 제조업체에 의한 판매촉진 활동의 지원

- **경쟁업체의 가격** : 제조업체의 협상 담당자는 경쟁업체가 판매하는 동일 또는 유사제품에 대한 가격 및 품질 등에 대한 정보를 파악하여 가격협상에 임할 필요가 있다. 만일 경쟁업체에 비해 제조업체가 판매하려는 제품의 가격이 더 낮고, 품질이 더 우수하다면, 가격협상을 원활하게 수행할 수 있다. 이와는 반대로 경쟁업체에 비해 제조업체가 판매하려는 제품의 가격이 더 높고, 품질이 더 열악하다면, 구매업체의 협상 담당자는 이에 대한 대응논리를 잘 개발하여 가격협상을 수행하여야 한다.

6.3.3 유통경로 중간상의 선정

유통경로는 기업이 생산한 제품 또는 서비스를 고객에게 전달하는 역할을 하며, 다음과 같은 다양한 기능을 수행한다.[16] 기업의 관점에서 볼 때, 유통경로는 이러한 중요한 기능을 수행하기 때문에 유통경로 중간상의 선정은 매우 중요한 협상의 대상에 속한다.

- **거래기능** : 제품 또는 서비스의 판매기능 및 구매기능, 거래의 경제성 기능(중간상이 개입할 경우 제조업체와 고객 간의 거래가 대폭적으로 줄게 됨) 및 협상기능(거래조건

---

16 박주홍(2013), p. 276 이하 수정 재인용; 반병길/이인세(2008), p. 319 이하; Doole, I. and Lowe, R.(2004), p. 334.

에 대한 협상)을 담당함.

- **촉진기능** : 제조업체 또는 중간상이 최종 소비자를 대상으로 제품 또는 서비스의 판매를 위한 촉진활동을 수행함.
- **물적 유통기능** : 창고보관, 재고관리 및 유지, 운송 등의 기능을 담당함.
- **시장정보 수집기능** : 중간상이 수집한 고객, 시장 및 경쟁 등에 대한 정보를 제조업체에게 제공함.
- **판매 후 서비스 기능** : 중간상이 제조업체의 위임을 받아 교환, 수리 및 반품 등과 같은 판매 후 서비스 기능을 담당하기도 함.

국내 마케팅뿐만 아니라 글로벌 마케팅에서도 통용될 수 있는 유통경로 중간상의 선정과 관련된 평가기준은 제조업체(판매업체)의 요구사항과 해당 시장의 유통환경에 따라 다를 수 있다. 일반적으로 제조업체(판매업체)는 다음과 같은 평가기준에 기초하여 중간상을 선정할 수 있다.[17] 이러한 평가는 유통경로 중간상을 선정하는 협상을 수행하기에 앞서 단수 또는 복수의 잠재적 유통경로 중간상을 대상으로 이루어질 수 있다.

- **시장 커버범위** : 지역적 커버범위가 넓을수록 유리하다.
- **경영능력** : 경영능력이 뛰어날수록 좋다.
- **판매능력** : 연간 총 매출액의 규모가 클수록 유리하다.
- **재무상태** : 부채비율이 낮을수록 안정적이다.
- **평판 또는 이미지** : 부정적 평가보다 긍정적 평가가 많을수록 좋다.

유통경로 중간상을 선정하기 위하여 제조업체(판매업체)의 협상 담당자는 다음과 같은 사항들에 중점을 두어 유통경로 중간상과의 협상을 수행할 필요가 있다.

---

17 박주홍(2013), p. 288 수정 재인용.

- **유통비용(유통수수료) :** 이것은 제조업체의 생산원가와 중간상의 판매가격의 차액을 말한다. 유통비용이 증가하면 제품의 판매가격이 상승하기 때문에 제조업체의 입장에서는 유통비용이 낮을수록 판매가격이 낮아져 매출이 증가할 것으로 본다. 그러므로 유통비용과 관련된 협상에 있어서 유통비용의 책정이 협상의 주요 이슈가 될 수 있다. 제조업체는 유통비용을 낮추려고 하며, 중간상은 유통비용을 높이려고 한다. 협상 담당자는 가격협상에서 제시한 다양한 방안(최초 가격의 제시, 가격범위의 제시 등)을 응용하여 유통비용에 대한 협상을 수행할 수 있다.

- **중간상의 매출 공헌도 :** 협상 담당자는 제조업체가 납품한 제품을 중간상이 많이 판매할 수 있는지의 여부에 따라 유통비용을 제시할 수 있다. 중간상의 매출이 많을 것으로 예상되면 그들의 요구조건을 수용하고, 중간상의 매출이 적을 것으로 판단되면 그들의 요구조건을 받아들이지 않는 방향으로 협상 담당자의 의사결정이 이루어질 수 있다.

- **중간상과 고객과의 관계 :** 유통경로 중간상이 고객만족을 위해 공헌하거나, 고객의 요구사항에 대한 정보를 수집하여 제조업체에게 전달할 가능성이 높다면 협상 담당자는 그들의 요구조건을 수용하는 관점에서 협상을 진행하는 것이 바람직하다. 이와 정반대인 상황에서는 중간상의 요구조건을 수용하지 않는 방향으로 협상을 진행하여야 한다.

- **유통경로 주도권 :** 유통경로 주도권이 제조업체에게 있다면, 유통비용에 대한 협상에서 제조업체가 유리한 위치를 점할 수 있다. 반면에 유통경로 주도권이 중간상에게 있다면, 유통비용에 대한 협상에서 중간상이 우위에 설 수 있다. 그러므로 협상 담당자는 유통경로 주도권을 누가 보유하고 있는가를 파악하여 협상에 임할 필요가 있다.

- **중간상 모니터링[18] :** 유통경로에 대한 모니터링(monitering)은 제조업체가 중간상에 대한 사후통제(예를 들면, 모니터링 결과에 따른 중간상의 유통수수료의 인상, 지속적

---

[18] 이홍섭/임영균(2002), p. 91 이하.

납품관계의 유지, 보상 제공 등)의 수단으로 활용할 수 있다. 그러므로 유통경로 중간상의 선정과 관련된 협상에 있어서 협상 담당자는 중간상에 대한 모니터링을 어떻게 할 것인지를 중간상과 논의하여야 한다.

• 중간상 보상[19] : 협상 담당자는 유통경로 중간상에 대한 다음과 같은 보상을 고려하여 협상을 수행하여야 한다.

   – 재무적 보상 : 유통수수료 인상, 자금지원(예를 들면, 저리융자), 판매성과에 따른 포상금 지급, 납품가격 인하 등

   – 비재무적 보상 : 광고 및 촉진활동 지원, 유통업체의 판매원에 대한 교육, 시장정보의 제공, 제조업체 방문 프로그램의 운영(예를 들면, 제조업체 초청 여행, 공장견학 등), 뉴스레터 또는 정기간행물 발송 등

6.3.4 광고대행사 및 광고매체의 선정

광고대행사(advertising agency)의 선정

광고대행사는 광고주를 대신하여 광고를 제작해주는 기업을 말한다. 고객과 시장을 대상으로 효과적인 광고를 하기 위해서 기업(제조업체 또는 판매업체)은 무엇보다도 유능한 광고대행사를 선택하는 것이 중요하다. 광고대행사를 선정할 때 기업은 다음과 같은 평가기준을 바탕으로 광고대행사를 선정할 수 있다.[20] 광고대행사를 선정하는 협상을 수행하기에 앞서 협상 담당자는 이러한 평가기준에 근거하여 단수 또는 복수의 잠재적 광고대행사를 분석하여야 한다.

• 시장 커버범위 : 광고대행사가 광고주에게 제공할 수 있는 시장 커버범위 또는 지리적 범위를 의미함.

---

19 박주홍(2013), p. 289.

20 박주홍(2013), p. 305 이하 수정 재인용; Kotabe, M. and Helsen, K.(2008), p. 461; Terpstra, V. and Sarathy, R.(1994), p. 458 이하.

- 커버범위의 질 : 관련된 시장에서의 광고대행사의 핵심능력, 광고주의 요구사항 충족정도, 광고대행사의 핵심능력과 시장요구사항과의 일치정도 등에 의하여 평가됨.

- 광고캠페인 개발을 위한 전문지식 : 광고주가 특정 시장에 대한 광고캠페인을 원하는 경우, 광고대행사는 이에 대한 전문지식을 보유하여야 함.

- 크리에이티브 명성 : 광고대행사가 지니고 있는 크리에이티브 명성(creative reputation)은 가장 중요한 선정기준임.

- 지원서비스의 범위 및 품질 : 크리에이티브 스킬(creative skills) 및 매체 구매(media buying) 이외의 추가적인 지원서비스의 제공가능성을 의미함(예를 들면, 판매촉진, 홍보 및 이벤트 스폰서십 등과 같은 기타 촉진수단의 개발 및 시장조사 등).

- 추구하는 이미지 : 기업이 글로벌 이미지(global image)를 추구한다면 글로벌 광고대행사를 선정하며, 반면에 현지 이미지(local image)를 추구한다면 현지국 광고대행사를 선정하는 경향이 있음.

- 광고대행사의 규모 : 대규모 광고대행사가 소규모 광고대행사보다 더 큰 능력(예를 들면, 매체 판매업체와의 협상력 및 매체 구매능력 등)을 갖고 있음.

- 경쟁업체의 광고수주 여부 : 광고대행사가 경쟁업체의 광고를 수주한 경우에는 광고주의 기업비밀이 누설될 수 있으며, 광고대행사가 경쟁업체에게 우수한 크리에이티브 인력을 배정할 수 있는 가능성이 있음.

광고대행사를 선정하기 위하여 기업의 협상 담당자는 다음과 같은 측면들을 고려하여 협상을 준비할 필요가 있다.

- 광고비용 : 이것은 기업이 광고제작을 의뢰할 경우 광고대행사에게 지불해야 하는 제작비용이다. 협상 담당자는 가격협상에서 제시한 다양한 방안(최초 가격의 제시, 가격범위의 제시 등)을 적용하여 제작비용에 대한 협상을 수행할 수 있다 (제6장, 6.3.2 참고).

- **시장 커버범위에 대한 협상** : 광고대행사가 어떤 국가, 지역 또는 글로벌 차원에서 광고를 제작하는가의 여부에 따라 협상 담당자는 서로 다른 접근을 하여야 한다. 일반적으로 광고대행사의 시장 커버범위가 넓어지면 제작비용은 이와 정비례하여 증가하는 경향이 있다.
- **경쟁업체의 광고대행사 선정 및 비용** : 협상 담당자는 경쟁업체가 어떤 광고대행사를 선정하였고, 어느 정도의 비용을 투입하였는가를 확인하여 광고대행사와의 협상을 진행하여야 한다.
- **광고모델의 수준** : 광고모델의 선정은 제작비용에 직접적으로 영향을 미치는 요소이다. 따라서 기업의 협상 담당자는 어떤 수준의 광고모델을 활용할 것인가에 대한 협상을 수행하여야 한다.

광고매체(advertising media)의 선정

광고메시지가 결정되면 기업은 이것을 국내 또는 글로벌 고객(표적청중)에게 전달할 광고매체를 선정하여야 한다. 광고매체의 선정과 관련된 주요 의사결정영역은 매체 간의 선정(예를 들면, 서로 다른 매체 간의 선정), 매체 내의 선정(예를 들면, 같은 종류의 매체 내에서의 선정), 매체믹스(예를 들면, 여러 종류의 매체 사용 및 매체별 가중치 부여) 등으로 구분될 수 있다. 적합한 광고매체를 선정하기 위해서는 다음과 같은 측면들이 고려되어야 한다.[21] 광고매체를 선정하는 협상을 수행하기에 앞서 협상 담당자는 이러한 사항들을 고려하여 단수 또는 복수의 잠재적 광고대행사를 평가할 필요가 있다.

- **매체의 이용가능성** : 선진국과 개발도상국 간의 매체의 이용가능성의 차이(예를 들면, 위성 TV, 케이블 TV 보급률의 차이)
- **매체활용의 습관** : 국가별로 고객의 매체활용의 습관이 다름(예를 들면, 신문구독률, TV 시청시간의 차이)

---

21 박주홍(2013), p. 308 이하 재인용; Perlitz, M.(2004), p. 311.

- 매체비용 : TV, 신문, 잡지 등의 광고료 및 광고료에 부과되는 세금의 국가 간 차이를 고려하여야 함
- 매체규제 : 매체사용에 대한 법적인 규제(예를 들면, 특정 국가에서의 국영방송의 상업적 광고금지 및 담배, 술 등과 같은 특정 제품에 대한 TV 광고금지 등)
- 매체의 품질 : TV 또는 라디오 수신 상태(예를 들면, 전파도달 범위), 신문 또는 잡지 등에 사용되는 종이의 질(예를 들면, 컬러 인쇄의 질)

광고매체를 선정하기 위하여 기업의 협상 담당자는 다음과 같은 사항들에 중점을 두어 광고매체와의 협상을 수행하여야 한다.

- 매체비용 : 이것은 기업이 광고매체를 선정할 경우 광고매체에게 지불해야 하는 사용비용이다. 협상 담당자는 가격협상에서 제시한 다양한 방안(최초 가격의 제시, 가격범위의 제시 등)을 참고하여 제작비용에 대한 협상을 수행할 수 있다(제6장, 6.3.2 참고).
- 매체의 품질 : 매체의 품질은 매체별로 다르게 평가되어야 한다. 예를 들면, TV 광고를 할 경우 광고의 도달범위가 어떤 도시 또는 지역에만 국한되는지, 아니면 전국적으로 전파가 도달하는지 등에 따라 매체비용이 달라질 수 있다. 신문의 경우, 국제적인 신문, 지역적 신문 또는 전국적 신문인가에 따라 매체비용이 차별화된다. 그러므로 협상 담당자는 이러한 매체의 품질을 고려하여 협상을 준비하여야 한다.
- 경쟁업체의 매체활용 : 협상 담당자는 경쟁업체가 TV, 신문, 잡지 등의 광고를 어떻게 수행하고, 매체비용을 각각 얼마나 투입하였는가를 파악한 후 광고매체와의 협상에 임하는 것이 바람직하다.

〈표 6-3〉은 마케팅협상과 관련된 주요 협상 이슈를 요약하여 제시한다. 이 표는 제품보증과 리콜, 가격, 유통경로 중간상의 선정, 그리고 광고대행사 및 광고매체의 선정 등에 대한 주요 협상 이슈들을 보여준다.

표 6-3	마케팅협상과 관련된 주요 협상 이슈의 요약
주요 협상 이슈	협상의 주요 내용 또는 준비사항
제품보증	• 고객이 요구하는 제품보증이 수리, 교환, 환불 또는 보상 중에서 어디에 해당되는지를 확인 : 기업과 고객 사이에 인식의 차이가 있으면 분쟁이 발생한 것으로 판단할 수 있음. • 고객이 요구하는 제품보증이 명시적 보증이 아닌 묵시적 보증에 해당되는 경우 : 동일하거나 유사한 제품을 생산하는 기업의 제품보증 제도를 확인 또는 분석하여 고객과의 협상에 임함. • 제품보증과 관련하여 고객이 개인적 차원에서 보증을 요구하는지, 아니면 집단적 차원에서 보증을 요구하는지에 따라 협상에 대한 접근방식이 달라질 수 있음 : 고객들이 단체를 결성하여 제품보증을 요구하는 경우 그들의 협상력이 강할 수 있기 때문에 이에 대한 철저한 준비가 필요함. • 기업과 고객 간의 분쟁이 원만하게 해결되지 않는 경우 : 조정 또는 중재를 통하여 해결하는 것이 바람직함.
리 콜	• 기업의 협상 담당자는 기업이 생산 또는 판매하는 제품이 어떤 개별법의 통제를 받는지 먼저 확인함 : 글로벌 기업의 관점에서 볼 때, 리콜에 대한 법적인 규정은 기업이 활동하는 현지국에 따라 서로 다를 수 있기 때문에 국가별로 법적인 확인 절차가 요구됨. • 고객이 개인적 차원에서 리콜을 요구하는지, 아니면 집단적 차원에서 리콜을 요구하는지에 따라 협상방식과 내용이 달라질 수 있음. • 리콜은 법적인 규정과 국가기관의 공권력에 의해 시행되기 때문에 협상 담당자는 해당 기관의 협상 상대방과의 원활한 협상을 위해 관련된 법적 규정을 면밀히 검토하여 협상을 준비하여야 함.
리 콜	• 제품보증과 리콜에 의해 제품 또는 상품에 대한 수리가 필요한 경우에 있어서 기업이 직접 운영하는 서비스센터 또는 수리센터가 없다면, 기업은 수리를 담당할 외주업체를 선정하여야 하며, 이러한 외주업체를 선정하는 협상을 진행하기 위하여 협상 담당자는 다음과 같은 측면들을 검토하여야 함 : 외주업체의 수리 능력, 외주업체의 규모, 외주업체가 요구하는 비용수준, 외주업체의 입지 및 지역별 커버범위, 경쟁업체의 외주업체 선정 및 활용 상황
가 격	• 기업 고객과의 협상 : 협상력과 구매력을 고려하여야 함. • 기업 고객(구매업체)과 가격협상을 해야 하는 제조업체의 협상 담당자가 고려해야 하는 사항 : 최초 가격의 제시, 가격제시의 범위, 가격과 품질의 문제, 선택사양의 제시, 경쟁업체의 가격
유통경로 중간상의 선정	• 유통비용(유통수수료) • 중간상의 매출 공헌도 • 중간상과 고객과의 관계 • 유통경로 주도권 • 중간상 모니터링 • 중간상 보상 : 재무적 보상, 비재무적 보상
광고대행사의 선정	• 광고비용 • 시장 커버범위에 대한 협상 • 경쟁업체의 광고대행사 선정 및 비용 • 광고모델의 수준
광고매체의 선정	• 매체비용 • 매체의 품질 • 경쟁업체의 매체활용

Business Negotiation

Negotiation Issues in Functional Areas
and Global Business

인사협상

CHAPTER 07

CHAPTER 07

인사협상

7.1 인사관리의 의의[1]

인사관리(personnel management)는 기업의 경영활동에 필요한 인적자원을 합리적으로 관리하는 방법을 연구하는 분야이다. 인사관리는 인적자원관리, 인간관계관리 및 노사관계관리 등을 포괄하는 개념으로 볼 수 있다. 특히, 인적자원(human resource)은 기업경영에 있어서 가장 중요한 전략적 자산에 속하기 때문에 효율적으로 관리할 필요가 있다.

또한 인사관리에 있어서 중요한 한 분야를 차지하는 조직운영은 조직관리(organization management)를 의미하며, 조직관리자는 이러한 조직운영 또는 조직관리를 통하여 조직구성원들이 자발적으로 조직의 목표달성을 위해 기여하도록 유도해야 한다. 특히, 조직운영은 '자발적으로 조직의 목표달성에 기여하게 함으로써 조직의 발전과 함께

---

1 박주홍(2017), p. 250 이하 수정 재인용.

개인의 안정과 발전도 아울러 달성하게 한다는 점'에서 조직관리의 영역이 관련되고, '조직에서의 사람을 다루는 철학과 그것을 실현하는 제도 및 기술의 체계'라는 점에서 인사관리의 영역이 중요하게 고려된다.[2]

인사 및 조직운영의 과제는 다음과 같이 요약될 수 있다.

- 효율적 고용관리의 수행
- 교육훈련을 통한 인적자원의 업무능력의 향상
- 보상 및 복지후생관리를 통한 종업원에 대한 동기부여의 증대
- 안정적인 노사관계를 통한 산업평화의 유지
- 기업의 내부적 및 외부적 환경에 적합한 조직구조의 구축
- 효율적 조직관리의 수행

7.2 인사관리의 주요 구성요소와 협상의 대상

7.2.1 인사관리의 주요 구성요소[3]

고용관리(employment management)

고용관리는 종업원의 모집, 선발, 배치, 배치전환 및 이직 등에 관련된 관리활동을 의미한다. 고용관리의 기능은 기업이 필요로 하는 적정한 요건을 갖춘 인적자원을 효율적으로 조달하여 배치하는 것이다. 고용관리와 관련된 구체적인 관리활동은 다음과 같다.[4]

---

2 고동희 외 6인(2003), p. 290.
3 박주홍(2017), p. 251 이하 수정 재인용.
4 이건희(1997), p. 355 이하.

- 모집(recruitment) : 이것은 기업이 필요로 하는 인적자원의 선발을 전제로 하여 능력 있고 우수한 지원자를 확보하는 활동을 말한다. 합리적인 모집활동은 해당 직무를 수행하는 인력이 갖추어야 하는 자격요건을 기록한 직무명세서(job specification)를 기초로 하여 수행된다. 좁은 의미에서 볼 때, 인적자원의 모집은 기업 외부로부터 인력이 확보되는 것을 의미한다. 그러나 넓은 의미에서 볼 때, 모집은 기업 내부(승진 또는 재배치) 및 외부(모집과 선발)로부터 인적자원을 확보하는 모든 활동을 포괄한다.

- 선발(selection) : 이것은 기업 외부 및 기업 내부의 선발 후보자 풀(candidate pool)에서 적임자를 선정하는 것을 말한다.[5] 즉, 선발은 모집단계에서 확보된 능력 있고 우수한 지원자들 중에서 대상자를 실질적으로 발굴하는 활동을 의미한다. 이를 통하여 선발된 인력은 관련된 부서 또는 직무에 배치된다.

- 배치(placement) : 이것은 선발된 인력을 기업의 필요에 따라 해당 직무에 배속시키는 것을 의미한다. 종업원이 기업에 대하여 귀속의식과 일체감을 갖도록 하기 위해서는 그들이 자신의 직무에 대하여 만족감을 가질 수 있도록 배치하여야 한다.

- 배치전환(replacement transfer) : 이것은 종업원을 현재 근무하는 부서에서 다른 부서로 이동시키는 것을 말한다. 이것은 종업원이 동등한 직급에서 수평적으로 이동하는 것을 의미하며, 이 경우에는 임금, 직책, 위신 및 기능에 있어서 큰 차이가 발생하지 않는다. 넓은 의미에서 볼 때, 높은 직위로 수직적으로 이동하는 승진(promotion)과 낮은 직위로 수직적으로 이동하는 강등(demotion)도 근무 부서가 변경된다면 배치전환이라고 볼 수 있다.

- 이직(seperation) : 직장이나 직업을 그만두는 것을 말하며, 이로 인하여 노사 간 고용관계의 단절이 나타난다. 이직은 본인의 의사에 따른 자발적 이직, 경기침체와 기업의 경제적 사정으로 인한 비자발적 이직 또는 휴직, 종업원의 잘못을

---

5 Evans, P., Pucik, V. and Björkman, I.(2011), p. 275.

징계하기 위한 해고 및 정년퇴직 등과 같은 다양한 형태로 나타난다. 이들 중에서 가장 심각한 문제로 대두되는 것은 기업의 경제적 사정으로 인하여 발생하는 비자발적인 이직이다. 이러한 비자발적 이직은 노사 간의 갈등을 야기할 수 있기 때문에 효율적으로 관리되어야 한다.

교육훈련(education and training)

교육훈련은 종업원을 대상으로 직무에 대한 지식이나 기술을 교육시켜, 그들로 하여금 기업에서 잘 근무할 수 있도록 지원하는 다양한 형태의 교육 프로그램을 포괄한다. 교육훈련은 장소, 대상 및 교육훈련 방법 등에 따라 다음과 같이 분류될 수 있다.[6]

- 장소에 의한 분류
  - 직장 내 훈련(On-the-Job-Training) : 업무 또는 작업과정에서 직무에 대한 지식과 기술을 습득하게 하는 훈련
  - 직장 외 훈련(Off-the-Job-Training) : 직무현장 이외의 장소에서 실시하는 훈련(교육훈련 전문 스태프 또는 기업 외부기관)
- 대상에 의한 분류
  - 신입사원 교육훈련 : 오리엔테이션훈련, 기초훈련, 실무훈련, 멘토 시스템 등
  - 종업원 교육훈련 : 근로자 대상 기능훈련(실습장훈련, 도제훈련, 직업학교훈련), 감독자 대상 리더십 훈련 등
  - 관리자 교육훈련 : 중간경영층 및 상위경영층 대상 인 바스켓 훈련(기업에 대한 정보제공 후 경영상황에 대한 문제해결을 위한 의사결정훈련), 비즈니스 게임(경쟁상황에서의 의사결정능력 향상을 위한 훈련), 사례연구 등

---

6 박경규(2010), p. 229 이하; 이건희(1997), p. 355 이하.

- 교육훈련 방법
  - 강의
  - 통신(인터넷 등)
  - 회의 또는 토론
  - 직무순회(순차적 직무교대를 통한 교육)
  - 역할연기(특정 상황 설정 후 각자가 맡은 역을 연기함으로써 상황 대처능력 향상)
  - 사례연구

보상관리(compensation management)

보상관리는 기업의 직무를 수행하는 채용인력의 직무수행 결과에 대한 대가를 지급하는 것과 관련되어 있다. 일반적으로 보상은 다음과 같은 의미를 갖고 있으며, 경우에 따라서 임금과 동의어로 사용되기도 한다.[7]

- 노동력의 대가 : 노동력의 사용에 대한 대가로 보상이 이루어진다.
- 노동성과의 대가 : 보상은 노동성과에 기초하여 차별적으로 지급될 수 있다.
- 수요와 공급 및 노사의 세력관계 : 노동력에 대한 수요와 공급의 법칙에 따라 보상체계가 영향을 받을 수 있다.
- 동기부여의 수단 : 동기부여의 수단으로 보상(예를 들면, 금전적 및 비금전적 보상)이 활용된다.
- 인재평가의 지표 : 보상은 인재평가의 지표로 활용될 수 있다.

또한 보상은 아래에 제시된 바와 같이 금전적 보상과 비금전적 보상으로 구성되어 있다.[8]

---

7 정수진/고종식(2011), p. 350 이하.
8 Mondy, R. W. and Noe, R. M.(1996), p. 358.

- 금전적 보상
  - 직접적 보상(임금) : 이것은 임금, 급여, 커미션 및 특별수당 등과 같은 금전적인 형태로 지급된다.
  - 간접적 보상(복리후생) : 이것은 보험계획, 사회적 지원의 부가급부 및 유급휴가 등과 관련된 복리후생을 포함하고 있다. 이들의 가치는 금전적으로 환산될 수 있기 때문에 간접적 보상이라고 한다.
- 비금전적 보상
  - 직무와 관련된 보상 : 이것은 흥미 있는 직무, 도전, 책임, 인지의 기회(예를 들면, 맡은 직무에 대한 정보제공의 기회를 말함), 달성감 및 승진기회 등과 같은 비금전적인 형태로 이루어져 있다.
  - 직무환경과 관련된 보상 : 이것은 경영정책, 정당한 관리 감독, 마음에 맞는 근로자, 쾌적한 노동환경, 플렉시블 타임(예를 들면, 유연적 근무) 및 압축된 주 노동시간 등을 포함하고 있다.

복지후생관리(welfare benefit management)

복지후생관리는 복리후생관리라고도 하며, 이것은 종업원의 작업환경과 생활안정을 위해 지급되는 부가급부(fringe benefit)를 관리하는 것을 말한다. 앞서 언급한 금전적 보상 중에서 간접적 보상이 이에 해당된다. 복지후생과 관련된 부가급여는 다음과 같다.

- 법정 복지후생 부가급부 : 의료보험, 연금보험, 재해보험 및 실업보험 등
- 법정 외 복지후생 부가급부 : 주택보조, 주식보조, 급식 문화레저, 금융지원 등

노사관계관리(industrial relations management)[9]

기업의 노사관계(industrial relations)는 사용자와 노동자와의 관계를 의미한다. 즉, 이러한 노사관계는 고용을 근거로 사용자 또는 관리자가 노동자 또는 노동자 단체 (예를 들면, 노동조합) 간에 전개되는 기업 내의 의사결정과 관련된 사회적 관계(social relations)를 말하며, 영어문화권이나 국제사회에서 흔히 노동관계(labor relations)로 지칭되는 개념이다. 넓은 의미에서 볼 때, 기업의 노사관계는 생산(국내 생산, 그리고 본사 및 현지 자회사를 포함한 전 세계적인 생산)을 둘러싼 일체의 사회적 관계를 의미하는 것으로 볼 수 있다.

일반적으로 노사관계에서는 사용자와 노동자 간의 상충적이고 이율배반적인 현상이 나타나며, 이러한 현상을 노사관계의 이중성이라고 한다. 노사관계의 이중성의 특징들은 다음과 같이 요약될 수 있다.[10]

- 협조적 관계와 대립적 관계 : 생산과 관련하여 노사는 협조적인 관계를 유지하지만, 성과배분과 관련하여 노사는 대립적인 관계를 형성한다.
- 개별적 관계와 집단적 관계 : 개별적 관계는 사용자와 종업원 개인 간의 관계(예를 들면, 개별 임금의 결정, 승진, 교육훈련 등)를 의미하며, 반면에 집단적 관계는 사용자와 노동자 단체 또는 노동조합 간의 관계(예를 들면, 단체교섭 또는 단체협약)를 말한다.
- 경제적 관계와 사회적 관계 : 노사관계는 사용자와 노동자 또는 노동자 단체 간의 경제적 이해관계에 초점을 둘 수 있다. 아울러 노사관계는 집단적 인간관계에 그 기반을 두기 때문에 사회적 관계의 특징을 제시하기도 한다.
- 종속관계와 대등관계 : 기업의 생산활동과 관련하여 노동자는 사용자(관리자)의 지휘 또는 명령체계를 따라야 하기 때문에 종속관계를 유지한다. 반면에, 노동

---

9 박주홍(2016a), p. 246 이하 수정 재인용.
10 박경규(2010), p. 502 이하.

자는 노동조합을 통하여 사용자와 대등한 입장에서 교섭활동을 하기 때문에 대등관계를 견지한다.

조직구조(organization structure)

조직구조는 인적자원이 그들에게 부과된 업무를 효율적으로 수행할 수 있도록 하기 위하여 구성한 기본적인 틀(예를 들면, 기능별, 제품별, 지역별, 매트릭스 조직 등)을 의미한다. 조직구조의 구축과 관련하여 가장 중요한 과제는 분업과 조정이다. 분업과 조정의 의미는 다음과 같이 요약될 수 있다.

- 분업(division of labor) : 노동의 전문화에 기초하여 효과적으로 업무를 분담시킴.
- 조정(coordination) : 상위의 전체목표에 대하여 개별활동을 분업시스템으로 정돈함.
    - 중앙집권적 조정(central coordination) : 조정의 과제는 상위경영층에 집중되며, 중하위계층의 의사결정권한은 제한됨.
    - 분권적 조정(decentral coordination) : 중하위경영층으로 의사결정권한이 대폭적으로 위임됨.

조직관리(organization management)

조직관리는 조직목표를 달성하기 위해 인적 및 물적 자원을 활용하여 계획, 실행 및 통제를 하는 일련의 과정이다. 조직관리의 목표는 다음과 같이 요약될 수 있다.[11]

- 목표추구 : 조직은 구체적으로 설정된 목표를 추구한다. 즉, 조직은 전체 기업차원의 목표뿐만 아니라, 기능영역(예를 들면, 마케팅, 인사, 생산, 재무, 국제경영, 회

---

11 박주홍(2016a), p. 121 이하 수정 재인용; Kieser, A. and Kubicek, H.(1992), p. 4 이하.

계 및 연구개발 부서 등) 차원의 목표들을 달성하기 위하여 구성된다.

- **지속성** : 조직은 지속성을 가지고 목표추구를 하여야 한다. 또한 환경의 변화에 따라 조직은 지속성을 유지하면서 변화되거나 진화될 수도 있다.
- **조직구성원** : 조직은 구성원에 의해 유지된다. 조직 내에서 구성원들은 조직의 목표를 달성하기 위하여 그들에게 할당된 직무 또는 과제를 수행한다.
- **공식적 구조** : 조직은 공식적인 구조에 기초하여 운영된다. 이러한 공식적 구조는 조직구성원들 간의 연결 및 커뮤니케이션을 가능하게 할 뿐만 아니라, 업무처리의 과정 또는 절차를 제시하기도 한다.
- **조직구성원의 활동** : 조직은 구성원들의 활동을 통하여 유지된다. 이러한 활동은 전체 기업의 목표 및 기능영역별 하위 목표의 달성에 기여하여야 한다.

7.2.2 인사협상의 대상과 내용

인사협상의 대상과 내용은 앞서 설명한 인사관리의 주요 구성요소인 고용, 교육훈련, 보상, 복지후생, 노사관계, 조직구조 및 조직관리 등의 측면에서 각각 요약될 수 있다. 〈표 7-1〉은 인사협상의 대상과 내용(예시)을 제시한다. 다음 절에서는 인사협상의 대상 중에서 중요한 것으로 보이는 고용협상, 임금협상, 노사관계협상 및 조직의 갈등관리 등에 대하여 검토하기로 한다(7.3 참고).

표 7-1	인사협상의 대상과 내용(예시)

인사관리의 구성요소	협상의 대상	협상의 내용(예시)
고 용	모 집	기업 외부기관에 의한 모집 시 외부업체의 선정 및 비용
	선 발	신입사원 또는 경력사원 채용 시 고용조건 및 임금수준
	배 치	직무배속과 관련된 종업원과의 직무협상
	배치전환	불공정한 배치전환으로 인한 종업원과의 갈등
	이 직	부당해고에 따른 비자발적 이직 시 노사 간의 분쟁
교육훈련	직장 내 훈련	직무 및 기술훈련 시 발생할 수 있는 교육자와 피교육자 간의 갈등
	직장 외 훈련	기업 외부기관에 의한 교육훈련 시 외부업체의 선정 및 비용
보상 및 복지후생	금전적 보상	임금, 급여, 커미션 및 특별수당 등에 대한 노사협상
	비금전적 보상	보험, 사회적 지원의 부가급부 및 유급휴가 등과 관련된 종업원과의 협상 또는 노사협상
	직무환경과 관련된 보상	노동환경, 유연적 근무 등과 관련된 종업원과의 협상 또는 노사협상
	법정 외 복지후생 부가급부	주택보조, 주식보조, 급식 문화레저, 금융지원 등과 관련된 종업원과의 협상 또는 노사협상
노사관계	노사 간의 분쟁	임금, 근로조건, 성과배분 등과 관련된 노사 간의 분쟁, 단체교섭 또는 단체협약
조직구조	조직구조 개편	조직구조 개편과 관련된 종업원과의 갈등
조직관리	조직관리	인적 및 물적 자원을 활용하여 계획, 실행 및 통제 등을 하는 과정에서 발생할 수 있는 종업원과의 갈등
	조직구성원	조직구성원 간의 갈등

7.3 인사관리와 관련된 주요 협상 이슈

7.3.1 고용협상

고용협상은 기업이 필요로 하는 종업원을 규정된 절차를 거쳐 선발한 이후, 기업과 종업원 간에 체결하는 입사계약서를 작성하기 위해 수행하는 협의 또는 협상을 의미한다. 입사계약서는 기업이 종업원을 채용하기로 결정한 이후 종업원이 근로를 하고 기업으로부터 그 대가를 지급받기로 약정하고 작성하는 계약문서이다. 즉, 종업원이 근로를 제공하고 그 대가로 기업(사용자)으로부터 임금을 지급받는 근로관계는 기업과 종업원이 동등한 지위와 자유의사에 기초하여 결정한 계약에 의하여 성립한다. 입사계약서에 포함될 수 있는 다음과 같은 여러 가지 항목들이 기업 측의 협상 담당자(예를 들면, 인사 관리자)와 입사하는 종업원 간의 주요 협상의 대상이 될 수 있다. 하지만 근로기준법에 의하여 법으로 규정된 사항(예를 들면, 법정근로시간, 최저임금 등)들은 협상의 대상이 될 수 없다.

- 계약기간
- 직 위
- 근무장소
- 업무의 내용
- 근로시간
- 근무일 및 휴일
- 임금 및 수당
- 연차유급휴가

효율적인 고용협상을 수행하기 위해서 협상 담당자는 신입사원과 경력사원(중견사원)을 각각 분리하여 접근하는 것이 바람직하다. 일반적으로 신입사원은 정기채용을 통하여 선발되며, 경력사원은 소규모의 수시채용을 통하여 보충되는 경향이 있다.[12] 아래에서는 앞서 제시한 입사계약서에 포함될 수 있는 항목들을 기준으로 신입사원 및 경력사원과의 고용협상을 위해 어떤 준비가 필요한지를 간략히 살펴보기로 한다.

신입사원 및 경력사원과의 고용협상을 수행하기 위하여 협상 담당자는 다음과 같은 사항들을 고려하여 협상을 준비할 필요가 있다.

- **계약기간** : 일반적으로 계약기간은 모집공고에 제시된 내용에 따라 정해지기 때문에 협상의 여지가 거의 없다. 신입사원의 채용에 있어서 기업은 대상자를 정규직원으로 채용하기에 앞서 인턴(수습)직원으로 채용하여 업무능력을 검증하는 경향이 있다. 경력사원은 인턴직원이 아닌 정규직원으로 뽑기 때문에 계약기간은 모집공고에 제시한 내용에 따라 정해진다.
- **직위** : 일반적으로 신입사원은 채용된 기업의 가장 낮은 직위에 배치된다. 신입직원의 능력이 매우 탁월하다면, 신입직원의 최초 직위는 협상의 대상이 될 수 있기 때문에 협상 담당자는 이에 대한 준비를 할 필요가 있다. 경력사원의 경우에 있어서 직위는 협상 담당자와 경력사원이 협상해야 할 주요 대상에 해당된다. 경력이 매우 우수한 경력사원은 보다 높은 직위를 요구할 가능성이 있기 때문에 협상 담당자는 이에 대한 준비를 철저히 하여야 한다.
- **근무장소** : 이것은 근무부서 또는 근무지역의 배치(예를 들면, 도시, 지역, 국가 등)와 관련되어 있다. 특히, 신입사원 및 경력사원을 채용하는 모집공고를 할 때, 기업이 근무지역에 대한 내용을 제시하지 않았다면 근무지역의 배정은 협상의 주요 의제가 될 수 있다.
- **업무의 내용** : 구체적인 업무배정과 관련하여 협상 담당자는 신입사원 및 경력사원과의 협상을 통하여 그에게 적합한 업무를 결정하여야 한다.
- **근로시간** : 근로기준법에 의하여 법으로 규정된 사항일 경우 근로시간은 협상

---

12 김선조(2016), p. 168.

의 대상이 아니다. 그러나 법률이 허용하는 야간 또는 초과 근무는 협상의 대
상이 될 수 있다.

- 근무일 및 휴일 : 근로기준법에 의하여 법으로 규정된 사항일 경우 이것들은 협
상의 대상이 아니다. 그러나 법률이 허용하는 주말 또는 휴일 근무는 협상의
대상이 될 수 있다.

- 임금 및 수당 : 이것은 신입사원보다는 경력사원의 채용에 있어서 중요한 협상
의 대상이 될 수 있다. 또한 이것은 직위와 연동되어 결정되는 경향이 있다.
협상 담당자는 경력사원의 임금 및 수당을 결정하기 위하여 경쟁업체 또는 유
사 업무를 담당하는 다른 기업의 직원의 임금수준을 파악한 후 경력사원과의
협상을 수행하여야 한다.

- 연차유급휴가 : 근로기준법에 의하여 법으로 규정된 사항일 경우 또는 기업이 일
괄적으로 연차유급휴가의 일수를 정하는 경우 이것은 협상의 대상이 아니다.

7.3.2 임금협상

임금협상은 종업원 개인을 대상으로 수행될 수도 있고, 노동조합이 개입하는 단
체교섭에 의해 수행될 수도 있다. 또한 신입사원 및 경력사원이 어떤 기업에 채용이
되었을 때에도 임금협상이 이루어질 수 있다. 여기에서는 종업원 개인의 관점에서
수행되는 임금협상에 국한하여 논의하기로 한다(단체교섭에 대한 내용은 7.3.3 참고).

일반적으로 임금(보상)은 기업(사업주)이 종업원에게 근로(노동)의 대가로 지급하는
현금을 말한다(7.2.1 참고). 종업원 개인과의 효율적인 임금협상을 위하여 협상 담당자
는 다음과 같은 측면들을 중요하게 고려하여야 한다.

- 종업원 개인의 성과 확인 : 협상 담당자는 임금협상의 대상이 되는 종업원 개인
의 성과를 파악하여야 한다. 예를 들면, 협상 담당자는 종업원 개인의 1년 동
안 또는 특정 기간 동안의 실적이 어떠한가를 확인한 후 협상에 임해야 한다.

이러한 실적 또는·성과가 확인되지 않은 상황에서 임금협상을 수행하는 것은 무의미하다고 할 수 있다.

- 기업 전체의 생산성과 이윤의 크기 파악 : 협상 담당자는 기업 전체의 생산성과 이윤의 크기 등에 대한 자료를 바탕으로 종업원 개인과의 임금협상을 하는 것이 바람직하다. 왜냐하면 종업원 개인의 임금수준은 종업원 개인의 성과뿐만 아니라 기업 전체 종업원의 집단적 성과에 의해 영향을 받을 수도 있기 때문이다.

- 종업원 개인의 잠재적 능력 및 이직 가능성 고려 : 임금협상의 시점에서 볼 때, 종업원 개인의 성과가 낮을 수도 있다. 이 경우에 있어서 협상 담당자는 종업원 개인의 임금인상에 반대하는 입장을 갖게 되는 경향이 있다. 하지만 협상 담당자가 제시하는 임금인상의 수준이 매우 저조하거나 임금이 동결되어 종업원이 임금협상의 결과에 대하여 실망한다면, 이 종업원은 다른 기업으로의 이직을 결정할 수도 있다. 그러므로 종업원 개인의 잠재적 능력이 우수하거나 다른 기업으로의 이직이 예상된다면, 협상 담당자는 융통성을 가지고 임금협상을 수행하여야 한다.

- 경쟁업체의 임금수준 파악 : 협상 담당자는 동일 직무를 수행하는 경쟁업체 종업원의 임금수준을 파악한 후 임금협상에 임할 필요가 있다. 만일 경쟁업체 종업원의 임금수준이 상대적으로 낮다면, 협상 담당자는 임금인상을 요구하는 종업원을 쉽게 설득시킬 수 있는 명분을 가질 수 있다. 그러나 정반대의 상황이라면 협상 담당자는 종업원과의 임금협상에서 우위를 차지하기 어려울 수 있다.

7.3.3 노사관계협상

노사관계협상에서는 노동조합의 대표와 기업의 협상 담당자가 만나 임금, 고용, 임시해고, 승진, 근로조건과 근로시간, 작업규율, 연금계획, 일자리의 해외유출 등과 같은 광범위한 문제를 다룬다. 이것은 개인협상이 아닌 단체협상에 속하며, 단체교

섭(collective bargaining)이라고도 한다. 우리나라의 노동조합 및 노동관계조정법 제2조
에 따르면, 노동조합(labor union)은 근로자가 주체가 되어 자주적으로 단결하여 근로
조건의 유지, 개선, 기타 근로자의 경제적·사회적 지위의 향상을 도모함을 목적으로
조직하는 단체 또는 그 연합단체를 의미한다.

　각 국가의 법률적 상황에 따라 허용되는 노동조합의 조직형태는 다소 다를 수도
있지만, 일반적으로 노동조합은 다음과 같이 구분될 수 있다.[13]

- **직종별 노동조합**(craft union) : 이것은 가장 먼저 발달한 노동조합의 조직형태로
  서 직종 또는 직업을 같이 하는 근로자로 구성된 노동조합을 의미한다.
- **산업별 노동조합**(industrial union) : 이것은 직종에 관계없이 동일산업에 종사하
  는 근로자가 조직한 노동조합을 말한다.
- **기업별 노동조합**(company union) : 이것은 동일한 기업에 근무하는 근로자에 의
  해 결성된 노동조합이다.
- **일반조합**(general union) : 이것은 근로자의 숙련도, 직종 및 산업에 관계없이 일
  반근로자들이 결성한 노동조합이다.
- **단일조직과 연합체조직** : 단일조직은 근로자가 개인가입의 형식으로 중앙조직의
  구성원이 되는 것을 말하며, 각 지역이나 사업장별로 지부 및 분회 등과 같은
  하부조직을 두고 있다. 반면에, 연합체조직은 각 지역, 기업 또는 단위조합이
  단체의 자격으로 지역적 또는 전국적 조직의 구성원이 되는 조직형태(예를 들
  면, 산업별 전국연합조합)를 의미한다. 일반적으로 산업별 노동조합과 일반조합은
  단일조직의 성격을 띠며, 직종별 노동조합과 기업별 노동조합은 전국적으로
  결성될 경우 연합체조직을 이룬다.

우리나라에서는 상급 노동단체로부터 아무런 지시나 통제도 받지 않고 해당 기업

13　정수진/고종식(2011), p. 471 이하; 박경규(2010), p. 508 이하.

의 사용자와 기업별 노동조합이 노사 간의 모든 문제에 대해서 독자적으로 단체교섭을 하도록 되어 있다. 기업별 노동조합의 대표자와 협상을 할 때 협상 담당자는 다음과 같은 사항들을 준비하여 협상을 수행하여야 한다.

- **협상의 구체적 대상의 확인** : 협상 담당자는 노동조합의 대표자가 협상하고자 하는 협상의 대상이 무엇인지 명확히 확인하여 협상을 준비하여야 한다. 협상이 대상이 법률적으로 보장한 것이라면, 협상 담당자는 이에 대한 법률 규정을 면밀히 검토한 후 협상에 임해야 한다.
- **노사 간의 협상으로 해결하기 어려운 분쟁과 갈등이 존재하는 상황** : 이러한 상황 하에서 분쟁 당사자들은 제3자가 개입하는 조정과 중재 등을 통하여 분쟁을 해결할 수 있다(제4장, 4.3.2 참고).
- **협상 결렬 시 최후의 수단 사용여부 검토** : 노사 간의 협상에 있어서 최후의 수단은 협상이 결렬될 경우에 한하여 신중하게 사용하여야 한다. 최후의 수단으로 노동조합은 파업을 할 수 있고, 반면에 사용자는 직장폐쇄를 할 수 있다. 사용자측의 협상 담당자는 어느 측이 이와 같은 최후의 수단을 사용하는가에 따라 발생할 수 있는 쌍방의 손실과 이익을 구체적으로 분석하여야 한다.
- **협상의 로드맵(roadmap) 작성** : 협상 담당자는 협상에 대한 계획을 단계적으로 일목요연하게 기록한 로드맵을 작성하여 협상을 수행할 필요가 있다. 예를 들면, 인건비 때문에 경영 압박을 받고 있는 어떤 기업이 노동조합의 대표자와 임금협상을 하는 사례에 있어서 협상 담당자는 〈표 7-2〉와 같은 로드맵을 작성하여 단계적으로 협상을 이끌어 갈 수 있다. 이 사례에 있어서 사용자는 종업원의 생산성이 답보상태에 있기 때문에 임금동결을 기대하고 있고, 반면에 노동조합은 임금인상을 요구하는 상황을 가정하고 있다. 아래의 표에 제시된 로드맵은 단계별로 목표, 전략, 근거 및 시간 등을 보여주고 있다.[14]

---

[14] 김태기(2007), p. 212 이하.

표 7-2	사용자의 임금협상 로드맵				
단 계	목 표	전 략		근 거	시 간
1단계	• 임금 · 생산성 연동원칙에 대한 동의확보	• 경영상황에 대한 노사의 인식 공유 − 외부감사의 경영현황 설명	가 정	• 고용불안 심리증대 • 임금동결에 대한 거부감	교섭기간 3개월 중 1/2을 할애
			추가할 정 보	• 경쟁업체의 교섭 동행 • 조합간부의 지도력	
2단계	• 작년도 생산성 증가분 5%의 임금인상안에 대한 노동조합의 동의	• 생산성지표 만들기에 대한 노동조합의 참여 − 대비 기준의 선택(매출액, 수익성 등) − 인력 및 인건비 구조의 문제점 확인	가 정	• 생산성지표에 대한 불신	교섭기간 3개월 중 1/3을 할애
			추가할 정 보	• 경쟁업체의 생산성	
3단계	• 고정급여 5% 인상 변동 성과급 + α 인상	• 목표 대비 생산성 초과분에 대한 이익공유제도의 필요성 인식	가 정	• 생산성 향상의 필요성에 대한 공감대 확립	교섭기간 3개월 중 1/6을 할애
			추가할 정 보	• 이익공유제도에 대한 이해도	

자료원 : 김태기(2007), p. 213.

7.3.4 조직의 갈등관리

기업의 조직에서 발생하는 갈등은 앞서 논의한 바와 같이 개인적 특성(개인의 가치관, 인식, 태도 등의 차이), 조직구조적 관점(업무의 분화와 상호의존성, 권한과 책임의 불분명 등), 조직구성원들 간의 의사소통의 문제, 그리고 사회적 관점(개인 간, 집단 간 및 조직 간 갈등) 등에서 그 원인을 찾을 수 있다(제4장, 4.1.2 참고). 일반적으로 기업의 조직에서 갈등이 발생할 경우 다음과 같은 두 가지 관점에서 갈등이 해결되어야 한다. 일차적으로 조직 내 갈등 당사자들이 갈등을 해결하여야 하며, 조직 관리자는 이러한 갈등을 최종적으로 해결하여야 할 책임을 지고 있다. 또한 이러한 갈등의 해결은 협상의 관점에서 접근하여야 한다(제4장, 4.2.2 참고).[15]

- 조직 내 갈등당사자들 간의 커뮤니케이션 및 조직 관리자에 의한 갈등해결 : 개인 간의 갈등의 해결을 위해 커뮤니케이션이 중요한 역할을 한다. 실제로 갈등은 서로의 오해에서 시작되기 때문에 설명과 설득을 통하여 해소될 수 있다. 그러나 개인 간의 갈등이 해결되지 않는 경우에는 해당 조직의 관리자가 이러한 갈등을 해결하기 위한 협상 담당자의 역할을 맡을 수 있다. 조직 관리자는 조직 내 개인 간의 갈등을 강제적인 명령 등을 통하여 조직 내에 내재된 갈등을 해소하지 않고 이러한 갈등을 인위적으로 제거할 수 있다.
- 조직의 개편을 통한 갈등해결 : 조직 구성원들 간에 직무와 관련된 갈등이 발생할 경우, 조직 관리자는 조직을 개편하거나 업무를 새롭게 배정하여 직무와 관련된 갈등을 해결할 수 있다. 특히, 조직구조의 개편과 조직 구성원의 재배치를 동시에 추진한다면 조직 관리자는 기존 조직 내에서 발생한 갈등을 일거에 해소할 수 있다. 그러나 조직 관리자가 불공정하게 이러한 개편을 추진한다면, 조직 내에서 또 다른 갈등이 발생할 가능성이 높아진다.

〈표 7-3〉은 인사협상과 관련된 주요 협상 이슈를 요약하여 보여준다. 이 표는 고용, 임금, 노사관계 및 조직의 갈등관리 등에 대한 주요 협상 이슈들을 제시한다.

---

15 강영문(2010), p. 57 이하.

표 7-3	인사협상과 관련된 주요 협상 이슈의 요약
주요 협상 이슈	**협상의 주요 내용 또는 준비사항**
고 용	• 계약기간 • 직위 • 근무장소 • 업무의 내용 • 근로시간 • 근무일 및 휴일 • 임금 및 수당 • 연차유급휴가
임 금	• 종업원 개인의 성과 확인 • 기업 전체의 생산성과 이윤의 크기 파악 • 종업원 개인의 잠재적 능력 및 이직 가능성 고려 • 경쟁업체의 임금수준 파악
노사관계	• 협상의 구체적 대상의 확인 • 노사 간의 협상으로 해결하기 어려운 분쟁과 갈등이 존재하는 상황 • 협상 결렬 시 최후의 수단 사용여부 검토 • 협상의 로드맵(roadmap) 작성
조직의 갈등관리	• 조직 내 갈등당사자들 간의 커뮤니케이션 및 조직 관리자에 의한 갈등해결 • 조직의 개편을 통한 갈등해결

재무협상

CHAPTER 08

CHAPTER 08

재무협상

8.1 재무관리의 의의[1]

재무관리(financial management)는 기업이 자금을 조달하고, 이를 효율적으로 운용하여 기업의 가치를 증대시키는 경영활동과 관련되어 있다. 기업의 기능영역의 한 분야로서의 재무관리에서는 투자, 자금조달, 재무구조, 자금관리 및 위험관리 등과 같은 다양한 분야를 다루고 있다. 재무 관리자는 기업의 재무관리가 효율적으로 수행되고 있는가를 확인하여야 할 뿐만 아니라, 재무관리상의 문제점을 파악하여 이에 대한 해결방안을 제시하여야 한다. 재무관리의 목표를 간략히 요약하면 다음과 같다.[2]

- 이윤극대화(profit maximization) : 이 목표를 달성하기 위하여 기업은 이윤을 증대시키는 일을 반드시 실현하고, 이윤을 감소시키는 일을 회피하여야 한다. 이

---

1 박주홍(2017a), p. 236 이하 수정 재인용.
2 이건희(1997), p. 422 이하.

윤극대화는 경제적 효율성에 기준을 두고 있기 때문에 이것은 최소의 재무적 투입으로 최대의 산출을 실현하는 것을 의미한다. 그러나 이러한 이윤극대화의 목표는 미래의 위험과 불확실성이 완전하게 고려되지 않고, 서로 다른 시점에서 발생하는 투자로 인한 이윤분석이 어렵기 때문에 비판의 여지가 있다.

• 부의 극대화(wealth maximization) : 기업의 가치는 그 기업에 투자한 주주의 부(예를 들면, 주가상승)를 극대화시킴으로써 높아질 수 있다. 즉, 부의 극대화는 주식의 가치를 향상시키는 것을 의미하며, 이것은 기업가치의 극대화(firm value maximization)의 동의어로 사용되기도 한다.

8.2 재무관리의 주요 구성요소와 협상의 대상

8.2.1 재무관리의 주요 구성요소[3]

재무계획(financial planning)

재무계획은 '기업의 단기 및 장기계획을 완수하는 데 필요한 자금의 계획'이다. 즉, 이것은 재무 관리자가 담당하고 있는 기업의 여러 가지 활동에 소요되는 자금의 원천과 운용에 관한 계획을 말한다. 재무계획은 다음과 같은 세 가지 측면을 다룬다.[4] 재무 관리자는 이와 같은 세 가지 측면에 대하여 분석한 후, 재무계획의 개선을 위한 대안을 제시할 수 있다.

• 자금의 조달 : 자금을 경제적으로 조달함.
• 자금의 지출 : 자금의 지출에 대하여 통제함.
• 지출결과의 평가 : 자금의 지출로 인하여 얻게 되는 결과에 대하여 평가함.

---

3 박주홍(2017a), p. 236 이하 수정 재인용.
4 이건희(1997), p. 426.

재무계획의 목적은 다음과 같이 요약할 수 있다.

- 자본수익성의 달성
- 재무유동성의 유지
- 재무안정성의 확보

재무계획은 향후의 계획기간 중의 경영환경을 예측하고, 예측된 환경 하에서 기업목표의 달성을 위한 자금조달 및 투자대안들을 유기적으로 제시할 수 있어야 한다. 재무계획은 다음과 같은 두 가지의 관점에서 계획을 수립할 수 있다.

- 자본구조계획 : 기업에 있어서 자본운용에 대한 자본조달의 상호관계를 적정하게 또는 효과적으로 유지하기 위한 정태적 종합재무계획
- 자본이익계획 : 자본구조계획에 대응하는 동태적 종합재무계획

재무통제(financial control)

재무통제는 재무계획이 목표한대로 성과를 잘 달성하였는가를 평가하여 계획과 결과 간의 편차를 수정하는 기업의 재무활동이다. 재무통제를 효율적으로 수행하기 위하여 다음과 같은 조건이 충족되어야 한다.[5]

- 계획목표가 관련된 당사자 전원에 의해 지지되어야 한다.
- 업적(성과)의 측정이 정확하게 행해져야 한다.
- 업적평가는 적절한 기준에 의해 수행되어야 한다.
- 책임의 소재가 명확하여야 한다.
- 시정조치(수정조치)가 유효하게 이루어져야 한다.

---

5 전게서, p. 427.

재무적 성과에 대한 통제는 이윤과 투자수익률에 근거하여 이루어진다. 이윤(profit)은 총매출액에서 비용을 뺀 금액을 말하며, 투자수익률(return on investment, ROI)은 투자한 자본에 대한 수익의 비율을 뜻한다. 일반적으로 기업이 설정한 이윤 및 투자수익률은 기업 또는 사업부수준의 성과를 통제할 때 주요 기준으로 사용된다.

자본조달(equity financing)

자본조달은 기업경영에 필요한 자본을 획득하는 것을 말하며, 이러한 자본조달은 조달방법(예, 내부적 또는 외부적 자본조달)과 자본비용과 관련되어 있다. 특히, 자본비용은 기업이 조달하여 운용하고 있는 자본과 관련하여 부담하게 되는 비용이다. 자본비용은 타인자본 비용과 자기자본 비용으로 나눌 수 있다. 타인자본 비용은 차입금에 대한 이자와 사채이자 등을 말하며, 자기자본 비용은 주주에 대한 배당금을 말한다. 재무 관리자는 기업의 자본조달 방법을 분석한 후, 문제점을 발견하여 이에 대한 개선방안을 제시하여야 한다.

자본조달은 내부적 및 외부적 관점에서 이루어질 수 있다.[6] 내부적 자본조달(internal financing)은 다음과 같이 이루어진다.

- 내부금융
  - 이익의 사내유보
  - 감가상각 누계액

대표적인 외부적 자본조달(external financing)의 방법은 다음과 같다.

- 직접금융시장을 통한 자본조달
  - 주식 발행(주식공모, 유상증자)

6 고동희 외 6인(2003), p. 270 이하; 이건희(1997), p. 435 이하.

- 회사채 및 기업어음 발행
- 간접금융시장을 통한 자본조달
  - 은행차입(시중은행, 지방은행, 외국은행 국내지점 등과 같은 일반은행; 기업은행, 농협, 수협 등과 같은 특수은행; 한국산업은행, 한국수출입은행 등과 같은 개발기관)
  - 비은행 금융기관차입(종합금융회사, 생명보험회사, 상호신용금고, 할부금융회사 등)
- 해외금융
  - 상업차관
  - 외국인투자
  - 외화표시 사채발행
  - 무역신용
  - 현지금융
  - 수출선수금

자본구조(capital structure)

자본구조는 기업의 자본조달 원천인 자기자본과 타인자본(부채)의 구성비율의 조합을 의미한다. 재무 관리자는 기업의 자본구조, 자본비용과 기업가치 간의 관계를 파악하여, 문제점이 있다면 이에 대한 개선방안을 개발하여야 한다. 특히, 재무 관리자가 자본구조와 기업가치의 관계를 분석할 경우에 있어서 타인자본을 사용함으로써 나타나는 수익의 증가로 인한 기업가치의 증가, 그리고 타인자본을 사용함으로써 발생하는 위험의 증가로 인한 기업가치의 하락을 동시에 고려하여야 한다.

재무 관리자는 자본구조와 관련하여 다음과 같은 문제를 고려하여야 한다. 즉, 기업의 자본은 자기자본과 타인자본으로 구성되며 양자를 합계한 총자본에 대한 자기자본의 비율을 자기자본비율이라고 한다. 자기자본비율이 낮으면 경기가 악화되었을 때 이자지급이나 차입금 상환에 어려움을 겪을 수 있기 때문에 경기변동에 대한 저항력이 약화될 수 있다. 일반적으로 자기자본비율은 기업의 존립에 영향을 미칠 수 있는 기업재무의 안전성과 관련되어 있기 때문에 효과적으로 관리하는 것이 중요하다.

8.2.2 재무협상의 대상과 내용

재무협상의 대상과 내용은 재무관리의 주요 구성요소인 재무계획, 재무통제, 자본조달 및 자본구조 등의 관점에서 각각 요약될 수 있다. 〈표 8-1〉은 재무협상의 대상과 내용(예시)을 보여준다. 다음 절에서는 재무협상의 대상 중에서 중요한 것으로 평가될 수 있는 주식발행을 통한 자본조달협상, 그리고 은행차입 및 회사채발행 등을 통한 자금조달협상에 대하여 논의하기로 한다(8.3 참고).

표 8-1	재무협상의 대상과 내용(예시)	
재무관리의 구성요소	협상의 대상	협상의 내용(예시)
재무계획	자금조달계획	기업 내부적 및 외부적 자금조달계획 수립 시 해당 부서별 업무추진 담당자들과의 협의
	자금지출계획	투자관련 자금지출계획 수립 시 해당 부서별 업무추진 담당자들과의 협의
재무통제	자금투입 또는 자본투자의 성과 평가	자금투입 또는 자본투자의 성과 평가를 위한 평가기준의 설정 시 해당 부서와의 협의
	재무계획과 성과 간의 편차수정	재무계획과 성과 간의 편차가 발생하는 경우, 관련 부서별 시정조치(수정조치)를 위한 협의
자본조달	직접금융시장을 통한 자본조달	주식발행, 회사채 및 기업어음 발행과 관련된 기업 내부적 및 외부적 이해관계자들과의 각종 협상
	간접금융시장을 통한 자본조달	은행차입 및 비은행 금융기관차입 시 관련 금융기관과의 협상(예를 들면, 이자율, 대출기간, 신용대출 또는 담보대출 등)
	해외금융	상업차관, 외국인투자, 외화표시 사채발행, 무역신용, 현지금융 및 수출선수금 등과 관련된 협상 당사자들과의 협상
자본구조	자본구조와 관련된 정책의 수립과 수정	자본구조(자기자본과 타인자본의 구성비율)와 관련된 정책의 수립과 수정을 위해 재무 관리자와 최고 경영층과의 협의

8.3 재무관리와 관련된 주요 협상 이슈

8.3.1 주식발행을 통한 자본조달협상

기업의 가장 중요한 자본조달의 원천은 주식발행(stock issue)이다. 주식(증권)발행은 다양한 방식으로 이루어지며, 이를 분류하면 다음과 같다.[7] 또한 아래에서는 주식발행의 방법에 따라 재무 관리자(협상 담당자)가 수행해야 하는 기업 내부적 및 외부적인 협상에 대한 준비사항들을 간략히 제시하기로 한다.

- 회사 설립 시 주식의 **직접발행과 간접발행** : 직접발행은 기업이 중개기관을 거치지 않고 독자적으로 주식(신주)을 발행하는 것을 말한다. 일반적으로 주식발행을 위해서는 재무적, 법률적 및 전문적 지식 등이 요구되기 때문에 직접발행은 거의 이루어지지 않는다. 간접발행은 주식을 발행하고자 하는 기업이 금융기관 또는 증권관계기관 등의 수탁회사를 통하여 주식을 발행하는 것을 의미한다.
  - **직접발행 협상 준비사항** : 기업 내부적 협의를 거쳐 직접발행이 이루어지기 때문에 주식발행을 담당하는 재무 관리자와 최고 경영층과의 내부적 협의가 중요하다. 아울러 직접발행과 관련된 여러 가지 업무들을 수행해야 하는 기업 내부적 업무 담당자들을 결정하는 협의가 필요하다.
  - **간접발행 협상 준비사항** : 간접발행과 관련된 협상은 주식발행을 대행하는 금융기관과의 협상을 의미한다. 이러한 협상에서는 주식의 발행절차, 대행수수료 및 주식발행 이후의 유통문제 등이 주요 이슈이다.
- **발기설립과 모집설립** : 발기설립은 회사설립을 준비한 발기인이 발행되는 주식 전액을 인수하는 것을 말하며, 모집설립은 회사설립에 있어 발행되는 주식을

---

7 박진근(2002); 지청/조담(1981), p. 51 이하.

발기인이 일부를 인수하고 잔액을 모집하는 경우를 의미한다.

- 발기설립 시 협상 준비사항 : 발기인(예를 들면, 투자자)이 여러 명일 경우, 신주의 배분비율이 가장 중요한 협상이 대상이 된다. 신주의 배분비율은 향후의 경영권과 관련되어 있기 때문에 매우 중요한 의미를 갖는다.

- 모집설립 시 협상 준비사항 : 모집설립에 있어서 주식의 총수 전부를 발기인이 인수하지 않고 잔여의 주식에 대하여 주주를 모집하여 회사를 설립하는 절차를 거치기 때문에 주식을 발행하고 유통을 담당하는 금융기관과의 협상이 중요한 의미를 갖는다. 특히, 이 경우에 있어서 재무 관리자는 발행 및 유통수수료에 대한 협상을 잘 준비하여야 한다.

- 회사 설립 이후의 유상증자와 무상증자 : 회사는 설립 이후에도 신주를 발행할 수 있다. 추가 발행된 신주를 매입하느냐 또는 매입하지 않느냐에 따라 유상증자와 무상증자로 각각 구분된다.

  - 유상증자 시 협상 준비사항 : 주식의 추가 발행으로 인한 주가하락이 예상될 경우, 재무 관리자는 기존 주주(대주주 및 소액 주주 포함)와의 협상을 거쳐 유상증자를 결정하여야 한다. 또한 재무 관리자는 유상증자를 대행할 금융기관과 이와 관련된 비용 또는 수수료에 대한 협상을 수행하여야 한다.

  - 무상증자 시 협상 준비사항 : 무상증자는 회사의 잉여금 항목을 자본금으로 이동하기 위한 목적으로 주주들에게 일정비율만큼 주식을 나눠주는 것을 말한다. 무상증자 이후의 주가가 상승 또는 하락하느냐에 따라서 주주들의 무상증자에 대한 반응이 달라질 수 있기 때문에 재무 관리자는 이들을 잘 설득한 이후 무상증자를 추진하여야 한다.

8.3.2 은행차입을 통한 자금조달협상

여기에서는 은행차입에 국한하여 자본조달협상에 대하여 살펴보고자 한다. 일반적으로 은행차입(bank loan)은 기업의 관점에서 사용하는 용어인 반면, 기업대출

(business loan)은 금융기관(은행)의 관점에서 사용하는 용어로 볼 수 있다. 먼저 금융기관이 자금을 필요로 하는 기업에게 대출을 하는 경우에 있어서 어떤 측면들을 고려하는지 검토할 필요가 있다. 금융기관이 기업대출을 하는 경우에 있어서 여러 가지 대출관련 서류 또는 증명서 등을 요구한다. 금융기관에 따라 요구하는 기업대출과 관련된 제출서류는 다소 다를 수 있지만, 일반적으로 국내 금융기관이 요구하는 제출서류를 요약하면 다음과 같다.[8]

- 일반서류 : 사업자 등록증 사본, 부가가치세 과세표준증명원, 법인 등기부 등본, 정관 및 이사회 의사록 사본 등
- 담보물 감정서류 : 건축물관리대장, 토지대장, 등기부등본(토지, 건물), 기계기구 목록 등
- 신용조사서류 : 신용조사 의뢰서, 재무제표(세무서 확인분), 향후 3개년 추정재무제표, 최근 3개년 결산월말 소득세 징수액 집계표 등
- 담보물 설정서류 : 본인 서명사실 확인서 및 인감증명서(담보설정용), 등기권리증 등
- 기업시설자금 대출관련 서류 : 사업계획서, 계획시설 명세서, 공장신축 시 건축허가서 및 공사도급계약서, 공장매입 시 매매계약서 및 감정서, 기타 자금용도 확인에 필요한 서류 등

기업이 금융기관으로부터 자금 또는 자본을 조달할 때, 가장 중요하게 고려하는 사항은 대출 가능성 여부와 이자율이라고 볼 수 있다. 금융기관은 기업이 제출한 각종 서류 또는 증명서 등을 검토하여 기업대출 여부를 결정한다. 또한 금융기관이 설정하는 이자율(대출금리)도 기업이 제출한 서류 등에 근거하여 결정된다. 특히, 기업대출에 적용되는 이자율은 기업의 재무적 건전성과 기업신용등급에 따라 결정된다. 실증적 연구결과에 의하면, 기업신용등급이 악화될수록 대출금리 인상률이 높

---

8 https://www.dgb.co.kr/cms/fnm/loan/sda_43/sda_431/1186802_1333.html, https://spot.wooribank.com/pot/Dream?withyou=POLON0041.

은 것으로 나타났으며, 기업신용등급이 개선될수록 대출금리 인하율이 높은 것으로 밝혀졌다. 이러한 실증적 연구결과는 일반적인 예상과 부합된다. 또한, 기업신용등급이 악화될수록 대출금리 인상률은 중소기업에서 높게 나타난 반면, 대기업에서 낮게 나타났다.[9] 그러므로 기업이 금융기관으로부터 좋은 조건의 이자율로 대출을 받기를 원한다면, 무엇보다도 기업은 그들의 신용등급을 높게 유지하는 것이 바람직하다.

앞서 검토한 바와 같이, 금융기관은 다양한 대출조건들을 검토하여 기업대출을 결정하기 때문에 기업대출에 있어서 기업과 금융기관 간에는 협상의 여지가 많지는 않다. 이와 같이 협상의 여지가 거의 없지만, 금융기관을 대상으로 은행차입을 하려는 경우에 있어서 재무 관리자(협상 담당자)는 다음과 같은 몇 가지 사항들을 고려하여 차입협상을 준비할 필요가 있다.

- 기업규모에 따른 협상력의 차이 인식 : 일반적으로 중소기업보다 대기업이 차입협상에서 더욱 유리한 위치를 점할 수 있다. 그러므로 협상 담당자가 근무하는 직장의 규모에 따라 차입협상의 중요한 대상의 하나인 이자율이 결정될 수 있다.
- 금융기관과의 거래기간 : 어떤 기업 또는 조직이 특정 금융기관과 오랜 기간 동안 거래하였거나, 그 금융기관이 주거래 은행이라면 협상 담당자는 차입협상에서 우호적인 결과를 이끌어낼 수 있다. 실증적 연구결과에 의하면, 우리나라 중소기업의 경우에 있어서 특정 금융기관과 오랜 기간 거래하는 이른바 '관계금융(relationship banking)'이 자금의 이용가능성을 높일 뿐만 아니라, 대출금리에도 긍정적인 영향을 미치는 것으로 밝혀졌다.[10]
- 기업시설자금의 대출과 관련된 사업계획서의 작성과 발표 : 어떤 기업 또는 조직이 공장을 신축 또는 매입하여 사업을 확장 또는 개편하기 위한 자금을 필요로

9 설성화/정무권(2017), p. 85.
10 동학림/김문겸(2013), p. 45.

하는 경우, 협상 담당자는 금융기관의 협상 상대방을 대상으로 사업계획서를 발표할 가능성이 높다. 사업계획서에 대한 평가결과에 따라 대출 여부와 이자율이 결정될 수 있기 때문에 협상 담당자는 사업계획서를 신중하게 작성하여야 할 뿐만 아니라, 협상 상대방을 잘 설득할 수 있는 프레젠테이션을 수행하여야 한다(제2장, 2.3.1 참고).

- 대출계약의 재협상 조항 : 금융기관은 기업대출을 받은 기업이 비효율적인 사업을 하거나 대출자금을 낭비하는 도덕적 해이를 감시하기 위한 조치로 대출계약에 재협상 조항을 삽입하여 대출계약을 체결할 수 있다.[11] 하지만 재협상 조항은 향후의 대출연장협상에서 금융기관 측이 대출받은 기업 또는 조직을 대상으로 높은 이자율을 적용하려는 의도로 활용할 수 있기 때문에 협상 담당자는 가능하다면 이러한 재협상 조항을 대출계약서에 삽입하지 않도록 해야 한다.

금융기관으로부터 자금을 차입한 기업이 제적으로 부실해지는 경우, 금융기관은 대출채권을 출자전환(debt-equity swap)하여 이 기업의 주주가 될 수 있다. 기업이 직면하게 되는 경제적 부실은 총 수익이 총 비용보다 적거나, 평균 투자수익률이 자본비용에 미달하거나, 또는 기업이 실현한 수익률이 산업 평균 수익률보다 저조할 경우에 발생할 수 있다.[12] 출자전환은 금융기관이 기업에 대출한 자금을 회수하지 않고, 그 기업의 주식을 취득하여 채권자에서 주주로 바뀌는 것을 의미한다. 대출채권의 출자전환은 부실기업의 정상화를 위해 널리 사용되는 방법이다.[13] 자금을 차입한 기업이 금융기관을 대상으로 출자전환과 관련된 협상을 하는 경우에 있어서, 재무관리자는 다음과 같은 측면들을 중요하게 고려하여야 한다.

---

11 송수영(2006), p. 169.
12 정승화(1999), p. 452.
13 이승환(2007), p. 211.

- **출자전환 시 주식의 가격책정**：금융기관이 대출채권의 금액만큼 주식을 매입하는 경우에 있어서, 재무 관리자는 주식의 가격책정에 대한 협상을 준비하여야 한다. 재무 관리자는 현재 주식시장에서 거래되고 있는 시가로 주식의 가격을 결정할 것인지, 아니면 다른 기준을 적용하여 주식의 가격을 결정할 것인지에 대한 구체적인 협상자료를 만들어 금융기관과의 협상에 임해야 한다.
- **출자전환 이후의 주식지분의 변동과 경영권**：재무 관리자는 출자전환 이후의 주식지분의 변동이 경영권에 어느 정도 영향을 미치는지를 분석하여야 한다. 즉, 재무 관리자는 출자전환을 한 금융기관이 기업의 경영에 어느 정도 개입할 것인지에 대한 분석을 한 후 협상을 수행하여야 한다.

  금융기관이 주주로서의 자격을 유지하면서 적극적으로 경영에 개입하여 경영을 정상화시킨다면, 그 기업의 주가는 상승하게 된다. 즉, 경영정상화 이후에 금융기관은 주식매각을 통하여 시세차익을 거둘 수 있을 뿐만 아니라, 이를 통하여 대출채권을 상환받는 효과를 달성할 수 있다.
- **출자전환 이후의 감사 조항**：금융기관이 채권자에서 주주로 바뀌게 되면, 금융기관은 주주로서의 권리를 적극적으로 행사하려고 한다. 금융기관은 기업을 대상으로 합법적으로 감사를 할 수 있는 권리를 요구할 가능성이 크기 때문에 재무 관리자는 이에 대한 대책을 마련하여야 한다.

8.3.3 회사채발행을 통한 자금조달협상

회사채(corporate bonds)는 기업이 필요로 하는 자금을 조달하기 위하여 발행하는 채권을 말하며 사채라고도 한다. 회사채는 중소기업보다 기업의 규모가 크고 글로벌 경영활동을 하는 대기업이 주로 발행한다. 일반적으로 채권은 발행하는 주체에 따라 국가가 발행하는 국채, 지방자치단체가 발행하는 지방채, 특별법인이 발행하는 특수채, 금융기관이 발행하는 금융채, 주식회사가 발행하는 회사채 등으로 구분된다. 우리나라의 경우 회사채를 발행하기 위하여 기업은 금융감독원에 유가증권 발행신고

서를 제출하고 일반 대중들을 대상으로 회사채를 발행(공모 방식)하거나 특정 개인과의 개별적 접촉을 통하여 회사채를 매각(사모 방식)한다. 회사채는 계약에 따라 일정한 이자가 지급되며, 만기일에 원금이 상환된다. 그러므로 회사채에는 지급할 이자, 만기일, 만기일에 지급할 원금 등이 표시된다.

기업이 회사채를 발행하려면 신용평가회사로부터 신용등급을 받아야 한다. 신용등급은 중립적 위치에 있는 신용평가기관이 자금조달을 목적으로 발행하는 유가증권에 대한 미래의 채무상환능력을 분석하여 나타낸 일정한 등급체계를 의미한다. 신용평가는 전문적이고 객관적인 위치에 있는 신용평가기관이 특정 유가증권의 원리금이 상환조건대로 상환될 확실성 또는 발행자의 금융채무 전반에 대한 상환능력을 일정한 기호, 즉 '신용등급'으로 표시하여 투자자 등 이해관계자에게 공시하는 제도를 말한다.[14] 특히, 글로벌 기업이 미국에서 회사채를 발행하기 위해서는 Standard & Poors, Moody's 등과 같은 국제적인 신용평가기관으로부터 신용평가를 받아야 한다. 신용등급이 낮거나 기업규모가 크지 않은 기업이 회사채를 발행하는 경우에는 발행과 관련된 비용이 매우 높을 수 있다.[15]

발행증권의 만기에 따라 1년 이상은 장기 신용등급으로, 1년 미만은 단기 신용등급으로 분류된다.[16] 회사채는 장기채에 속하기 때문에 장기 신용등급의 적용을 받는다. 우리나라에서 등급 신뢰도가 가장 높은 것으로 평가받고 있는 신용평가기관인 한국기업평가가 제시한 장기 신용등급은 〈표 8-2〉와 같다.

---

14 http://www.rating.co.kr/creditInfo/I_creditInfo_001/contents.do.
15 민상기/정창영(2012), p. 189.
16 정채중/신범철(2012), p. 83.

표 8-2	장기 신용등급

신용등급	등급의 정의
AAA	최고 수준의 신용상태, 채무불이행 위험 거의 없음
AA	매우 우수한 신용상태, 채무불이행 위험 매우 낮음
A	우수한 신용상태, 채무불이행 위험 낮음
BBB	보통 수준의 신용상태, 채무불이행 위험 낮지만 변동성 내재
BB	투기적인 신용상태, 채무불이행 위험 증가 가능성 상존
B	매우 투기적인 신용상태, 채무불이행 위험 상존
CCC	불량한 신용상태, 채무불이행 위험 높음
CC	매우 불량한 신용상태, 채무불이행 위험 매우 높음
C	최악의 신용상태, 채무불이행 불가피
D	채무불이행 상태

주1 : AA부터 B까지는 동일 등급 내에서 상대적인 우열을 나타내기 위하여 "+" 또는 "−"의 기호를 부가할 수 있다.
주2 : 조건부 신용평가의 경우 신용등급 앞에 "C"를, 미공시 등급의 경우 신용등급 앞에 "U"를, 제3자 요청 신용평가의
경우 신용등급 앞에 "Tp"를 부기하며, 구조화금융거래와 관련한 신용평가의 경우 신용등급 뒤에 "(sf)"를, 집합투
자기구 신용평가의 경우 신용등급 뒤에 "(f)"를 부기한다.
자료원 : http://www.rating.co.kr/creditInfo/I_creditInfo_012/contents.do.

우리나라 회사채의 신용등급은 선진국에 비해 상대적으로 낮은 편에 속하는데, 그 이유를 요약하면 다음과 같다.[17]

- 기업회계 투명성 문제 : 편법·불법적으로 회계장부를 조작하는 분식회계는 기업의 신용등급에 부정적 영향을 미친다. 즉, 분식회계로 인한 기업의 손실이 사후적으로 발견되면, 해당 기업의 회사채의 신용등급은 하락한다.
- 불투명한 기업 지배구조 : 대기업 그룹의 관점에서 볼 때, 우량 계열사의 암묵적인 지원이 기대되던 상황에서 계열사 지원이 이루어지지 않는 경우, 이 계열사는 신용등급의 하락에 직면할 가능성이 높다.

---

17 임형준(2016), p. 6 이하.

- 높은 비중의 수주산업 및 수출기업 : 조선, 건설, 중공업 등과 같은 수주산업은 자금조달의 수요가 많아 대규모로 회사채를 발행하여 왔다. 수주산업은 수주 이후 공기 중 대규모 자금이 투입되지만 대금 수취는 납품 시 완료되는 특성 이 있다. 그러므로 수주산업에 속하는 기업에서는 손실이 적시에, 적절히 장부 에 반영되지 않는 경우가 많기 때문에 장기적으로 신용등급을 안정적으로 유 지하기가 어렵다. 또한 수출기업은 글로벌 경기변동에 취약하기 때문에 신용 등급을 안정적으로 유지하기 어려운 측면이 있다.

회사채 발행과 관련하여 재무 관리자는 다음과 같은 사항들을 고려하여 회사채 발행에 대한 준비를 하여야 할 뿐만 아니라 관련 당사자들과 협상을 하여야 한다. 아 래에서는 대표적인 회사채인 무보증사채, 전환사채 및 신주인수권부사채 등에 국한 하여 살펴보기로 한다.

- 무보증사채(nonguaranteed bond)의 발행 : 이것은 회사채의 원리금에 대하여 신 인도가 높은 제3자의 지급보증이나 물적 담보의 제공 없이 발행 기업의 능력 과 신용만으로 발행하는 사채를 말한다. 우리나라의 경우, 무보증사채를 발행 하기 위하여 2개 이상의 신용평가사에 의한 회사채 등급평가가 이루어져야 한 다. 그러므로 좋은 신용등급을 획득하기 위해서 재무 관리자는 신용평가에 대 한 준비를 철저히 하여야 하며, 신용평가사의 직원들과 우호적인 관계를 유지 하는 것이 바람직하다. 신용평가 수수료는 기업의 자산규모에 따라 정해져 있 기 때문에 협상의 대상이 될 수 없다. 회사채 발행을 담당하는 재무 관리자는 회사채 발행을 대행하는 금융기관과의 협상이 필요하며, 주된 협상은 모집주 선, 잔액인수, 총액인수 또는 자문 수수료 등이다. 이러한 협상은 전환사채 및 신주인수권부사채를 발행하는 경우에도 필요하다.
- 전환사채(convertible bond) : 이것은 주식으로의 전환권이 인정되는 회사채를 말한다. 전환권을 행사하면 채권이 소멸된다. 전환사채를 보유한 투자자는 채

권자로서 완전한 지위를 갖게 될 뿐만 아니라, 기업의 성과가 좋으면 이를 전환에 의하여 그 기업의 주주가 될 수 있다. 전환사채는 모집을 쉽게 할 수 있는 장점을 갖고 있다. 전환사채를 공모가 아닌 사모로 모집할 경우에 있어서 발행을 담당하는 재무 관리자는 사모의 대상이 되는 개별 투자자들과 협상을 위해 기업 소개, 사업 전망, 예상되는 성과 등과 관련된 자료를 준비하여 개별 투자자들을 설득하는 과정을 거쳐야 한다.

투자자와 발행기업의 관점에서 볼 때, 전환사채는 다음과 같은 장점들을 갖고 있다.

- 투자자의 관점 : 사채의 안전성으로 주식투자에 따르는 위험제거, 전환권 행사로 주식투자의 고수익성 보장
- 발행 기업의 관점 : 일반사채보다 저리의 자금조달 비용, 주식으로 전환 시 유상증자의 효과, 상법상의 사채발행한도 제외, 유상증자에 비해 단기간에 대규모 자금조달 가능

● 신주인수권부사채(bond with warrants) : 이것은 전환사채와는 달리 신주를 인수할 수 있는 권리가 부여된 회사채이다. 인수권을 행사하더라도 채권은 남아있다. 신주인수권부사채를 사모로 발행할 경우 전환사채의 발행과 마찬가지로 재무 관리자는 기업과 관련된 자료를 준비하여 투자자들을 대상으로 프레젠테이션을 할 필요가 있다.

〈표 8-3〉은 재무협상과 관련된 주요 협상 이슈를 요약하여 제시한다. 이 표는 주식발행을 통한 자본조달, 그리고 은행차입 및 회사채발행을 통한 자금조달 등에 대한 주요 협상 이슈들을 보여준다.

표 8-3	재무협상과 관련된 주요 협상 이슈의 요약
주요 협상 이슈	협상의 주요 내용 또는 준비사항
주식발행을 통한 자본조달	• 회사 설립 시 주식의 직접발행과 간접발행 • 발기설립과 모집설립 • 회사 설립 이후의 유상증자와 무상증자
은행차입을 통한 자금조달	• 차입협상 : 기업규모에 따른 협상력의 차이 인식, 금융기관과의 거래기간, 기업시설자금의 대출과 관련된 사업계획서의 작성과 발표, 대출계약의 재협상 조항 • 출자전환 : 출자전환 시 주식의 가격책정, 출자전환 이후의 주식지분의 변동과 경영권, 출자전환 이후의 감사 조항
회사채발행을 통한 자금조달	• 무보증사채의 발행 • 전환사채의 발행 • 신주인수권부사채의 발행

생산운영협상

CHAPTER 09

CHAPTER 09

생산운영협상

생산운영관리의 의의

생산운영관리(production and operation management)는 생산요소를 투입하여 생산공정 또는 운영과정을 거쳐 최종 제품 또는 최종 서비스를 산출하는 것을 관리하는 기업활동이다. 생산운영의 중요성을 살펴보면 다음과 같다.[1]

- 생산운영은 기업의 기본적 활동이다.
- 생산운영은 생산 및 운영시스템을 통하여 이루어진다.
- 생산시스템은 다른 기능영역과 밀접하게 연결되어 있다.
- 생산시스템은 다양하다.

---

1 박주홍(2017a) 수정 재인용.

〈그림 9-1〉은 생산과정을 보여준다.[2] 특히, 이 그림에서는 혁신아이디어들이 투입요소(생산요소)와 마찬가지로 생산에 얼마나 효과적이고 효율적으로 영향을 미치고 있는가를 알 수 있다. 투입요소가 생산과정을 거치면서 산출요소로 변환되는 것처럼, 제안제도, 품질관리 분임조 및 창조성 기법 등을 통하여 창출되고 채택된 혁신아이디어들은 생산원가의 절감 및 제품품질의 개선 등과 같은 공정혁신(과정혁신)에 이바지한다.

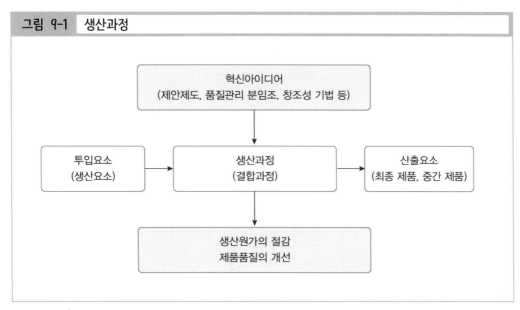

그림 9-1 생산과정

자료원 : Park, J.-H.(1996), p. 146.

9.2　생산운영관리의 주요 구성요소와 협상의 대상

9.2.1 생산운영관리의 주요 구성요소[3]

공급사슬관리(supply chain management, SCM)

공급사슬관리는 고객이 원하는 제품을 사용하고자 하는 시점에 필요한 수량만큼 공급함으로써 고객에게 가치를 제공하는 관리기법을 의미한다. 즉, 공급사슬관리는 제품계획, 원재료 구매, 제조, 배달 등 공급사슬에 관련된 구성요소를 유기적으로 통합하여, 제품을 신속하고 저렴하게 고객에게 공급하는 데 그 목적이 있다. 공급사슬관리는 다음과 같은 두 가지 관점에서 접근할 수 있다.

- 공급사슬계획(supply chain planning, SCP) 시스템 : 이것은 기업이 제품에 대한 수요를 예측하고, 그 제품에 대한 조달계획 및 생산계획을 수립할 수 있도록 해준다.
  - 수요계획 : 제품 또는 서비스에 대한 수요분석을 통하여 계획 수립
  - 제조계획 : 고객에게 공급될 제품 또는 서비스에 대한 일정관리
  - 유통계획 : 일정관리, 운송계획, 및 수요계획 등을 종합하여 유통계획 수립
  - 운송계획 : 원재료 조달과 관련된 운송 및 완성된 제품의 고객전달과 관련된 운송계획
  - 재고계획 : 재고를 보관하는 장소별(공장, 보관창고, 물류센터, 판매점 등) 최적의 재고를 유지하기 위한 제품별 재고계획 수립
- 공급사슬실행(supply chain execution, SCE) 시스템 : 이것은 제품이 지정된 장소에 가장 효율적으로 전달될 수 있도록 유통센터 및 유통창고를 거치는 제품의 흐름을 관리한다.

---

3 박주홍(2017a), p. 187 이하 수정 재인용.

- 주문관리 : 주문의 이행, 확인 및 처리
- 생산관리 : 제품 및 서비스의 생산과정에 대한 관리
- 유통관리 : 완성된 제품 또는 서비스가 효율적으로 고객에게 전달될 수 있도록 관리
- 역물류관리 : 제품에 문제가 생길 경우, 고객으로부터 제품 또는 서비스를 회수하는 부분의 관리

품질관리(quality control)

생산운영관리의 목적은 고객이 원하는 양질의 제품 또는 서비스를 신속하고 저렴하게 생산하는 데 있다. 신속한 생산은 공정관리에 의해, 저렴한 생산은 원가관리에 의해, 양질의 생산은 품질관리 또는 품질경영(quality management)에 의해 달성될 수 있다. 그러므로 품질관리는 고객이 원하는 제품 또는 서비스의 품질수준을 유지하거나 향상시키기 위한 관리로 정의할 수 있다.[4] 품질관리는 다음과 같은 두 가지 관점에서 수행될 수 있다.

- 통계적 품질관리(statistical quality control, SQC) : 이것은 고객이 요구하는 제품 및 서비스를 가장 경제적으로 생산하기 위해 생산시스템의 모든 과정에 추리통계학과 확률이론을 이용하는 품질관리기법을 말한다. 즉, 이것은 통계학을 응용하여 올바른 규준이나 표준을 결정하며, 이를 통하여 제품의 품질을 유지하고, 제품의 품질을 향상시키려고 시도한다.
- 전사적 품질관리(total quality management, TQM) : 이것은 기업 전체의 관점에서 조직구성원 모두가 참여하여 품질유지 및 품질향상을 위해 노력하는 전사적 운동을 의미한다. 즉, 이것은 설계, 제조, 판매 등의 부문뿐만 아니라 총무와 인사 등과 같은 제품에 직접 관계하지 않는 부문까지 포함하여 품질관리를 수행한다.

---

4 이건희(1997), p. 483.

특히, 품질 관리자는 다음과 같은 기업의 품질관리와 관련된 문제를 확인한 후 품질향상을 위한 대안을 제시하여야 한다.[5]

- **품질방침** : 품질방침을 숙지하고 품질목표를 세우고 있는가?
- **품질관리체계** : 품질관리체계의 확립을 위한 제도가 시행되고 있는가?
- **품질관리 분임조 활동** : 품질관리 분임조 활동이 이루어지고 있는가?
- **품질검사기법** : 품질검사기준이 명확한가? 그리고 품질검사의 결과를 기록하고 활용하는가?
- **불량처리** : 불량발생 예방활동이 체계적으로 수행되는가?
- **고객 불만의 관리** : 고객의 불만정보가 관리되고 피드백 되는가?

품질관리 분임조(quality control circle)는 전사적 품질관리를 효과적이고 효율적으로 수행하는 데 많은 도움을 줄 수 있다. 아래에서는 품질관리 분임조에 대하여 살펴보기로 한다.[6]

품질관리 분임조는 1960년대 초에 일본에서 개발된 품질향상의 방법으로써 혁신을 위한 가장 중요한 아이디어원천의 하나이다.[7] 품질관리 분임조에서는 주로 소규모의 개선이 이루어지는 점진적 혁신이 추구된다. 이것은 품질문제를 토의하고, 문제해결방안을 추천하고, 개선을 추구하기 위하여 작업시간 동안 또는 작업시간 이후에 자발적이고 규칙적인 모임을 갖는 동일 작업영역 소속의 종업원들로 구성된 소규모 작업집단이다.[8] 무엇보다도 품질관리 분임조에서는 종업원들의 품질의식이 확보되어야만 성공적인 개선이 이루어질 수 있다.

품질관리 분임조의 주요 목표는 다음과 같다.

---

5 주성종 외 3인(2010), p. 117 이하.
6 박주홍(2016b), p. 209 이하 수정 재인용.
7 Brommer, U.(1990), p. 40.
8 Urban, C.(1993), p. 54; Buntenbeck, D. F.(1991), p. 77; Nütten, I. and Sauermann, P.(1988), p. 174 이하; Deppe, J.(1986), p. 15 이하; Domsch, M.(1985), p. 428.

- 원가절감
- 생산성향상
- 품질유지 및 품질개선
- 원재료 및 에너지절약
- 공정안정성의 확보

생산성(productivity)

생산성은 생산의 효율성을 나타내는 지표이다. 이것은 생산에 사용된 노동, 자본, 토지 등의 생산요소의 투입량과 그 결과 생산된 생산물의 양(산출량)의 비율을 말하며, 투입과 산출은 양 대신에 화폐로 환산한 금액을 단위로 사용할 수도 있다. 생산성은 생산에 투입되는 생산요소에 따라 노동 생산성, 자본 생산성, 토지 생산성 등이 있으며, 가장 많이 사용되는 것은 노동 생산성과 자본 생산성이다. 〈표 9-1〉은 노동 생산성과 자본 생산성을 보여준다.

표 9-1	노동 생산성과 자본 생산성		
지 표(비율명)		공 식	비율의 의미
노동 생산성	종업원 1인당 연간 생산량	생산량/ 종업원 수	종업원 1인당 생산량 측정
	종업원 1인당 연간 생산액	생산액/ 종업원 수	종업원 1인당 생산액 측정
	종업원 1인당 부가가치	부가가치/ 종업원 수	종업원 1인당 부가가치 측정
자본 생산성	종업원 1인당 기계장비	기계장비/ 종업원 수	설비자산 중 기계장비의 종업원 1인당 보유수준
	설비투자 효율	부가가치/ 설비자산	기업에서 실제로 사용되고 있는 설비자산(유형자산-건설 중인 자산)이 어느 정도 부가가치를 창출하였는가를 나타내는 지표

자료원 : 박주홍(2017a), p. 195.

9.2.2 생산운영협상의 대상과 내용

생산운영협상의 대상과 내용은 앞서 논의한 생산운영관리의 주요 구성요소인 공급사슬관리, 품질관리 및 생산성 등의 관점에서 각각 요약될 수 있다. 〈표 9-2〉는 생산운영협상의 대상과 내용(예시)을 제시한다. 다음 절에서는 생산운영협상의 대상 중에서 중요한 것으로 평가되는 원재료 및 부품조달을 위한 공급업체와의 협상, 운송업체와의 협상, 그리고 창고업체와의 협상 등에 대하여 살펴보기로 한다(9.3 참고).

표 9-2 생산운영협상의 대상과 내용(예시)

생산운영 관리의 구성요소	협상의 대상	협상의 내용(예시)
공급사슬관리	원재료 및 부품 조달	공급업체와의 조달협상(국내 및 글로벌 소싱)
	수요분석	마케팅 부서(예를 들면, 시장조사)와의 협의를 통한 제품 및 서비스에 대한 수요분석
	제조일정	생산운영 부서에서의 관련 당사자들 간의 제품 및 서비스 산출관련 일정관리 등에 대한 협의
	유통계획	마케팅 부서(예를 들면, 유통 또는 물류)와의 협의를 통한 제품 및 서비스에 대한 유통에 대한 협의
	운송계획	운송수단, 운송비용 등과 관련된 운송업체와의 협상
	재고계획	창고, 물류센터, 판매점 등과의 재고관련 협상
품질관리	품질관리 분임조의 운영	품질관리 분임조의 구성 협의, 분임조 구성원 간의 갈등관리 등
	전사적 품질관리의 도입	전사적 품질관리를 위한 관련 부문 간의 협력 또는 부문 간의 갈등해결 등
생산성	노동 생산성 향상	동기부여, 임금, 근로조건 등과 관련된 근로자와의 협상
	자본 생산성 향상	기계 및 설비 공급업체와의 구매협상

9.3 생산운영관리와 관련된 주요 협상 이슈

9.3.1 원재료 및 부품조달을 위한 공급업체와의 협상

제조업체 또는 최종 완성품 조립업체가 생산에 필요한 원재료 및 부품을 얼마나 효과적이고 효율적으로 조달하는가에 따라 생산되는 제품의 경쟁력이 결정될 수 있다. 제조업체의 관점에서 볼 때, 효과적 조달은 다수의 공급업체들 중에서 원재료 및 부품에 대한 요구사항을 가장 잘 충족시키는 공급업체를 선택하는 문제와 관련되어 있다. 효율적 조달은 납품할 특정 공급업체가 선정된 이후, 원재료 및 부품이 원활하게 공급되도록 제조업체가 공급업체를 잘 관리하는 것을 의미한다. 효율적 원재료 및 부품조달을 통하여 제조업체는 다음과 같은 성과를 달성할 수 있다.

- 원가절감 : 제조업체가 공급업체를 선택할 때, 가장 중요한 평가기준은 저렴한 납품단가이다. 다른 조건이 동일하다면, 제조업체는 가장 낮은 가격으로 납품을 하려는 공급업체를 선택하여 그들이 생산하는 최종 제품의 원가를 낮추려고 한다.
- 품질향상 : 제조업체에 납품되는 부품의 품질은 최종 제품의 품질에 직접적으로 영향을 미친다. 그러므로 제품업체는 최종 제품의 품질향상을 위해 양질의 부품을 조달하려고 한다.
- 혁신성 증대 : 최종 제품의 생산을 위해 필요한 특정 부품이 혁신적이라면, 이 부품으로 조립한 최종 제품의 혁신성이 증대된다. 혁신적인 부품(예를 들면, 독일 Bosch사의 ABS 브레이크, 미국 Intel사의 마이크로프로세서)은 최종 제품의 성능과 품질향상에 크게 기여할 수 있다.
- 생산일정의 준수 : 공급업체가 납기일을 잘 준수하여 부품을 공급한다면, 최종 제품을 생산하는 기업의 생산일정이 준수될 수 있다.

- **제품의 이미지 향상** : 부품을 생산하는 공급업체의 기업이미지 또는 제품이미지가 좋다면, 그들이 납품한 부품(예를 들면, 쌍용자동차에 납품하는 독일 Benz사의 엔진 및 트랜스미션, 현대기아차에 납품하는 독일 ZF사의 트랜스미션 등)을 사용하여 생산한 제품의 이미지가 향상될 수 있다.

원재료 및 부품조달을 위하여 공급업체와 협상을 수행하는 기업의 구매 담당자(협상 담당자)는 다음과 같은 측면들을 고려하여 구매협상을 수행하여야 한다.

- **납품가격(구매가격)** : 원재료 및 부품의 납품가격은 협상 당사자들 간의 가장 중요한 협상과제의 하나이다. 앞서 논의한 가격협상과 동일한 관점에서 구매 담당자는 공급업체의 협상 상대방과 납품가격에 대한 협상을 수행하면 된다(제6장, 6.3.2 참고).
- **납품수량(구매수량)** : 최종 제품을 생산하는 기업(구매업체)이 원재료 및 부품을 대량으로 구매한다면, 이 기업은 가격협상에서 강력한 협상력을 유지할 수 있다. 이와 반대인 상황에서는 구매업체의 협상력이 약화될 수 있다. 그러므로 구매 담당자는 현재 시점에서의 단기적 구매수량뿐만 아니라 미래 시점에서의 장기적 구매수량(장기적으로 누적적 구매량이 증가함)도 함께 고려하여 공급업체와의 협상을 수행하여야 한다.
- **납기일과 납품기간** : 납기일의 준수는 매우 중요한 협상의 대상이 될 수 있다. 공급업체가 납기일을 준수하지 못하여 제조업체의 생산에 차질을 빚는다면 제품생산의 지연으로 인한 손실이 발생할 수 있기 때문에 구매 담당자는 이에 대한 문제를 처리하여야 한다. 또한 납품기간이 단기간 또는 장기간인가에 따라 구매 담당자의 협상력이 달라질 수 있다. 납품기간이 단기간일 경우 구매 담당자의 협상력이 약화될 수 있고, 반면에 장기간일 경우 구매 담당자의 협상력이 강화될 가능성이 높다.
- **품질확보** : 공급업체가 납품하는 원재료 및 부품의 품질은 최종 제품의 품질에

직접적으로 영향을 미치기 때문에 구매 담당자는 품질확보와 관련된 사항을 주요 협상의 대상으로 인식하여야 한다. 구매계약을 하는 경우에 있어서 품질 확인의 방법 및 절차 등이 계약서에 명시되어야 한다. 납품된 원재료 및 부품의 품질수준이 기대수준에 미치지 못할 수 있으므로 이에 대한 내용(예를 들면, 교환, 반품 또는 리콜조건 등)도 계약서에 기록할 필요가 있다.

- 기술적 공동협력 : 높은 수준의 기술이 요구되는 특정 부품을 납품받기 위해 최종 제품을 생산하는 제조업체(구매업체)는 공급업체와의 기술적 협력을 통하여 이러한 부품을 공동으로 개발할 수 있다. 그러므로 구매 담당자는 공급업체의 협상 상대방과 기술적 공동협력에 대한 사항을 논의하여야 한다.
- 전속적 납품여부 : 구매 담당자는 제조업체(구매업체)와 공급업체 간의 납품관계를 분명히 설정할 필요가 있다. 만일 이들 사이에 전속적 납품관계가 구축된다면, 특정 부품이 경쟁업체에 납품되는 것을 방지할 수 있다.

기업의 글로벌화로 인하여 전 세계적인 관점에서 원재료 및 부품을 조달하는 글로벌 소싱(global sourcing)이 구매 담당자의 주요 협상과제가 되고 있다. 글로벌 소싱은 지리적 입지와 관계없이 필요한 자원 및 산출물을 가장 효과적으로 제공할 수 있는 공급업체를 전 세계적으로 활용하는 것을 의미한다.[9] 구매 담당자가 글로벌 소싱을 하기 위하여 공급업체와 협상해야 하는 주요 사항은 앞서 논의한 내용과 거의 동일하다고 볼 수 있다. 아래에서는 글로벌 소싱의 협력관계에 대하여 간략히 살펴보기로 한다.

글로벌 소싱에 있어서 협력관계는 무엇보다도 제조업체(구매업체)와 공급업체의 기술적인 공동협력에 중점을 두어야 한다. 왜냐하면 공급업체가 납품하는 원재료 및 부품은 최종 제품의 품질에 결정적인 영향을 미칠 수 있기 때문이다. 이러한 기술적 공동협력은 일반적으로 제조업체가 원재료 및 부품의 생산에 필요한 기술을 공급업

9 Hodgetts, R. M. and Luthans, F.(2000), p. 64.

체에게 제공함으로써 잘 이루어질 수 있다. 경우에 따라서 제조업체와 공급업체가 공동으로 기술개발을 개발하며, 이를 통하여 최종 제품의 기술적 표준을 충족시킬 수 있다. 또한 협력업체는 제조업체가 필요로 하는 원재료 및 부품을 독자적으로 개발하여 납품할 수 있다. 이 경우에는 기술개발에 필요한 인적 및 물적 자원을 공급업체가 전적으로 부담하여야 한다.[10]

9.3.2 운송업체와의 협상

운송(transportation)은 운송수단을 활용하여 기업 또는 고객에게 특정 제품(예를 들면, 원재료 조달과 관련된 운송 및 완성된 제품의 고객전달과 관련된 운송 등)을 전달하는 활동을 말하며, 이것은 물리적 이동과 관련되어 있다. 운송수단은 비용, 시간, 안전성, 운송물품의 중량과 가치, 운송수량 및 운송수단의 이용가능성 등을 고려하여 선택되어야 한다. 일반적으로 기업의 상황과 운송되는 물품의 종류에 따라 운송수단이 다르게 결합될 수 있다. 대표적인 운송방법을 살펴보면 다음과 같다.[11]

- **육로** : 철도, 트럭, 자동차 등을 통한 운송
- **수로** : 강과 운하에서의 선박 운송
- **해로** : 바다에서의 선박 운송
- **항공로** : 항공기 운송
- **파이프라인** : 파이프라인을 통한 석유 및 천연가스 등의 운송

운송수단의 결합에 따라 다음과 같은 방식들이 제시될 수 있다.[12]

---

10 박주홍(2013), p. 290 이하 수정 재인용.
11 Keegan, W. J.(2002), p. 346 이하.
12 반병길/이인세(2008), p. 351 이하.

- 피기백(piggy-back) : 트럭과 철도를 결합하여 육로로 운송하는 방식
- 버디백(birdy-back) : 육로와 항공로를 결합하여 운송하는 방식
- 피시백(fish-back)이 : 육로와 수로, 해로 등을 결합한 운송방식

운송업체(운송물류업체)를 선정하기에 앞서 기업은 운송업체의 능력을 평가하여야 한다. 이와 관련된 주요 평가기준들을 제시하면 다음과 같다.[13]

- 운송비용 : 저렴한 운임, 운송비 절감 가능성
- 운송시간 : 정시배송
- 서비스 수준 : 수량, 품질 등 요구변화 대처능력, 계약조건의 유연성, 계약이행 능력
- 화물 안전성 : 안전한 화물운송, 신속한 클레임 처리
- 정보화 수준 : 정보시스템의 호환성 및 용량, 물류 기계화 및 자동화 정도, 화물 추적 능력
- 인지도 : 업체의 명성 및 평판, 업체의 규모, 업체의 발전 가능성, 업체의 매출액

기업이 요구하는 조건을 갖춘 운송업체(운송물류업체)를 선정하기 위하여 협상 담당자는 다음과 같은 측면들을 고려하여 운송업체와의 협상을 수행하여야 한다.

- 운송비용 : 운송비용은 운송과 관련된 가장 중요한 협상과제의 하나이다. 운송을 의뢰하려는 기업은 가능하다면 낮은 비용으로, 그리고 운송업체는 가능하다면 높은 비용으로 합의하기를 원한다. 앞서 설명한 가격협상과 동일한 관점에서 협상 담당자는 운송업체의 협상 상대방과 운송비용에 대한 협상을 수행하면 된다(제6장, 6.3.2 참고).

---

13 김동진/이선빈(2010), p. 115.

- 운송시간 : 이것은 정시배송뿐만 아니라 신속배송과도 관련되어 있다. 운송시간이 지켜지지 않은 운송지연으로 인하여 운송을 의뢰한 기업에 손실이 발생할 경우, 이에 대한 배상을 어떻게 처리할 것인가에 대한 문제는 주요 협상 의제가 될 수 있다. 그러므로 협상 담당자는 운송지연으로 인한 손실이 어떤 형태로 발생할 것인가를 미리 예측하여 협상에 임할 필요가 있다.

- 운송과 관련된 클레임 처리 : 화물손상, 운송지연, 분실 등과 같은 문제가 발생할 경우, 협상 담당자는 이에 대한 클레임 처리를 어떻게 해야 하는지에 대하여 구체적으로 준비하여 협상을 수행할 필요가 있다.

- 운송계약기간 : 운송계약기간이 단기간일 경우 운송의뢰 기업의 협상력이 약화될 수 있고, 반면에 장기간일 경우 운송의뢰 기업의 협상력이 강화될 가능성이 높다.

- 운송수량 : 운송수량이 적다면 운송의뢰 기업의 협상력이 약화될 수 있고, 반면에 운송수량이 많다면 운송의뢰 기업의 협상력이 강화될 가능성이 높다. 협상 담당자는 현재 시점에서의 단기적 운송수량뿐만 아니라 미래 시점에서의 장기적 운송수량도 함께 고려하여 운송업체와의 협상을 수행하여야 한다.

9.3.3 창고업체와의 협상

창고보관(warehousing)은 중간상 또는 보관업체가 특정 제품을 고객에게 판매하기 전까지 창고(예를 들면, 일반 창고 또는 냉동 창고) 또는 특수 보관시설(예를 들면, 유류, 가스 및 화학물질 보관 탱크) 등에서 일정 기간 동안 물품을 맡아서 관리하는 활동을 의미하며, 이것은 보관(storage)과 동의어로 사용되기도 한다. 창고보관의 주요 목표를 살펴보면 다음과 같다.[14]

---

14 박주홍(2013), p. 291 수정 재인용.

- 재고비용의 최소화
- 창고보관을 통한 손실, 파손, 도난 및 부패 등의 방지(예를 들면, 냉동 보관이 요구되는 식품)
- 납품시간의 최소화
- 납품준비의 극대화
- 기회비용 발생 가능성의 최소화
- 재포장 및 재선적 등과 같은 재가공을 위한 장소 제공

창고업체의 선정과 관련된 주요 평가기준을 제시하면 다음과 같다. 이러한 평가를 통하여 협상의 대상이 될 수 있는 창고업체가 선택될 수 있다.

- 창고의 규모 : 창고의 보관량
- 창고의 위치 : 지역 및 도시별 분포(창고 커버범위)
- 보관 안전성 : 손실, 파손, 도난 및 부패 등의 방지, 신속한 클레임 처리
- 정보화 수준 : 정보시스템의 효율성, 기업의 재고관리와의 연계 가능성
- 인지도 : 업체의 명성 및 평판, 업체의 규모, 업체의 발전 가능성, 업체의 매출액

기업의 요구사항을 잘 충족시켜 줄 수 있는 창고업체를 선정하기 위하여 협상 담당자는 다음과 같은 사항들을 고려하여 창고업체와의 협상을 수행하여야 한다.

- 창고비용 : 창고보관을 의뢰하려는 기업은 가능하다면 낮은 비용으로, 그리고 창고업체는 가능하다면 높은 비용으로 계약하기를 바란다. 앞서 논의한 가격 협상과 동일한 관점에서 협상 담당자는 창고업체의 협상 상대방과 창고비용에 대한 협상을 진행하면 된다(제6장, 6.3.2 참고).
- 보관계약기간 : 보관계약기간이 단기간일 경우 보관의뢰 기업의 협상력이 약화될 수 있고, 반면에 장기간일 경우 보관의뢰 기업의 협상력이 강화될 가능성이

높다.

- 보관과 관련된 클레임 처리 : 창고보관 중에 보관물품의 손실, 파손, 도난 및 부패방지 등과 문제가 발생할 경우, 협상 담당자는 이에 대한 클레임 처리를 어떻게 해야 하는지에 대한 준비를 구체적으로 하여 협상을 수행할 필요가 있다.
- 보관수량 : 보관수량이 적다면 보관의뢰 기업의 협상력이 약화될 수 있고, 반면에 보관수량이 많다면 보관의뢰 기업의 협상력이 강화될 가능성이 높다. 협상 담당자는 현재 시점에서의 단기적 보관수량뿐만 아니라 미래 시점에서의 장기적 보관수량도 함께 고려하여 창고업체와의 협상을 수행하여야 한다.

〈표 9-3〉은 생산운영협상과 관련된 주요 협상 이슈를 요약하여 보여준다. 이 표는 원재료 및 부품조달을 위한 공급업체와의 협상, 운송업체와의 협상, 그리고 창고업체와의 협상 등에 대한 주요 협상 이슈들을 제시한다.

표 9-3	생산운영협상과 관련된 주요 협상 이슈의 요약
주요 협상 이슈	협상의 주요 내용 또는 준비사항
원재료 및 부품조달을 위한 공급업체와의 협상	• 납품가격(구매가격) • 납품수량(구매수량) • 납기일과 납품기간 • 품질확보 • 기술적 공동협력 • 전속적 납품여부
운송업체와의 협상	• 운송비용 • 운송시간 • 운송과 관련된 클레임 처리 • 운송수량
창고업체와의 협상	• 창고비용 • 보관계약기간 • 보관과 관련된 클레임 처리 • 보관수량

Business Negotiation

Negotiation Issues in Functional Areas
and Global Business

제3부에서는 글로벌 기업활동과 관련된 주요 협상 이슈에 대하여 체계적으로 살펴본다. 제10장에서는 글로벌 비즈니스협상과 문화적 환경의 이해에 대하여 검토한다. 여기에서는 문화적 환경의 분석모형과 글로벌 비즈니스협상, 그리고 문화적 차이와 글로벌 비즈니스협상 등에 대한 문제를 다룬다. 제11장에서는 수출협상에 대하여 설명한다. 제12장에서는 라이선싱과 프랜차이징협상에 대하여 구체적으로 다룬다. 제13장에서는 해외직접투자협상에 대하여 논의한다. 마지막으로, 제14장에서는 전략적 제휴협상에 대하여 설명한다. 특히, 제11장부터 제14장까지는 글로벌 비즈니스를 수행하기 위한 해외시장진입전략과 관련된 주제이며, 여기에서는 각 진입전략의 관점에서 주요 협상 이슈들이 구체적으로 논의된다.

PART 3

글로벌 기업활동과 관련된 주요 협상 이슈

글로벌 비즈니스협상과
문화적 환경의 이해

CHAPTER 10

CHAPTER 10

글로벌 비즈니스협상과
문화적 환경의 이해

10.1 문화와 글로벌 비즈니스협상

글로벌 기업이 활동하는 어떤 국가의 사회문화적 환경(sociocultural environment)은 그 국가의 다양하고 독특한 문화에 그 기초를 두고 있다. 문화(culture)는 라틴어의 'cultus(경작하다, 재배하다)'에 그 어원을 두고 있으며, 이것은 어떤 지역, 국가 및 집단의 '사회구성원들에 의해 공유되고 학습된 행위의 총체'를 의미한다.[1] *호프슈테데(Hofstede)*는 문화를 '어떤 한 집단의 구성원들을 다른 집단의 구성원들과 다르게 만드는 인간사고의 집단적 프로그래밍'으로 정의한다.[2]

글로벌 비즈니스를 담당하는 협상자는 무엇보다도 현지국과 본국의 문화적 차이 때문에 발생하는 문제를 해결하기 위하여 문화적 지식을 갖출 필요가 있다. 이러한 문화적 지식은 사실적 지식과 해석적 지식으로 구분될 수 있으며, 주요 특징을 살펴

---

1 Hoebel, A.(1970).
2 Hofstede, G.(2000), p. 10.

보면 다음과 같다.[3]

- 사실적 지식(factual knowledge) : 이것은 대체로 명백하며 학습되어야 하는 것이다(예를 들면, 문화에 따른 색상의 서로 다른 의미, 서로 다른 취향 및 고유한 문화적 특성 등).
- 해석적 지식(interpretative knowledge) : 이것은 서로 다른 문화적 특성과 패턴을 충분히 이해하고 평가할 수 있는 능력이다(예를 들면, 시간의 의미, 다른 사람과 특정 대상에 대한 태도, 어떤 사람의 사회적 역할에 대한 이해 및 삶의 의미 등).

글로벌 비즈니스협상에 직접적 또는 간접적으로 영향을 미칠 수 있는 주요 문화적 변수는 다음과 같다.[4] 이러한 문화적 변수 또는 문화의 구성요소는 어떤 국가의 문화를 이해하는데 있어서 기초적으로 필요한 개념이라고 볼 수 있다.

- 언어(language) : 문화들 간의 차이점을 분명하게 확인시켜주는 가장 중요한 변수이다. 이것은 의사소통도구로 사용되며, 어떤 국민 또는 민족의 정체성을 대변하는 기준이 된다. 즉, 어떤 하나의 언어는 다른 언어와 구별되는 특유의 문화적 정체성을 보유하고 있다. 언어는 음성언어와 비음성언어로 구분된다. 음성언어(spoken language)는 말과 글로 표현되는 언어이다. 반면에, 비음성언어(unspoken language)는 제스처, 표정 및 몸짓 등과 같은 것을 통하여 의사소통이 이루어지는 언어이다. 글로벌 비즈니스협상에서는 대체로 영어가 협상언어로 사용되고 있기 때문에 영어단어의 구체적인 의미 또는 뉘앙스를 올바로 이해할 필요가 있다.
- 가치관(values)과 태도(attitudes) : 인간이 자기를 포함한 세계와 그 속의 사상(事象)에 대해 가지는 근본적인 평가의 태도를 뜻한다. 여기에서 태도는 어떤 사

물이나 상황 등을 대하는 자세를 의미한다. 인간의 행동은 대부분 이러한 가치관과 태도에 기초를 두고 있다. 일반적으로 가치관과 태도는 오랜 기간 동안 어떤 국민 또는 민족에게 영향을 미쳐온 종교 및 철학사상 등에 의하여 결정되는 경향이 있다.

- 종교(religion) : 신, 초자연적인 절대자 또는 힘을 믿음으로써 인간생활의 고뇌를 해결하고 삶의 궁극적인 의미와 내세를 추구하는 문화체계를 의미한다. 종교는 인간의 일상생활, 가치관 및 태도 등에 큰 영향을 미친다. 즉, 어떤 특정 종교는 그 종교를 믿는 사람의 행동과 사고에 중대한 영향을 미친다. 서로 다른 종교를 가진 협상 담당자들이 협상을 수행하는 경우에 있어서 협상 상대방의 종교를 존중하는 자세를 가져야만 긍정적인 협상결과가 도출될 수 있다.

문화적 관점에서 본 국가별 서로 다른 협상 스타일의 사례는 〈표 10-1〉에 제시되어 있다. 이 표에 나타나 있는 바와 같이 국가별 서로 다른 협상 스타일은 문화의 차이에 기인하는 것으로 볼 수 있다.

표 10-1	국가별 서로 다른 협상 스타일의 사례
국 가	협상 스타일의 사례
미 국	• 직접적으로 접근한다. 회사의 매출이나 판매단가 등에 대하여 직접적으로 질문을 한다. • 대화방식이 직접적이라 하더라도 협상의 시작부터 모든 것을 솔직하게 말하지 않는다. • 단독협상을 좋아한다. • 일의 결과를 중시하기 때문에 개인적 교류를 소홀히 여기는 편이다. • 단시간 내에 결과를 원하고, 단시간 내에 이익을 얻기를 원한다. • 외국인들과의 협상 시 미국인들은 상대방의 국적에 관계없이 영어를 사용한다. • 단시간 내에 결과를 얻고 싶어 하기 때문에 침묵하는 것을 싫어한다. • 자신의 무지를 인정하는 것을 매우 싫어한다. • 가깝다고 느끼는 사람들하고만 선물을 주고받기 때문에, 선물을 받으면 책임감을 느낀다.
영 국	• 규칙적이고 시간관념이 철저하기 때문에 그들과 약속을 하려면 사전에 해야 하며, 약속시간은 반드시 지켜야 한다. • 예절과 에티켓을 매우 중요시 한다. • 프라이버시를 매우 중시하기 때문에, 협상 시 일과 관계없는 사생활을 묻는 것은 대단한 실례이다. • 왕실이 있는 입헌군주국이기 때문에 계급을 철저히 구분한다. • 미국인들처럼 개방적이지 않고 신중한 편이어서 낯선 사람들과 쉽게 대화하지 않는다. • 미국인들의 가볍고 장난스러운 행동이나 빠른 말투를 보며 속으로 경박하다고 비웃을 만큼 그들의 행동은 느긋하고 신사적이다.
프랑스	• 매우 논리적이다. • 자신의 역사와 문화에 대한 자부심이 대단하기 때문에 전통적인 방식을 고수한다. • 시간엄수가 중요하다. • 비즈니스협상에서 인사를 나눌 때는 악수만으로 충분하다. • 결혼한 여성에 대해서는 마담이라는 호칭을 사용한다. • 비즈니스협상 중 함께 식사를 할 경우 절대 비즈니스와 관련된 대화를 하지 않는다.
독 일	• 비즈니스협상 시 상대방과의 관계나 계약 당시의 주관적, 객관적 환경에는 별 관심이 없고, 오로지 계약 내용에만 집중하여 상세한 계약서를 만든다. • 나약하고 자기주장이 없는 사람을 좋아하지 않고 용감한 사람을 좋아하므로, 그들과 만날 때는 반드시 확고한 주장과 당당한 태도가 필요하다. • 협상할 때 주머니에 손을 넣은 행위는 그들에게 모욕감을 주는 행위이므로 피해야 한다. • 독일인을 처음 교류할 때는 다소 딱딱하고 차가운 느낌을 받을 수도 있지만, 시간이 지나면 점차 친근감을 느끼게 된다. • 상대방의 이름을 부르는 미국인과는 달리 사장, 대표, 부장 등 직책을 부르는 것이 예의이다.
중 국	• 서로간의 관계에 대하여 신경을 써야 한다. • 그들과 가격협상을 할 경우, 처음 제시한 가격이 결코 적절한 가격이 아니기 때문에 반드시 가격흥정을 해야 한다. • 처음에 일부러 가격을 높게 부르고 천천히 양보하는데, 이러한 행위는 협상 상대방에게 싸게 샀다는 기쁨을 주기 위해서이다.
일 본	• 협상 시 협상 상대방에게 직접적으로 '노'라고 하지 않는다. • 거절하는 것을 어려워한다. • 집단으로 결정하는 습관이 있어서 누가 최후에 결정하는지 잘 알기 어렵다.

자료원 : 박지민 역, 리 웨이시엔 저(2010), p. 129 이하 요약.

10.2 문화적 환경의 분석모형과 글로벌 비즈니스협상

10.2.1 호프슈테데(*Hofstede*)의 모형과 글로벌 비즈니스협상

네덜란드의 사회심리학자인 *호프슈테데*의 연구는 다른 연구자들에 의해 가장 많이 인용되고 있는 문화에 대한 연구에 속한다. 그는 1967년부터 1973년까지 전 세계 67개국의 11만 7,000명의 IBM 자회사의 직원을 대상으로 60개의 항목에 대한 설문조사를 하였다.[5]

그는 이러한 연구결과를 바탕으로 문화를 권력간격(권력의 평등 대 불평등), 개인주의 대 집단주의, 남성성 대 여성성 및 불확실성 회피 대 수용 등과 같은 네 가지 차원으로 분류하였다. 또한 그는 23개국을 대상으로 문화에 대한 추가적인 연구를 통하여 시간지향성(장기지향성 대 단기지향성)이라는 다섯 번째 문화의 차원을 제시하였다.[6] 이러한 다섯 가지 문화의 차원을 살펴보면 다음과 같다.[7] 또한 *호프슈테데*의 문화에 대한 연구결과는 다음과 같은 관점에서 글로벌 비즈니스협상을 위한 경영적 시사점을 제공한다.[8]

- 권력간격(power distance) : 이것은 권력의 평등 대 불평등에 대한 차원이다. 이것은 어떤 국가의 사회와 조직 내에서 권력이 불평등하게 배분되어 있는 것을 수용하는 정도를 말한다. 권력간격이 작은 국가 또는 권력이 평등하게 배분되어 있는 국가의 조직구성원은 그들이 속한 조직이 민주적이라고 생각한다. 반면에, 권력간격이 큰 국가 또는 권력이 불평등하게 배분되어 국가의 조직구성원은 그들이 속한 조직이 독재적이라고 느낄 수도 있지만 이것을 용인하는 경

---

5 Hofstede, G.(1982), p. 53 이하.

6 Hofstede, G.(2001), p. 238 이하.

7 박주홍(2012), p. 154 이하 재인용.

8 박명섭 역, Lempereur, A., Colson, A. and Pekar, M. 저(2015), p. 245 이하; 브레트(2013), p. 191 이하; 윤홍근/박상현(2010), p. 424 이하; Lewicki, R., Saunders, D. M. and Minton, J. W.(1999), p. 390 이하.

향이 높다. 일반적으로 권력간격이 작은 국가는 평등주의적인 성향을 띠는 반면에, 권력간격이 큰 국가는 사회적 불평등을 더 용인하며 소득의 격차나 권력배분의 차이를 수용하는 정도가 더 높다.

- 글로벌 비즈니스협상을 위한 시사점 : 예를 들면, 권력이 불평등하게 배분된 국가의 협상팀에서는 협상의 최고 책임자가 최종 의사결정권을 보유한 반면에, 권력이 평등하게 배분되어 있는 국가의 협상팀에서는 협상에 참여하는 팀원들도 어느 정도의 의사결정권을 보유하고 있다. 그러므로 권력간격이 서로 다른 문화권에서 온 협상 당사자들 간의 협상에서는 위와 같은 차이점 때문에 협상 시 갈등이 유발되거나 오해가 생길 수 있으므로 주의해야 한다.

• 개인주의 대 집단주의(individualism vs. collectivism) : 이것들에 대한 구분은 어떤 국가의 조직구성원이 어떤 집단의 구성원으로서보다는 독립적인 개인으로서 그들 자신을 평가하는 정도의 차이에 기초한다. 개인주의에서는 각 개인의 자유가 존중되는 반면, 집단주의에서의 개인은 집단에 소속되거나 통합되어 있기 때문에 개인의 자유보다는 집단의 목표가 중요하게 고려된다.

- 글로벌 비즈니스협상을 위한 시사점 : 집단주의적 문화에 속한 협상자는 개인주의적 문화에 속한 협상자보다 더욱 협력적인 경향이 있다. 집단주의적 성향을 가진 협상팀은 장기적으로 수행되는 협상에 있어서 팀원의 교체가 거의 필요 없는 반면, 개인주의적 성향을 가진 협상팀은 장기적으로 수행되는 협상에 있어서 팀원의 교체가 빈번하게 일어날 가능성이 높다.

• 남성성 대 여성성(masculinity vs. feminity) : 이것들에 대한 구분은 남성과 여성의 역할 또는 행동의 차이에 근거한다. 남성적인 사회는 자기주장이 강하고, 거칠고, 경쟁적이고, 자신감이 높다. 반면에, 여성적인 사회는 온화하고, 부드러우며, 배려심이 강하고, 삶의 질을 중요하게 생각한다.

- 글로벌 비즈니스협상을 위한 시사점 : 남성성이 높은 문화에 속한 협상자는

협상을 공격적으로 수행한다. 또한 갈등해소는 강자가 승리하면서 해소되는 것이 자연스럽다고 인식한다. 반면에, 여성성이 높은 문화에 속한 협상자는 유연하게 협상을 수행한다. 갈등해소는 협상 당사자 간의 합의에 의해 자연스럽게 해결되는 것이 바람직하다는 관점을 유지한다.

- 불확실성의 회피 또는 수용(uncertainty avoidance vs. acceptance) : 이것들에 대한 구분은 어떤 국가의 조직구성원이 불확실하거나 낯선 상황에 의해 위협을 느끼는 정도에 기초한다. 불확실성의 회피 정도가 높은 국가는 미래를 통제하려고 하며, 법률제정, 규칙설정 및 행동에 대한 규제, 안전 및 보호수단, 비정상적인 행동의 거부 및 위험회피 등을 추구한다. 이에 반해, 불확실성의 수용 정도가 높은 국가는 반드시 필요한 규칙 이외의 것은 만들지 않는다.

  - 글로벌 비즈니스협상을 위한 시사점 : 불확실성을 회피하는 문화에 소속된 협상자는 협상에서의 위험을 피하거나 줄이기 위해서 준비를 철저히 하여 협상에 임하고, 협상의 지속성, 조화 및 안정된 협상규칙을 선호한다. 반면에 불확실성을 수용하는 문화에 속하는 협상자는 협상과정에서의 변화에 따라 반응하는 관점에서 협상을 수행하며, 협상상황에서 발생하는 변화에 큰 불편을 느끼지 않으며 협상 당사자 간의 차이점을 인정하는 경향이 있다.

- 시간지향성(time orientation) : 이것은 장기지향성 대 단기지향성(long-term orientation vs. short-term orientation) 등으로 구분되며, 어떤 국가의 문화가 미래에 중점을 두는 정도에 근거한다.[9] 장기지향성은 목표를 추구하는 과정에서의 인내, 직위 중심적인 계층구조의 존중, 높은 비율의 저축과 투자 및 수치심(feeling of shame) 등을 중요하게 고려한다. 반면에, 단기지향성은 개인적 인내와 안정, 체면유지, 전통의 존중, 상호주의에 근거한 격식 및 선물과 호의 등을 중요하게 생각한다.

  - 글로벌 비즈니스협상을 위한 시사점 : 장기지향적 문화에 소속된 협상자는 협

---

9 Hofstede, G.(2001), p. 237 이하.

상에서의 인내와 절제, 일관성 유지 등을 매우 중요하게 생각하는 반면, 단기지향적 문화에 소속된 협상자는 현재에 충실하고 제한된 시간 내에 만족할만한 협상결과를 이끌어내는데 더 관심을 갖는다.

10.2.2 홀(*Hall*)의 모형과 글로벌 비즈니스협상

홀은 서로 다른 문화권 또는 국가 간의 문화의 차이를 비교·분석한 결과, 문화를 고배경문화와 저배경문화로 분류하였다.[10] 고배경문화와 저배경문화를 구체적으로 살펴보면 다음과 같다.[11] 또한 홀의 문화에 대한 연구결과는 다음과 같은 측면에서 글로벌 비즈니스협상을 위한 경영적 시사점을 제공한다.[12]

- 고배경문화(high context culture) : 이것은 의사소통에 있어서 전체적인 맥락 (context) 또는 비언어적인 설명에 의존하고 있다. 특히, 의사소통에 있어서의 문화적 단서(clues) 및 뉘앙스는 전달되는 메시지를 이해하는 데 도움이 될 수 있다. 예를 들면, 전체적인 분위기를 파악하고 있는 어떤 조직의 구성원들에게 "이해합니까?(Do you understand?)"라고 물으면 그들은 무엇을 이해했는지 대답 하게 될 것이다.
  - 글로벌 비즈니스협상을 위한 시사점 : 고배경문화는 장기적인 관계에 가치를 두며, 신뢰를 협상수행을 위한 기본으로 간주한다. 그러므로 고배경문화에 서는 협상을 위해 협상 상대방과의 신뢰를 구축하는 것이 중요하며, 협상 은 매우 세밀하게 이루어진다. 고배경문화에서의 협상은 그 목적을 모든 당사자들이 충분히 이해하도록 하는 데 있다. 그러므로 고배경문화에서는 정서적이고 사회적인 환경조건이 의사결정에 도움이 된다.

---

10 Hall, E. T.(1976), p. 67 이하.
11 박주홍(2012), p. 157 이하 재인용.
12 Griffin R. W. and Pustay, M. W.(2007), p. 99.

- 저배경문화(low context culture) : 이것은 말하는 사람의 명확한 언어적 표현 또는 구체적인 메시지를 통하여 의사소통을 하는 문화를 말한다. 예를 들면, 구체적인 설명을 요구하는 경우에 있어서, 저배경문화에서는 "나는 이것이 무엇을 의미하는지 설명하기를 원합니다(I want to explain what it means)"라는 명확한 표현을 하는 것이 의사소통에 도움이 된다.
  - 글로벌 비즈니스협상을 위한 시사점 : 저배경문화에서는 합의와 거래의 구체적인 조건에 중요성이 부여된다. 협상은 매우 신속하게 진행이 되며, 협상 결과가 빠르게 도출된다. 저배경문화에서의 의사결정은 비개인적이며, 협상 당사자와의 갈등은 무조건 피해야 한다.

〈표 10-2〉는 고배경문화와 저배경문화의 차이점을 제시한다.

표 10-2	고배경문화와 저배경문화의 차이점	
구 분	고배경문화	저배경문화
법률 또는 법률가	덜 중요하다.	매우 중요하다.
개인의 말	개인이 보증한다.	서면으로 보증한다.
공 간	서로 어울리는 공간을 중요하게 여긴다.	개인적 공간을 중요하게 여기며 침해받는 것을 싫어한다.
시 간	폴리크로닉(polychronic, 다원적)하다.	모노크로닉(monochronic, 일원적)하다. 즉, '시간은 돈이다'라는 관념이 아주 강하다.
협 상	협상이 매우 세밀하게 이루어진다. 그것은 협상의 목적을 모든 당사자들이 충분히 이해하도록 하는 데 있다.	매우 신속하게 이루어진다.
경쟁입찰	빈번하지 않다.	일반적이다.
해당 국가	일본 및 중동	미국 및 북유럽

자료원 : Keegan, W. J.(1989), p. 117; 김시경(2007), p. 416 재인용.

10.3 문화적 차이와 글로벌 비즈니스협상

10.3.1 글로벌 비즈니스협상에서의 문화적 차이의 극복

글로벌 비즈니스협상을 수행하는 협상 당사자들 간의 문화적 배경의 차이로 인하여 서로 다른 협상 스타일이 나타날 수 있다. 〈표 10-3〉은 문화권에 따른 협상 스타일을 보여준다. 이 표에 제시되어 있는 바와 같이 문화권별 협상 스타일은 관계, 행태와 전략, 합의방식 등에 따라 서로 다르게 나타날 수 있다.

표 10-3	문화권에 따른 협상 스타일			
특 징	영미/북중유럽	남부유럽/중남미	동유럽/중동/아프리카	아시아
관 계	• 개인주의적 • 과업 중심 • 비위계적 • 단기적 안목 • 제한된 관계발전	• 집단주의적 • 관계 중심 • 위계적 • 중기적 안목 • 선택적 관계발전	• 집단주의적 • 관계 중심 • 위계적 • 장기적 안목 • 확대된 관계발전	• 집단주의적 • 관계 중심 • 위계적 • 장기적 안목 • 확대된 관계발전
행태와 전략	• 온건한 수준의 첫 제의와 양보 • 통합적 결과 (윈-윈 결과 선호) • 직설적 토의 • 논리적/합리적 논쟁 • 연쇄적/선형적 과정 • 탈집중화된 의사결정	• 온건한 수준의 첫 제의와 제한된 양보 • 배분적 결과 (윈-루즈 결과 선호) • 간접적 토의 • 감정적 논쟁 • 비선형적 과정 • 집중화된 의사결정	• 높은 수준의 첫 제의와 탄력적 양보 • 배분적 결과 (윈-루즈 결과 선호) • 직접적/간접적 토의 • 감정적/이상적 논쟁 • 비선형적 과정 • 집중화된 의사결정	• 제한된 첫 제의와 제한된 양보 • 통합적 결과 (윈-윈 결과 선호) • 간접적 토의 • 논쟁회피 • 선형적 과정 • 집단적 의사결정
합의 방식	• 합의문서 • 구체적·특정적 • 공식적/법적 문서	• 구두합의 혹은 합의문서 • 포괄적·함축적 • 비공식적·상징적 혹은 공식적·법적	• 구두합의 혹은 합의문서 • 포괄적·함축적 • 비공식적·상징적	• 합의문서 • 포괄적·함축적 • 공식적·법적·상징적

자료원 : 윤홍근/박상현(2010), p. 449.

이 표에 나타나 있는 것처럼 전 세계의 문화권은 4개의 지역별 문화권으로 분류될 수 있다. 이렇게 분류된 각 문화권 속에서도 국가별 또는 지역별로 어느 정도 협상 스타일의 차이가 있을 수 있다. 글로벌 비즈니스협상을 수행하는 협상자는 협상 상대방이 속한 문화권의 협상 스타일을 파악한 후 협상에 임한다면 협상 상대방의 행동 및 전략 등을 이해하는데 도움이 될 수 있다.

글로벌 비즈니스협상에서의 문화적 차이를 극복하기 위해서 협상 당사자들은 다음과 같은 사항들을 고려하여야 한다.

- **문화적 차이의 확인**: 글로벌 비즈니스협상에서의 문화적 차이를 극복하기 위해서는 먼저 서로 다른 문화적 배경을 지닌 협상 당사자들 간의 문화적 차이가 확인되어야 한다. 앞서 설명한 *호프슈테데*와 홀의 모형에서 각각 제시한 여러 가지 문화적 차원을 참고하여 협상 담당자는 협상 상대방이 속한 국가의 문화적 특징들을 확인할 필요가 있다.
- **문화적 차이의 해석**: 협상 담당자는 협상 상대방이 속한 국가의 문화적 특징들을 확인한 후, 이러한 특징들에 대하여 문화적 해석을 하는 것이 중요하다. 문화적 차이를 해석함으로써 협상 담당자는 협상 상대방이 왜 그렇게 말하고 행동하는지에 대한 구체적인 단서를 찾을 수 있다.
- **협상 상대방의 개인적 특성**: 협상 상대방이 어떤 특정 문화에 속해 있다고 할지라도 그 문화에 소속된 모든 구성원들이 반드시 동일한 행동을 하지는 않는다. 그러므로 협상 담당자는 협상 상대방이 속한 국가 또는 지역의 문화가 협상에 결정적인 영향을 미치지 않을 수도 있다는 사실을 염두에 두고, 협상 상대방의 개인적 특성을 잘 파악하여 협상을 수행하여야 한다.
- **협상 상대방이 속한 문화에 정통한 협상 담당자의 선발**: 글로벌 비즈니스협상에서의 문화적 차이를 가장 잘 극복할 수 있는 방법은 협상 상대방이 속한 국가의 문화에 정통한 협상 담당자(예를 들면, 교포, 유학생, 주재원 경력자 등)를 선발하여 협상장에 보내는 것이다.

• 문화적 훈련 : 글로벌 비즈니스협상에서의 문화적 차이는 문화적 훈련을 통하
여 극복될 수 있다(10.3.2 참고). 문화적 훈련은 협상 상대방이 속한 국가의 문화
적 요소(언어, 가치관, 태도, 종교 등)들을 학습하는 것을 말한다. 즉, 협상 담당자
는 협상 상대방이 속한 국가의 문화에 대한 지식을 함양함으로써 협상 상대방
을 더욱 잘 이해할 수 있게 된다.

10.3.2 협상자를 위한 문화적 훈련의 방법

가장 대표적인 문화적 훈련의 방법은 언어훈련과 교차문화 교육훈련이다.[13] 이러
한 문화적 훈련의 방법은 원래 글로벌 기업의 인적자원의 교육훈련을 위해 사용되는
방법인데, 아래에서는 이러한 방법을 글로벌 비즈니스협상의 관점에서 설명하기로
한다.

언어훈련(language training)

언어훈련은 어학능력의 향상을 위해 수행되는 언어적인 훈련을 말하며, 이것은
협상자를 협상장에 파견하기 이전에 이루어지는 것이 바람직하다. 일반적으로 협상
자가 습득해야 하는 언어로 영어와 협상 상대국의 언어 등을 들 수 있다. 효율적인
커뮤니케이션 측면에서 볼 때, 협상자가 협상을 수행하기 위해서 통역을 활용하는
것은 많은 제약이 따를 뿐만 아니라, 큰 비용이 유발될 수 있기 때문에 영어 및 협상
상대국의 언어를 자유자재로 구사하는 것이 매우 중요하다. 아래에서는 세계 비즈니
스 언어로서의 영어의 역할, 협상 상대국의 언어 구사능력 및 기업 공용언어 등에 대
하여 간략히 살펴보기로 한다.[14]

---

13 박주홍(2016a), p. 178 이하.
14 Dowling, P. J., Festing, M. and Engle, Sr., A. D.(2008), p. 144 이하 수정 재인용.

- 세계 비즈니스 언어로서의 영어의 역할 : 일반적으로 영어는 세계 비즈니스 언어 (language of world business)로 받아들여지고 있다. 영어를 모국어로 사용하는 영어권에서 글로벌 기업이 협상을 하는 경우에는 영어의 사용이 당연시될 수 있다. 또한 영어가 공용어로 사용되고 있는 국가(예를 들면, 인도, 영어를 사용하는 아프리카 국가들)뿐만 아니라, 영어가 공용어로 사용되지 않는 국가에서 협상을 하는 경우에도 영어를 협상 언어로 사용하는 것이 바람직하다. 글로벌 기업은 협상자를 위한 별도의 영어교육을 실시할 수 있다. 그러나 영어 구사능력이 뛰어난 협상자를 보유한 경우에는 별도의 영어교육이 필요치 않다.

- 협상 상대국의 언어 구사능력 : 협상자가 협상 상대방과의 보다 원활한 커뮤니케이션을 하기 위해서는 협상 상대국의 언어를 구사하는 것이 중요하다. 협상 상대국의 언어는 세계 비즈니스 언어로 인식되고 있는 영어와는 달리 협상자가 잘 구사할 수 없는 언어에 속할 수 있다. 그러므로 특정 협상팀에 속한 모든 협상자가 협상 상대국의 언어를 유창하게 구사한다는 것은 거의 불가능하기 때문에 협상 상대국의 언어를 능통하게 구사하는 협상자를 최소 한 명 정도 선발하여 협상장에 보낼 필요가 있다.

- 기업 공용언어 : 글로벌 기업은 원활한 보고체계를 유지하고 적절한 통제 메커니즘을 운영하기 위하여 기업 공용언어(common company language)를 선택하여 사용한다. 일반적으로 영어가 기업 공용언어로 널리 사용되고 있다. 그러나 남미에서 주로 활동하는 글로벌 기업은 스페인어를, 프랑스어권 아프리카를 주요 무대로 하는 글로벌 기업은 프랑스어를, 중화권에서 주로 운영되는 글로벌 기업은 중국어를 기업 공용언어로 각각 채택할 수 있다. 글로벌 비즈니스협상을 수행하는 협상자는 협상 상대방의 기업 공용언어를 사용하여 협상을 수행할 수 있다.

교차문화 교육훈련(cross-cultural training)

교차문화 교육훈련은 협상자에게 협상 상대국의 문화적 규범, 가치관, 행동 및 신념 등에 대하여 훈련을 시키는 것을 말한다.[15] 교차문화 교육훈련 프로그램의 내용은 다음과 같이 요약될 수 있으며, 이러한 프로그램을 통하여 협상자는 협상 상대국의 문화에 대한 이해의 폭을 넓힐 수 있다.[16]

- 일반적 및 국가 특수적 문화인식
- 지역연구, 역사, 지리, 정치, 경제
- 문화적 차이의 이해 및 가치부여
- 협상 상대방과 효과적으로 협상할 수 있는 문화 간 협상 스킬
- 협상 상대국의 비즈니스 및 사회적 관습
- 국제적 협상수행과 스트레스 관리

교차문화 교육훈련의 주요 방법을 살펴보면 다음과 같다.[17]

- 정보 또는 사실 중심적 훈련(information or fact-oriented training) : 협상 상대국에 대한 간략한 브리핑(강의)을 함으로써 교차문화 교육훈련이 이루어진다. 강의에 덧붙여서, 비디오테이프, 도서자료, 팸플릿, 협상 상대국과의 협상 경험자 등을 통하여 협상 상대국의 문화와 관련된 정보가 제공된다.
- 귀인 훈련(attribution training) : 이 방법은 협상 상대방이 협상의 수행과정에서 왜 그렇게 행동하는가에 초점을 맞춘다. 협상자가 학습의 성공을 위하여 협상 상대방과 같은 행동을 할 때 그 노력을 격려하는 것이 귀인 훈련의 핵심이다.
- 문화인식 훈련(cultural awareness training) : 이 방법에서는 협상자를 대상으로 본국의 문화가 협상 상대국의 문화와 어떻게 다른가를 훈련시킨다. 여기에서는 가치관, 태도 및 행동에 대한 교육이 매우 중요하다. 이러한 교육을 통하여

---

15 Caligiuri, P. and Tarique, I.(2006), p. 311 이하 수정 재인용; Punnett, B. J.(2004), p. 239.

16 Edwards, T. and Rees, C.(2011), p. 176 수정 재인용.

17 Punnett, B. J.(2004), p. 240 이하 수정 재인용.

협상자는 본국 및 협상 상대국의 문화에 대한 지식을 함양할 수 있다.

- 인지적 행동수정 훈련(cognitive-behavior modification training) : 이것은 역기능적 행동을 하게 만드는 사고를 수정할 수 있도록 하는 방법을 말한다. 즉, 이러한 형태의 교육훈련은 협상자에게 협상에서에서 요구되는 바람직한 행동을 여러 단계로 나누어 강화시킴으로써, 점진적으로 바람직한 행동에 접근하도록 유도한다.

- 경험학습 훈련(experiential learning training) : 이것은 실제 경험을 통하여 협상 상대국의 문화에 대한 이해를 하도록 돕는 방법이다. 즉, 협상자는 협상 상대국 방문, 복잡한 역할극 및 교차문화 시뮬레이션 등을 통해 협상 상대국의 문화를 실제적으로 경험할 수 있는 기회를 제공받게 된다.

10.3.3 문화 간 협상전략

글로벌 비즈니스협상을 수행하기 위하여 협상자는 기본적으로 협상 상대방이 속한 문화를 이해하여야 하며, 이러한 이해에 기초하여 문화 간 협상전략(cross-cultural negotiation strategy)이 실행될 수 있다. 아래에서는 문화에 대한 대응 및 문화에 대한 친숙성 측면에서의 문화 간 협상전략을 논의하기로 한다.

문화에 대한 대응 측면에서의 문화 간 협상전략

문화에 대한 대응 측면에서의 문화 간 협상전략은 다음과 같은 세 가지 규칙(rule)의 관점에서 설명이 가능하다. 이러한 규칙들을 간략히 살펴보면 다음과 같다.[18]

- 협상 상대방의 문화를 학습함 : 글로벌 비즈니스협상을 수행하기 위하여 협상자는 협상 상대방의 문화를 학습하는 것이 중요하다. 문화에 대한 학습수준은 거

---

18 Salacuse, J. W.(2007), p. 380 이하.

래의 본질과 중요성, 협상자의 경험, 학습을 위해 필요한 시간, 협상에서 표출되는 문화 간 유사성 및 차이 등에 의해 결정될 수 있다. 예를 들면 거래의 본질과 중요성의 관점에서 볼 때, 장기간에 걸친 전략적 제휴와 관련된 협상보다는 일회적인 수출거래와 관련된 협상이 더 적은 문화적 지식을 요구할 수 있다. 다른 문화를 배우기 위해서는 오랜 기간의 학습, 외국어의 숙달 및 해당 국가에서의 장기간 체류 등이 요구될 수도 있다.

- 협상 상대방의 문화에 대한 선입견을 버림 : 글로벌 비즈니스협상을 수행하는 협상자는 협상 상대방의 문화에 대하여 선입견을 가지지 않아야 한다. 선입견을 버리는 것은 특정 문화에 대한 지식에 과도하게 의존하지 않는 것을 의미한다. 협상자가 지니고 있는 협상 상대방의 문화에 대한 선입견 때문에 어떤 문화에 속한 개인으로서가 아니라 독립적인 개인으로서 협상 상대방이 지니고 있는 개인적 성향 또는 특징이 무시될 수 있다.

- 문화적 차이를 극복할 방법을 찾음 : 글로벌 비즈니스협상에서 직면하게 되는 협상 당사자들 간의 문화적 차이는 다음과 같은 네 가지 방법을 통하여 극복될 수 있다.

  - 협상 상대방의 문화 활용 : 문화적 차이를 극복하기 위하여 협상 상대방의 문화를 존중하는 관점에서 협상이 수행된다.

  - 협상자의 문화 활용 : 협상자의 문화를 이해할 수 있도록 협상 상대방을 설득하여 문화적 차이를 극복한다. 이러한 방법이 성공적으로 수행되기 위해서는 시간과 교육이 요구된다.

  - 협상 당사자들의 문화 조합(combination) : 양측의 문화를 상호 존중하는 관점에서 협상을 수행한다면 문화적 차이가 극복될 수 있다.

  - 제3국의 문화 활용 : 제3국의 문화를 활용하여 협상 당사자들 간의 글로벌 비즈니스협상을 수행하는 경우 문화적 차이가 극복될 수 있다. 예를 들면, 미국과 중국의 협상 당사자들이 글로벌 비즈니스협상을 수행하는 경우에 있어서 양측의 협상 당사자들이 모두 프랑스에서 유학한 경험을 갖고 있

다면 프랑스의 문화가 문화적 차이를 극복하게 하는 유용한 매개체가 될 수 있다.

문화에 대한 친숙성 측면에서의 문화 간 협상전략

문화에 대한 친숙성 측면에서의 문화 간 협상전략은 3개의 친숙성의 정도에 따라 모두 8개의 전략으로 분류될 수 있다. 이러한 전략들은 일방전략(unilateral strategy)과 합동전략(joint strategy)의 관점에서 다음과 같이 요약될 수 있다.[19] 일방전략은 협상자의 관점에서만 전략이 실행되는 것을 의미하고, 합동전략은 협상 당사자들 간의 상호 교차적 관점에서 전략이 실행되는 것을 의미한다.

- 낮은 친숙성(low familiarity) : 협상 상대방의 문화에 대하여 잘 모르는 경우의 전략은 다음과 같다.
  - 협상 상대방의 문화에 대하여 잘 모르는 경우 협상 상대방의 문화에 대하여 정통한 대리인(agent) 또는 고문(advisor)을 활용하여 협상을 수행한다(일방전략).
  - 협상을 수행하는 과정별로 중재인(mediator)을 선정하여 협상을 수행한다(합동전략).
  - 협상자의 접근방식을 활용하여 협상 상대방을 설득한다(합동전략).
- 보통의 친숙성(moderate familiarity) : 협상 상대방의 문화에 대하여 보통 수준으로 아는 경우의 전략은 아래와 같다.
  - 협상 상대방의 접근방식을 수용한다(일방전략).
  - 협상 상대방과 협의하여 조정한다(합동전략).
- 높은 친숙성(high familiarity) : 협상 상대방의 문화에 대하여 잘 아는 경우의 전략은 다음과 같다.

---

19 Salacuse, J. W.(2007), p. 402 이하; Weiss, S.(1994), p. 51 이하.

- 협상 상대방의 접근방식을 수용한다(일방전략).

- 협상에 대한 접근방식을 협상상황에 따라 임기응변으로 처리한다(합동전략).

- 협상 당사자들 간의 문화적 친숙성이 높은 경우에는 서로의 문화를 존중
  하면서 협상을 수행하기 때문에 교향악과 같은 효과가 나타난다(합동전략).

Business Negotiation

Negotiation Issues in Functional Areas
and Global Business

수출협상

CHAPTER 11

CHAPTER 11

수출협상

수출(export)은 기업이 생산한 제품 및 서비스를 외국에 판매하는 기업활동을 말한다. 일반적으로 기업의 글로벌화는 수출, 라이선싱, 프랜차이징, 합작투자, 해외지점, 해외생산 및 자회사 설립 등의 단계를 거치면서 점진적으로 이루어진다. 점진적 글로벌화의 관점에서 볼 때, 수출은 기업의 글로벌화의 시작으로 볼 수 있다. 과거에 수출을 통하여 성장과 발전을 위한 경제적 토대를 마련한 많은 기업들은 오늘날 글로벌 경쟁력을 갖춘 명실상부한 글로벌 기업이 되었다. 전 세계의 여러 국가와 지역에서 활동 중인 글로벌 기업들은 그들이 생산한 제품 및 서비스를 현지국 또는 현지지역에서 판매할 뿐만 아니라, 아울러 다른 국가 또는 지역으로도 수출하고 있다. 이러한 측면에서 볼 때, 수출은 기업의 가장 중요한 이윤창출의 원천으로 볼 수 있다.[1]

---

1 박주홍(2012), p. 268 재인용.

수출은 간접수출과 직접수출로 분류될 수 있다.[2]

- 간접수출(indirect export) : 이것은 기업이 생산한 제품을 국내의 수출 중간상을 통해 해외로 판매하는 것을 의미한다. 간접수출에 있어서 중간상은 종합무역상사(수출회사), 외국바이어, 외국기업의 구매사무소 및 수출대리점 등이다. 이 수출방법에서는 국내에 있는 수출 중간상이 제품을 해외의 최종 고객에게 판매하기 때문에 수출을 의뢰한 기업의 입장에서 볼 때, 이 방법은 국내 판매와 동일하게 취급될 수 있다.
- 직접수출(direct export) : 이것은 수출업무를 다른 기업 또는 중간상에 위임하지 않고 독자적인 수출관련 조직을 통해 직접 수행하는 것이다. 이 수출방법에서는 수출활동이 자사의 조직에 의해 직접 수행되거나, 또는 다른 기업과 공동으로 만든 조직을 통해 수행될 수 있다. 여기에서 자사의 조직은 수출부(또는 국제영업부 및 해외영업부) 및 현지 자회사(또는 현지지점)의 마케팅관련 부서를 말하며, 다른 기업과 공동으로 만든 조직은 국내외에 설립한 공동지사(또는 공동지점)를 의미한다. 특히, 공동지사를 통한 직접수출은 국내의 수출협회 및 해외의 공동지사 등을 통하여 이루어진다.

11.2 수출의 주요 영향요인과 협상의 대상

11.2.1 수출의 종류[3]

대응무역(countertrade)의 의의와 형태

대응무역은 국가 간의 수출입거래에 있어서 상대국의 외환부족 등의 사유로 인하

---

2 전게서, p. 269 이하 재인용.
3 전게서, p. 274 이하 재인용.

여 대금결제를 위한 현금지불을 불필요하게 만드는 무역방법을 말한다. 넓은 의미에
서 볼 때, 이 무역방법은 화폐를 매개로 하지 않는 물물교환을 의미하는 바터(barter)
와 환결제방법에 의해 수출과 수입을 결부시키는 구상무역(compensation trade)과 동의
어로 사용되기도 한다. 일반적으로 외환부족을 겪고 있는 국가의 기업이 외환을 대
체하는 현물로 수입대금을 결제하는 경우에 대응무역이 이루어진다. 또한 이 방법은
수입 초과국이 상대국에 대해 일정한 제품의 수입을 요구하는 수단으로 채택될 수
있다. 〈그림 11-1〉은 대응무역의 거래방법(사례)을 제시한다.

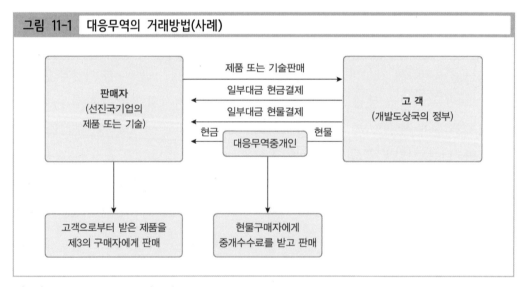

그림 11-1 대응무역의 거래방법(사례)

자료원 : Cavusgil, S. T. et al.(2008), p. 384.

대응무역은 대금지불여부, 대금지불형태(예를 들면, 현금 또는 현물), 대응수입의 대
상제품, 기술이전여부 및 계약건수 등에 따라 물물교환, 청산협정, 스위치무역, 환매
거래, 대응구매 및 상쇄무역 등으로 분류할 수 있다.[4]

---

4 Peng, M. W.(2006), p. 276 이하; 김광수 외(2005), p. 212 이하; 전용욱 외(2003), p. 131 이하; 이장호
  (2003), p. 227 이하.

- 물물교환 : 물물교환 또는 바터(barter)는 가장 원시적이면서도 초보적인 대응무역의 형태로서 수출입 대금을 결제할 때 현금을 지불하지 않고 제품 또는 서비스를 맞교환하는 거래를 말한다.

- 청산협정(clearing agreement) : 이것은 일정기간 동안 단일의 수출입 계약에 의해 제품 또는 서비스를 교환(다수의 거래)하고, 계약에 의한 거래가 끝나는 시점에서 거래당사자 사이에 교환의 차액이 발생하는 경우, 이것을 정산하는 것을 말한다. 차액의 정산은 특정 통화로 할 수도 있고, 제품 또는 서비스를 추가적으로 제공함으로써 이루어질 수도 있다. 특정 통화로 차액을 정산하기 위하여 사용하는 계좌를 청산계정(clearing account)이라고 한다.

- 스위치무역(switch trading) : 이것은 거래의 당사자가 전문적인 무역중개상을 통하여 수출입 거래를 하는 방법이다. 이 거래에 있어서, 수출업자는 제품수출에 대한 대금을 상대국의 수입업자로부터 현금으로 지급(상대국에 개설한 수출업자의 청산계정에 입금)받게 되며, 수출업자는 이 대금으로 상대국에서 생산한 제품 또는 서비스를 구매하여야 하는 의무를 지게 된다. 만일 수출업자가 상대국의 청산계정에 입금된 현금으로 그 국가에서 생산한 제품 또는 서비스를 구매할 의향이 없다면, 수출업자는 이 청산계정을 할인된 가격으로 전문적인 무역중개상에게 양도할 수 있다. 이러한 전문적인 무역중개상을 스위치무역상(switch trader)이라고 한다. 스위치무역상은 수출업자를 대신하여 상대국에서 생산한 제품 또는 서비스를 구입할 의무를 지게 된다.

- 환매거래(buy-back) : 이것은 수출기업이 상대국의 수입기업에게 기술, 설비 및 플랜트 등을 수출하고, 그 생산시설에서 생산된 제품으로 대금을 지급받는 것을 말한다. 이 방법에서는 판매계약과 구매계약을 포함하는 두 개의 계약이 일괄적으로 이루어진다. 기술, 설비 및 플랜트 등의 수출은 판매계약과 관련되어 있으며, 생산시설에서 생산된 제품으로 대금을 지급받거나 장기적으로 대응구매를 하는 것은 구매계약에 해당된다.

- 대응구매(counterpurchase) : 이것은 제품 또는 서비스를 판매한 수출기업이 상

대국의 수입기업으로부터 대금을 현금으로 지급받고, 그 현금으로 상대국의 수입기업으로부터 제품 또는 서비스를 구매하는 거래를 의미한다. 일반적으로 대응구매에 있어서 수입기업은 수출기업에게 그들이 판매하고자 하는 대응구매 품목리스트를 제시하며, 수출기업은 그 리스트에 제시된 품목들 중에서 구매할 품목을 선택하게 된다. 또한 이 방법에서는 수출기업이 지고 있는 대응구매 의무를 제3자에게 전가할 수도 있다. 특히, 대응구매는 정부 또는 공공부문 간의 수출입 거래에서 자주 사용되는 방법으로 알려져 있다.

- 상쇄무역(offset) : 이것은 수출기업이 상대국의 수입기업, 정부기관 또는 공공기관에 제품 또는 서비스를 수출한 후, 수출기업이 제품 또는 서비스의 구매 등과 같은 대응의무를 지지 않고 기술이전, 현지조립 및 현지부품조달 등과 같은 대응의무를 지는 형태로 거래가 이루어진다. 상쇄무역은 기간산업, 군수산업 또는 국방산업 등의 분야에서 주로 이루어지고 있다.

글로벌 납품계약(global subcontracting)과 턴키계약(turnkey contracting)

수출은 수출계약의 방식에 따라 글로벌 납품계약과 턴키계약으로 구분될 수 있다. 이에 대한 내용을 살펴보면 다음과 같다.

- 글로벌 납품계약 : 이것은 글로벌 기업이 어떤 국가에 있는 제조업체 또는 서비스업체에게 생산 또는 주문을 의뢰하여 제품, 반제품 및 부품 등을 납품받는 거래방법이다. 즉, 이 거래방법에서는 제품을 납품하는 기업은 수출기업이 되고, 제품을 납품받는 기업은 수입기업이 된다. 또한 이 거래방법은 계약생산(contract manufacturing) 및 주문자상표부착 방식(original equipment manufacturing, OEM) 등과 동의어로 종종 사용되기도 한다. 그러나 글로벌 납품계약에서는 제조업부문에 있어서의 주문업체와 납품업체 간의 하청관계에 의한 제품, 반제품 및 부품 등의 납품에 중점을 두고 있는 반면, OEM 방식은 제조업 및 유통업부문에 있어서의 완제품의 납품에 중점을 두고 있다는 점에서 용어상의 차이가 있다.

- 턴키계약 : 이것은 어떤 하나의 기업 또는 컨소시움(consortium)에 참여한 기업들이 해외의 어떤 프로젝트의 모든 과정(계획, 자금조달, 조직, 관리 및 실행 등)을 진행하여 최종적으로 생산시설(플랜트), 건축물 및 발전소 등을 완성하여 발주자에게 납품하는 수출방법이다.[5] 즉, 이 거래방법은 열쇠(key)를 돌리면(turn) 모든 설비가 가동되는 상태로 플랜트(plant)를 완성하여 발주자에게 수출(납품)하는 것을 말한다. 일반적으로 턴키계약은 대규모 프로젝트로 진행되기 때문에 현지국 정부가 발주하는 경우가 대부분이다. 턴키계약에 의해 플랜트를 완성된 상태로 납품하면서 부가적으로 플랜트의 운영과 관련된 교육훈련 및 관련서비스가 동시에 제공되는 경우도 있는데, 이것을 턴키플러스(turnkey plus)라고 한다.

11.2.2 수출에 영향을 미치는 주요 요인[6]

관세장벽(tariff barriers)과 비관세장벽(non-tariff barriers)

수출에 영향을 미치는 대표적인 요인으로 관세 및 비관세장벽을 들 수 있다. 이에 대한 내용을 살펴보면 아래와 같다.

- 관세장벽 : 이것은 어떤 국가가 법정의 관세영역(관세선)을 통과하는 물품에 대하여 세금을 부과함으로써 수입을 제한하기 위하여 만든 조세법적인 장벽을 말한다. 관세(tariffs)는 국가가 관세영역을 통과하는 물품에 대하여 부과·징수하는 조세를 의미한다.
- 비관세장벽 : 이것은 관세 이외의 방법으로 어떤 국가의 정부가 외국에서 수입하는 상품을 차별하는 여러 가지 규제를 말한다. 기업의 수출활동에 많은 영향을 미치는 대표적인 비관세장벽은 다음과 같다.[7]

---

5 Cavusgil, S. T. et al.(2008), p. 439.
6 박주홍(2012), p. 285 이하 재인용.
7 서근태 외(1999), p. 78.

- 수입할당제(import quotas) : 이것은 외국으로부터 수입하는 특정 상품에 대하여 일정기간 동안 수량제한 또는 금액제한을 하는 것을 말한다.
- 수출자율규제(voluntary export restriction) : 이것은 어떤 국가가 수출하는 특정 상품의 수출수량을 자발적으로 제한하는 것을 의미한다. 일반적으로 이것은 수입국이 수출국에 대하여 특정 상품의 수입수량제한을 요청함으로써 이루어지며, 그 내용은 수입할당제와 같다. 만일 수출자율규제가 이루어지지 않는다면, 수입국은 수출국에 대하여 무역보복조치를 취할 가능성이 높다.
- 기술적·행정적 규제(technical and administrative regulations) : 이것은 수입국의 정부가 어떤 특정 수입상품에 대하여 엄격한 기술적 표준을 요구하거나, 기술, 통관절차 및 제품사용허가 등과 같은 복잡하고 까다로운 행정적인 절차를 통하여 수출기업에게 부과하는 규제를 뜻한다. 일반적으로 어떤 국가가 법적으로 규정하고 있는 특정 제품에 대한 기술적 표준은 수출기업으로 하여금 강제적 제품차별화(mandatory product differentiation)를 하도록 만든다. 그리고 이러한 강제적인 제품차별화는 추가적인 연구개발비의 투입을 요구하기 때문에 수출제품의 가격상승으로 연결되는 경우가 많다.

보조금(subsidies)과 덤핑(dumping)

보조금과 덤핑은 수출제품의 가격에 직접적으로 영향을 미칠 수 있다. 이에 대한 내용을 요약하면 다음과 같다.

- 보조금 : 이것은 정부 또는 공공기관이 경쟁력을 강화하기 위하여 국내기업에게 제공하는 금전적 지원을 의미한다. 특히, 수출보조금(export subsidies)은 국내의 수출산업 또는 수출기업의 수출을 증대시킬 목적으로 제공되는 보조금을 말한다.
- 덤핑 : 이것은 정상가치(normal value)보다 낮은 가격으로 제품을 수출하는 것을

말하며, 일반적으로 이것은 국내가격, 제3국 가격 또는 생산원가보다 낮은 가격으로 수출하는 것을 의미한다.[8]

덤핑에 의해 왜곡된 가격책정으로 인하여 자국의 산업 또는 기업이 받게 되는 손실을 방지하기 위하여 대부분의 국가는 덤핑을 규제의 대상으로 보고 있다. 이러한 규제를 반덤핑규제(anti-dumping regulations)라고 하며, 수입국의 정부는 덤핑업체 또는 덤핑국가의 수출제품에 대하여 고율의 관세를 부과함으로써 해당 제품의 수입을 규제하게 된다. 그리고 덤핑을 방지하기 위하여 덤핑상품에 부과하는 징벌적인 고율의 관세를 반덤핑관세(anti-dumping duty)라고 한다.

인코텀스(Incoterms)

기업이 어떤 제품을 해외의 구매자에게 수출하고, 해외의 구매자가 그 제품을 수입하는 경우에 있어서 물품의 인도시기, 비용부담 또는 위험부담에 대한 문제가 명확히 규정되어야 한다. 왜냐하면 물품의 인도시점에 따라 수출하는 제품의 가격이 달라지기 때문이다. 이 문제를 다루기 위하여 국제상공회의소(International Chamber of Commerce, ICC)는 정형화된 거래조건들을 정하고, 이들에 대한 해석규칙을 제정하였다.

Incoterms(international commercial terms)는 무역거래당사자 간의 거래조건에 대한 해석상의 차이에 따른 분쟁을 해결하기 위하여 1936년 제정되었다. 이후 여러 차례의 개정을 거쳐 현재는 2011년 1월 1일부터 발효된 Incoterms 2010이 적용되고 있다. Incoterms 2010은 총 11개의 정형화된 거래조건을 2개의 사용조건으로 구분하여 각각의 조건에 대한 무역거래당사자의 의무를 규정하고 있다.[9] Incoterms는 임의규정이지만, 무역거래당사자 간에 거래조건에 대한 협의가 이루어지면 법적 구속력이 부여된다. 〈표 11-1〉은 Incoterms 2010을 제시한다.

---

8 Cavusgil, S. T. et al.(2008), p. 195; Ball, D. A. et al.(2004), p. 119.
9 Czinkota, M. R. et al.(2005), p. 541 이하; Ball, D. A. et al.(2004), p. 566 이하; 전용욱 외(2003), p. 138 이하; International Chamber of Commerce(2010).

표 11-1	Incoterms 2010		
사용조건	거래조건	물품 인도시기	비용 또는 위험부담
운송 수단과 방법에 무관하게 사용할 수 있는 조건	EXW(Ex Works) 공장인도	매도인의 작업장 또는 영업장	인도시점까지 매도인 부담
	FCA(Free Carrier) 운송인인도	지정된 장소에서 매수인이 지정한 운송인에게 인도	위와 같음
	CPT(Carriage Paid To) 운임지급인도	FCA와 같음	FCA 조건, 수입국 내의 지정 목적지까지의 운임 매도인부담
	CIP(Carriage and Insurance Paid To) 운임보험료지급인도	FCA와 같음	CPT 조건, 수입국 내의 지정 목적지까지의 적하보험료 매도인부담
	DAT(Delivered At Terminal) 터미널인도	수입국 내의 지정터미널	인도시점까지 매도인부담
	DAP(Delivered At Place) 목적지인도	수입국 내의 지정목적지	인도시점까지 매도인부담
	DDP(Delivered Duty Paid) 관세지급인도	위와 같음	인도시점까지 매도인부담 (수입통관, 관세 포함)
해상 및 내륙 수로 운송에만 사용되는 조건	FAS(Free Alongside Ship) 선측인도	선적항 본선의 선측	수출통관 매도인, 인도 후 매수인
	FOB(Free On Board) 본선인도	선적항 본선의 난간 통과 시점	본선의 난간통과 매도인, 인도 후 매수인
	CFR(Cost and Freight) 운임포함인도	위와 같음	FOB 조건, 목적항까지의 운임 매도인부담
	CIF(Cost, Insurance and Freight) 운임보험료포함인도	위와 같음	FOB 조건, 목적항까지의 운임, 보험료 매도인부담

자료원 : International Chamber of Commerce(2010).

11.2.3 수출협상의 대상과 내용

수출협상의 대상과 내용은 앞서 논의한 수출의 주요 영향요인 등의 관점에서 요약될 수 있다. 〈표 11-2〉는 수출협상의 대상과 내용(예시)을 제시한다. 다음 절에서는 수출협상의 대상 중에서 중요한 수입업체와의 수출가격협상, 글로벌 납품업체와의 협상, 그리고 턴키계약과 관련된 협상 등에 대하여 논의하기로 한다(11.3 참고).

표 11-2	수출협상의 대상과 내용(예시)	
수출의 종류와 주요 영향요인	협상의 대상	협상의 내용(예시)
간접수출	수출 중간상	수출대행과 관련된 협상(납품가격, 납품조건 등)
	수출 클레임	수출 유통과정에서의 제품의 파손, 변질 등에 대한 클레임 처리(책임소재의 파악, 배상 등)
직접수출	공동지사의 설립과 운영	공동지사(공동지점) 설치와 관련된 파트너 기업과의 협상(비용분담, 관리방식 등)
	수입업체	수출가격, 수출조건 등에 대한 협상
대응무역	물물교환	물물교환 당사자들 간의 교환거래의 가격, 납품조건 등에 대한 협상
	청산협정	교환거래의 가격, 납품조건 등에 대한 협상, 다수의 교환거래 이후의 차액 정산과정에서의 청산화폐의 결정
	스위치무역	스위치무역상과의 거래조건의 협상(청산계정의 할인율 결정 등)
	환매거래	기술, 설비 및 플랜트 등의 판매계약과 관련된 협상, 생산시설에서 생산된 제품 등에 대한 구매계약과 관련된 협상
	대응구매	대응구매 품목의 결정, 대응구매를 대행할 스위치무역상과의 협상(대응구매 총액 대비 할인율 결정)
	상쇄무역	대응의무(기술이전, 현지조립 및 현지부품조달 등)에 대한 협상
글로벌 납품계약	납품계약	납품계약(예를 들면, 주문자상표부착 방식)과 관련된 협상(제품명세서의 작성, 납품가격, 납품수량, 납품기간 등)
턴키계약	턴키계약	발주자와의 협상(가격, 납품조건 등), 턴키계약 수행을 위하여 컨소시움을 구성하는 경우의 협상(참여기업의 선정, 참여범위 등)
	턴키플러스	플랜트, 건축물 및 발전소 등의 완공 이후의 운영관련 교육훈련, 관련 서비스 제공 및 유지보수 등에 대한 협상
관세 및 비관세장벽	관세부과	특수관세(특혜관세, 차별관세 및 탄력관세 등)의 부과와 관련된 해당 관청과의 협상
	비관세장벽	수입할당제, 수출자율규제, 기술적·행정적 규제와 관련된 해당 관청과의 협상
보조금과 덤핑	보조금	보조금 지급과 관련된 해당 관청(국내 및 현지국)과의 협상
	덤 핑	반덤핑관세와 관련된 해당 관청과의 분쟁해결을 위한 협상
인코텀스	거래조건	수출입 거래에 있어서 거래 당사자 간의 물품의 인도시기, 비용부담 및 위험부담 등에 대한 인코텀스 협상

11.3 수출과 관련된 주요 협상 이슈

11.3.1 수입업체와의 수출가격협상

해외에 있는 수입업체(수입업자)와 협상을 수행하는 수출업체(예를 들면, 제조업체)는 수출가격을 가장 중요한 협상의 과제로 삼아야 한다. 먼저, 아래에서는 수출가격의 중요성에 대하여 논의한 후 수출가격과 관련된 주요 협상 이슈에 대하여 살펴보기로 한다.

글로벌 기업의 관점에서 볼 때, 수출가격(export price)은 본사에서 만든 제품을 해외시장에 수출할 때, 그리고 현지 자회사가 생산한 제품을 본국 또는 제3국으로 수출할 때 책정하는 가격을 의미한다. 수출가격은 국내 판매가격에 비하여 더 높게 책정되는데, 그 이유는 국내 판매원가에 유통비용, 운송비, 보험료, 관세 및 중간상 수수료 등이 추가적으로 포함되기 때문이다. 이러한 현상을 가리켜 가격누증(price escalation)이라고 한다.[10]

〈표 11−3〉은 수출에 있어서의 가격누증 사례를 보여준다. 이 표에 제시되어 있는 바와 같이 국내 유통경로 대비 최종 소비자가격의 상승률은 수출마케팅 경로 및 비용조건에 따라 각각 70%(현지 도매업자에게 수출), 112.5%(외국 수입업자에게 수출), 170.17%(부가가치세 추가), 274.5%(현지 수입중간상 추가) 등으로 나타났다.

---

10 박주홍(2013), p. 256 이하 재인용.

표 11-3	수출에 있어서의 가격누증 사례				(단위 : 미국 달러)
수출마케팅 경로 및 비용조건	국내 도매 및 소매가격	현지 도매업자에게 수출	외국 수입업자에게 수출	부가가치세 추가	현지 수입중간상 추가
제조업체의 판매원가	6.00	6.00	6.00	6.00	6.00
+ 운송비, 보험료	–	2.50	2.50	2.50	2.50
= 수입항 도착가격(CIF 가격)	–	8.50	8.50	8.50	8.50
+ 관세(CIF 가격의 20%)	–	1.70	1.70	1.70	1.70
= 수입업자의 원가(CIF 가격+관세)	–	10.20	10.20	10.20	10.20
+ 수입업자의 마진(원가의 25%)	–	–	2.55	2.55	2.55
+ 부가가치세(총 원가 및 마진의 16%)	–	–	–	2.04	2.04
= 도매원가(수입업자의 판매가격)	6.00	10.20	12.75	14.79	14.79
+ 도매마진(원가의 33.3%)	2.00	3.40	4.25	4.93	4.93
+ 부가가치세(마진의 16%)	–	–	–	0.79	0.79
= 현지 중간상의 원가	–	–	–	–	20.51
+ 현지 중간상의 마진(원가의 33.3%)	–	–	–	–	6.84
+ 부가가치세(마진의 16%)	–	–	–	–	1.09
= 소매원가(도매 또는 중간상의 판매가격)	8.00	13.60	17.00	20.51	28.44
+ 소매마진(원가의 50%)	4.00	6.80	8.50	10.26	14.22
+ 부가가치세(마진의 16%)	–	–	–	1.64	2.28
= 소매가격(최종 소비자가격)	12.00	20.40	25.50	32.42	44.94
국내 유통경로 대비 가격 상승률(%)	–	70.00	112.50	170.17	274.50

주 : CIF는 Cost, Insurance and Freight의 약어이며, 운임보험료포함인도를 의미함.
자료원 : 박주홍(2013), p. 257; Johanson, J. K.(2003), p. 156; 저자에 의해 일부 수정됨.

이와 같은 가격누증 때문에 수출업체의 협상 담당자는 다음과 같은 측면들을 고려하여 수입업체를 상대로 수출가격협상을 수행하여야 한다.

- 수출업체는 해외에서의 최종 소비자가격을 고려하여 수입업체와의 가격협상을 수행할 필요가 있다. 만일 가격누증 때문에 해외에서의 최종 소비자가격이 대폭적으로 상승한다면, 이 제품에 대한 시장점유율이 감소할 수 있기 때문에 수출업체의 이윤을 침해받지 않는 범위 내에서 최종 소비자가격을 낮추기 위

하여 수입업체에게 낮은 가격으로 판매할 수도 있다.

- 수출업체의 협상 담당자가 경쟁업체의 해외에서의 최종 소비자가격을 고려하여 수입업체를 상대로 수출가격을 협상한다면, 수출제품의 가격경쟁력이 향상될 수 있다.

- 수출업체는 수입업체와의 유통경로 관리에 대한 협상을 통하여 유통경로를 단축하여 유통마진을 줄여야 한다. 일반적으로 이러한 유통마진은 최종 소비자가격의 상승요인으로 작용한다. 만일 이러한 유통경로가 다단계로 구성되어 있다면, 각 단계별 유통마진에 대한 통제를 누가 담당하느냐에 대한 문제도 중요한 협상의 대상이 될 수 있다.

- 환율변동이 수출가격의 협상에 영향을 미칠 수 있다. 그러므로 급격한 환율변동이 예상되는 경우, 수출업체의 협상 담당자는 이러한 환율변동을 고려하여 수입업체와의 가격협상을 수행하여야 한다. 또한 외상거래를 하는 경우에 있어서 대금결제의 시기가 늦추어지면서 환위험이 발생할 수 있기 때문에 수출업체의 협상 담당자는 환율변동의 추이를 어느 정도 예측하여 결제통화(currency of settlement)에 대한 협상을 수행할 필요가 있다.

- 앞서 설명한 가격누증, 유통마진 및 환율변동 등과 큰 관련이 없는 수출거래(예를 들면, 일회적인 수출활동, 최종 소비자가격과 거의 관련이 없는 원재료 또는 부품 등의 수출)에서는 수출업체의 협상 담당자는 일반적으로 통용되는 다양한 가격협상의 방안(최초 가격의 제시, 가격범위의 제시 등)을 활용하여 수입업체와의 협상을 수행할 수 있다(제6장, 6.3.2 참고).

11.3.2 글로벌 납품업체와의 협상

일반적으로 글로벌 납품계약은 장기간에 걸쳐 체결되는 경향이 있기 때문에 한번 계약을 하게 되면 글로벌 납품업체는 오랜 기간 동안 주문업체와의 납품관계를 유지한다. 제품을 해외에 납품하는 기업(수출기업)의 관점에서 볼 때, 글로벌 납품계

약은 다음과 같은 장점과 단점을 갖고 있다.[11]

- 장 점
  - 해외에 고정적이고 안정적인 수출판로를 확보할 수 있다.
  - 납품을 의뢰한 업체로부터 기술을 제공받을 수 있다.
  - 수출과 현지판매와 관련된 마케팅비용이 거의 들지 않는다.
- 단 점
  - 납품가격(수출가격)의 결정에 있어서 불리한 위치에 있다.
  - 장기적으로 해외에서의 고유브랜드 육성이 어렵다.
  - 주문업체가 납품계약을 일방적으로 취소할 경우, 납품기업의 존립에 심각한 위협이 될 수 있다.
  - 납품업체의 독자적인 기술발전을 기대하기 어렵다.

글로벌 납품계약과 관련된 협상의 수행과 관련하여, 글로벌 납품업체의 협상 담당자는 다음과 같은 사항들을 고려하여야 한다.

- **납품가격** : 글로벌 납품업체의 협상 담당자는 수출가격의 협상과 같은 관점 (11.3.1 참고)에서 주문업체(유통업체 또는 제조업체)의 협상 상대방과의 협상을 수행하여야 한다. 또한 글로벌 납품업체의 협상 담당자는 일반적으로 통용되는 다양한 가격협상의 방안(최초 가격의 제시, 가격범위의 제시 등)을 활용하여 주문업체와의 협상을 수행할 수 있다(제6장, 6.3.2 참고). 글로벌 납품업체보다 주문업체의 규모가 더 크거나 또는 더 큰 협상력을 보유하고 있을 경우, 글로벌 납품업체의 협상력을 약화될 수 있다.
- **납품기간** : 납품기간이 단기간일 경우 글로벌 납품업체의 협상력이 약화될 수

---

11 박주홍(2012), p. 281.

있고, 반면에 장기간일 경우 주문업체의 협상력이 강화될 가능성이 높다.

- **납품수량**: 납품수량이 적다면 글로벌 납품업체의 협상력이 약화될 수 있고, 반면에 납품수량이 많다면 주문업체의 협상력이 강화될 가능성이 높다. 협상 담당자는 현재 시점에서의 단기적 납품수량뿐만 아니라 미래 시점에서의 장기적 납품수량도 함께 고려하여 주문업체와의 협상을 수행하여야 한다.
- **주문자상표부착 여부**: 일반적으로 글로벌 납품업체의 독자적 브랜드를 사용하지 않는 조건으로 일부 품목을 유통업체(예를 들면, 미국 월마트에 납품하는 소비재 제조업체)에 납품하는 경우, 글로벌 납품업체는 주문업체의 상표를 부착하는 방향으로 납품을 결정한다. 반면에 글로벌 납품업체가 제조업체에게 부품 또는 원재료를 납품하는 경우, 글로벌 납품업체는 독자적 브랜드(예를 들면, 독일 Bosch사의 ABS)를 부착하여 납품할 수 있다. 그러므로 장기적 측면에서 글로벌 납품업체의 브랜드 이미지를 구축하기 위해서 협상 담당자는 가능하다면 자사의 브랜드를 부착하여 납품하는 방향으로 협상을 수행할 필요가 있다.

11.3.3 턴키계약과 관련된 협상

앞서 논의한 바와 같이 턴키계약은 대규모 프로젝트의 형태로 수행되기 때문에 수주규모가 매우 크고, 국가 또는 정부기관에 의해 공공사업으로 수행되는 경우가 많다. 턴키계약의 장점과 단점을 요약하면 다음과 같다.[12]

- **장 점**
  - 턴키계약의 규모가 크므로 장기간에 걸쳐 수익창출이 가능하다.
  - 일반적으로 국가가 계약 상대방이기 때문에 민영기업에 비해 비교적 안정적으로 대금결제가 이루어진다.

---

12 전게서, p. 281.

– 현지국 정부와의 관계가 좋을 경우에는 추가적인 턴키계약이 가능하다.
• 단 점
  – 턴키계약의 협상과정이 비교적 길고 복잡하다.
  – 현지국에서 정치적 위험이 발생하는 경우에는 대금결제가 중지될 수 있다.
  – 현지국의 재정상황에 따라 계약관련 예산의 변동이 있을 수 있다.

대규모의 턴키계약을 수행하기 위해서 단독의 글로벌 기업 또는 여러 개의 글로벌 기업들이 컨소시움을 형성하여 프로젝트를 수행하기도 하는데, 이 경우에 있어서 대규모의 자금이 필요하기 때문에 최소 2개 이상의 은행이 공동으로 신디케이트 론(syndicate loan)으로 대출을 한다. 즉, 신디케이트 론은 글로벌 금융시장에서 지명도가 높고 자본상태가 양호한 다수의 은행이 중심이 되어 대출은행 그룹을 형성하여 정부, 공공기관 또는 글로벌 기업이 필요로 하는 대규모의 자금을 융자하는 것을 말한다.[13] 이러한 신디케이트 론을 간략히 살펴보면 다음과 같다.

• 대출기간 : 대출은 5~10년의 중장기로 이루어진다.
• 참여은행 : 대형 글로벌 금융기관을 주간사로 하여 여러 은행과 일괄적으로 차입계약을 맺음으로써 시간과 비용을 절감할 수 있다. 또한 참여은행들은 대출위험을 분담할 수 있다.
• 차입자의 실적평가
  – 현재의 재무상태 점검
  – 현재까지의 기업성과 분석 및 예상 재무제표 작성
  – 최근의 재무자료를 비교·분석하여, 소요 운전자본과 유동비율 및 배당률 등으로 표시된 재무관리상의 약정사항이 준수되고 있는지 검토
  – 합병, 투자, 선급사항 등의 비재무적 약정사항 준수여부 검토

---

13 박영규(2014), p. 295 이하.

- 거래의 상황분석
  - 차입자의 채무상환능력에 불리한 영향을 미칠 가능성이 있는 사태발생 여부의 점검
  - 차입자의 부채 또는 자본포지션에 영향을 미칠 가능성이 있는 사태가 발생할 가능성과 관련요인 점검

턴키계약과 관련된 협상의 수행과 관련하여, 협상 담당자는 다음과 같은 측면들을 고려할 필요가 있다.

- **턴키계약 수주금액과 지불방법** : 장기간에 걸쳐 턴키계약이 이행되기 때문에 수주금액은 천문학적일 수 있다. 일반적으로 대규모 턴키계약은 입찰을 통해 이루어지기 때문에 수주금액에 대한 협상보다는 입찰된 이후의 수주금액을 어떻게 연도별 또는 정기적으로 지불받을 것인가에 대한 협상이 중요하다.
- **공사기간** : 공사기간은 발주자가 입찰공고에 명시하는 것이 일반적이며, 공사기간의 연장 등에 대한 사항은 발주자와 협의하여 결정하면 된다. 발주자의 재정적인 상황에 따라 공사기간이 연장될 수 있으므로 수주기업의 협상 담당자는 이에 대한 대응책을 마련하기 위한 협상을 수행할 필요가 있다.
- **턴키플러스를 대비한 협상의 수행** : 턴키계약을 통해 플랜트, 건축물 및 발전소 등이 완공되면 이에 대한 운영관련 교육훈련, 관련 서비스 제공 및 유지보수 등이 요구되기 때문에 협상 담당자는 추가적인 협상을 수행하여야 한다. 이러한 협상을 통하여 추가적인 수익이 창출되기 때문에 협상 담당자는 철저한 준비를 하여 턴키플러스관련 협상에 임해야 한다.

〈표 11-4〉은 수출협상과 관련된 주요 협상 이슈를 요약하여 제시한다. 이 표는 해외 수입업체와의 수출가격 협상, 글로벌 납품업체와의 협상, 그리고 턴키계약과 관련된 협상 등에 대한 주요 협상 이슈들을 보여준다.

표 11-4	수출협상과 관련된 주요 협상 이슈의 요약
주요 협상 이슈	협상의 주요 내용 또는 준비사항
해외 수입업체와의 수출가격 협상	• 수출업체는 해외에서의 최종 소비자가격을 고려하여 수입업체와의 가격협상을 수행할 필요가 있음. • 경쟁업체의 해외에서의 최종 소비자가격을 고려하여 수입업체를 상대로 수출가격을 협상함. • 수출업체는 수입업체와의 유통경로 관리에 대한 협상을 통하여 유통경로를 단축하여 유통마진을 줄여야 함. • 환율변동이 수출가격의 협상에 영향을 미칠 수 있음. • 가격누중, 유통마진 및 환율변동 등과 큰 관련이 없는 수출거래에서는 수출업체의 협상 담당자는 일반적으로 통용되는 다양한 가격협상의 방안(최초가격의 제시, 가격범위의 제시 등)을 활용하여 수입업체와의 협상을 수행할 수 있음.
글로벌 납품업체와의 협상	• 납품가격 • 납품기간 • 납품수량 • 주문자상표부착 여부
턴키계약과 관련된 협상	• 턴키계약 수주금액과 지불방법 • 공사기간 • 턴키플러스를 대비한 협상의 수행

Business Negotiation

Negotiation Issues in Functional Areas
and Global Business

라이선싱 및
프랜차이징협상

CHAPTER 12

라이선싱 및 프랜차이징협상

라이선싱과 프랜차이징의 의의[1]

12.1.1 라이선싱의 의의

라이선싱(licensing)은 라이선서(licensor, 라이선스 제공기업)가 보유하고 있는 특허, 노하우, 상표명 또는 등록상표, 저작권, 디자인, 기술 및 작업방법 등과 같은 지적 재산과 상업적 자산을 라이선시(licensee, 라이선스 취득기업)에게 제공하고 그 대가로 로열티를 받는 계약을 의미한다.[2] 넓은 의미에서 볼 때, 라이선싱은 글로벌 기술이전의 한 형태로 기술수출(technology export)을 의미한다. 라이선싱을 통한 글로벌 시장진입방법은 해외직접투자 및 합작투자보다 비교적 위험부담이 적다. 왜냐하면 해외직접투자 및 합작투자는 해외에서의 위험이 수반되는 자본투입을 필요로 하지만, 라이선싱

---

1 박주홍(2012), p. 298 이하 재인용.
2 Griffin R. W. and Pustay, M. W.(2007), p. 343 이하.

은 해외에서의 자본투입이 필요하지 않기 때문이다.

일반적으로 라이선싱은 글로벌 기술이전을 통하여 로열티를 받는 단순한 기술거래로 인식되고 있다. 그러나 라이선싱을 통하여 기업은 글로벌 시장에 대한 소비자의 동향 및 해당 기술과 관련된 제품의 매출규모 등과 같은 유용한 시장정보를 획득할 수 있다. 즉, 글로벌 기술이전에 대한 대가인 로열티를 매출액기준으로 산정하여 수수할 경우, 라이선서는 해당 기술과 관련된 제품의 시장규모를 쉽게 파악할 수 있다. 만일 매출액기준으로 받는 로열티의 규모가 매우 크다면, 라이선서는 라이선시와의 계약을 파기하고 현지국가에 해외직접투자 또는 합작투자 등과 같은 자본투자를 하여 현지생산을 할 수 있다.[3]

12.1.2 프랜차이징의 의의

프랜차이징(franchising)은 프랜차이저(franchisor, 프랜차이즈 제공기업)가 프랜차이지(franchisee, 프랜차이즈 취득기업) 또는 개인 사업자에게 상표, 설비, 제품, 서비스 및 경영기법 등을 일괄적, 혼합적 또는 단일적으로 제공한 후, 그 대가로 로열티를 받는 계약방법을 말한다. 예를 들면, 맥도날드(McDonald's), 피자 헛(Pizza Hut), 켄터키 프라이드 치킨(Kentucky Fried Chicken, KFC), 힐튼 호텔(Hilton Hotel) 및 허츠(Hertz) 등은 널리 알려진 글로벌 프랜차이저이다. 글로벌 프랜차이징은 패스트푸드, 소매업, 호텔 및 렌터카 등과 같은 서비스산업에서 많이 이루어진다.

일반적으로 라이선싱은 제조업과 관련되어 있는 반면, 프랜차이징은 서비스산업과 관련되어 있다. 넓은 의미에서 볼 때, 프랜차이징은 라이선싱의 한 형태로 볼 수 있으나, 라이선싱에 비해 프랜차이지의 운영에 대한 보다 강한 통제가 이루어진다.[4] 즉, 프랜차이저는 프랜차이지의 모든 영업활동에 대한 통제권 또는 감독권을 갖고 있다.

3 박주홍(2008), p. 61.
4 어윤대 외(1997), p. 334.

12.2 라이선싱과 프랜차이징의 주요 영향요인과 협상의 대상

12.2.1 라이선싱과 프랜차이징의 종류[5]

라이선싱의 종류

라이선싱은 라이선서가 라이선시에게 지적 재산과 상업적 자산을 사용하도록 하는 계약에 그 기초를 두고 있다. 라인선싱은 다음과 같은 두 가지 종류로 분류될 수 있다.

- 일방향적 라이선싱: 이것은 일방향적인 계약을 통하여 라이선서가 라이선시에게 지적 재산과 상업적 자산을 사용하도록 허용하는 것을 의미한다. 일반적으로 이러한 라이선싱 계약은 라이선서의 기술력이 라이선시보다 우수할 경우에 성립될 수 있다.
- 쌍방향적 라이선싱: 이것은 교차라이선싱(cross licensing)이라고 한다. 라이선서와 라이선시의 기술력이 모두 우수하거나 비슷할 경우 쌍방향적인 계약이 성립될 수 있다. 교차라이선싱은 라이선서와 라이선시 쌍방이 라이선싱을 상호 교환함으로써 제3의 경쟁기업에 대항할 수 있는 공동적인 기술우위를 확보하기 위한 수단으로 사용되기도 한다.[6]

프랜차이징의 종류

프랜차이징은 제품 및 서비스의 유통권(distributorship)과 등록상표(trademark)의 제공 등과 같은 다양한 형태로 나타날 수 있지만, 가장 전형적인 형태는 비즈니스 포맷 프랜차이징(business format franchising)이다.[7] 이것은 시스템 프랜차이징(system franchising)

---

5 박주홍(2012), p. 299 이하 수정 재인용.
6 Perlitz, M.(2004), p. 104.
7 Cavusgil, S. T. et al.(2008), p. 435.

이라고도 한다. 이 계약방법에서 프랜차이저는 생산 및 마케팅기법, 판매시스템, 절차 및 경영노하우뿐만 아니라, 기업명(또는 상호명)의 사용과 제품, 특허 및 등록상표 등에 대한 사용권도 아울러 포함하는 총체적 경영방법(total business method)을 프랜차이지에게 이전한다. 또한 프랜차이저는 프랜차이지에게 훈련, 지속적 지원, 인센티브 프로그램 및 협력적 마케팅프로그램의 참가권 등을 제공한다. 일반적으로 이러한 비즈니스 포맷 프랜차이징에서는 프랜차이지가 비교적 많은 자본을 투자하기 때문에 장기간의 계약이 이루어지는 경향이 있다.

글로벌 프랜차이저의 글로벌 시장진입방법은 프랜차이저의 몰입, 해외아울렛의 통제 및 새로운 지식을 배울 수 있는 기회 등의 높고 낮음에 따라 세 가지 형태로 분류될 수 있다.[8] 〈그림 12-1〉은 글로벌 프랜차이저의 세 가지 형태의 글로벌 시장 진입방법을 보여준다. 이 그림에 나타나 있는 세 가지의 글로벌 시장진입방법을 살펴보면 다음과 같다.

- 매스터 프랜차이징과 지역개발계약
  - 매스터 프랜차이징(master franchising) : 매스터 프랜차이지가 현지국에서 프랜차이저의 역할을 담당한다. 이들은 현지국의 프랜차이지와 계약을 체결하며, 자신이 프랜차이즈점을 직접 소유하여 운영하기도 한다. 매스터 프랜차이지는 로열티를 글로벌 프랜차이저에게 지불한다.
  - 지역개발계약(area development agreements) : 이것은 글로벌 프랜차이저가 현지국의 제한된 지역 내에서 한 곳 이상의 프랜차이즈를 운영할 수 있는 권리를 프랜차이지에게 제공하고 로열티를 받는 계약을 말한다. 매스터 프랜차이저와는 달리 지역개발업자는 다른 사업자에게 프랜차이즈권리를 팔 수 없다.

---

8 나원찬(2007), p. 72 이하.

- 직접 프랜차이징과 라이선싱
  - 직접 프랜차이징(direct franchising) : 글로벌 프랜차이저가 현지국 프랜차이지와의 직접계약을 통하여 프랜차이즈를 제공한다. 이 방법은 가장 일반적인 해외진입 프랜차이징이다.
  - 라이선싱(licensing) : 글로벌 프랜차이저가 현지국의 프랜차이지에게 상표와 같은 단일적 자산에 대한 프랜차이즈를 제공하는 것을 의미한다. 넓은 의미의 라이선싱은 앞 절(12.1 참고)에서 언급한 라이선싱을 말하며, 좁은 의미의 라이선싱은 단일적 자산에 대한 프랜차이징을 의미한다.
- 부분 또는 단독의 기업소유 아울렛(partially and fully company-owned outlets) : 이것은 글로벌 프랜차이저가 인수 및 합병, 합작투자 및 단독투자 등을 통하여 설립한 기업소유 아울렛에 프랜차이즈를 제공하는 글로벌 시장진입방법이다.

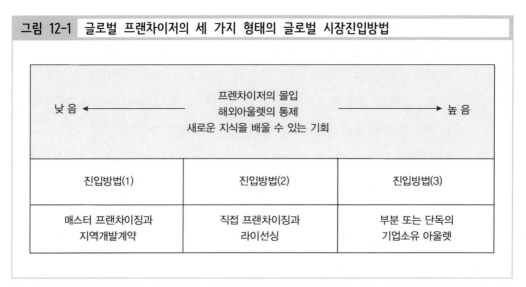

그림 12-1 글로벌 프랜차이저의 세 가지 형태의 글로벌 시장진입방법

	프렌차이저의 몰입 해외아울렛의 통제 새로운 지식을 배울 수 있는 기회	
낮 음 ◀		▶ 높 음
진입방법(1)	진입방법(2)	진입방법(3)
매스터 프랜차이징과 지역개발계약	직접 프랜차이징과 라이선싱	부분 또는 단독의 기업소유 아울렛

자료원 : 나원찬(2007), p. 73.

12.2.2 글로벌 기술이전에 대한 평가

전략적 관점에서 볼 때, 기술은 기업의 글로벌 경쟁력 향상을 위한 필수불가결한 요소로 인식되고 있을 뿐만 아니라, 기술 그 자체가 상품으로서의 가치를 아울러 보유하고 있다.[9] 일반적으로 기술이전과 관련된 기술은 기업이 보유하고 있는 법적으로 보호를 받는 잉여기술에 속한다. 이러한 잉여기술은 기업이 자사를 위해 사용할 수 없거나, 더 이상 사용하지 않으려는 기술, 국내 및 해외의 기업에게 판매할 목적으로 개발한 기술 등이 포함된다.[10]

글로벌 기술이전(global technology transfer)은 기업의 글로벌화에 의해 촉진되고 있다. 글로벌 기술이전이 성립되기 위해서는 최소한 두 국가 간의 국경을 초월하는 기술이전이 전제되어야 한다. 글로벌 기술이전을 통하여 기업은 그들의 기술을 사용하는 자회사 및 합작회사의 원가 및 판매 우위를 확보할 수 있을 뿐만 아니라, 아울러 해외경쟁자에 대항할 수 있는 기술적 경쟁우위를 유지할 수 있다.[11] 또한 해외의 기술취득기업이 기술을 구매하는 경우에는 기술제공기업에게 로열티를 지불함으로써 추가적인 이윤이 발생하며, 기술제공기업은 이것을 연구개발비로 활용할 수 있다. 글로벌 기술이전의 경로는 매우 다양하지만 일반적으로 해외직접투자, 합작투자 및 라이선싱 등으로 분류될 수 있다.[12]

해외직접투자의 관점에서 볼 때, 해외 자회사를 신설투자(green field investment)하는 경우에는 본사로부터 해외 자회사로 제품기술 및 공정기술이 동시에 일괄적으로 이전되는 경향이 있고, 해외 자회사의 설립기간이 어느 정도 지난 경우에는 본사와 해외 자회사 간의 기술이전 계획 또는 프로그램에 따라 기술이전이 이루어지게 된다. 그러나 해외 자회사를 인수 또는 합병할 경우에는 본사와 해외 자회사의 기술수

---

9 박주홍(2007), p. 76 이하.

10 Perlitz, M.(2004), p. 102.

11 Isobe, T., Makino, S. and Montgomery, D. B.(2000), p. 468 이하.

12 허영도(2004).

준의 차이에 따라 이전되는 기술의 종류와 기술이전의 방향이 달라질 수 있다. 합작투자의 경우에 있어서 기술이전은 합작투자 참여기업 간의 상호 협의에 의해 결정될 수 있다. 라이선싱의 경우에 있어서 기술이전은 기술이 하나의 상품으로서의 의미를 가지며, 어떤 기술이 이전 또는 판매될 것인가는 전적으로 기술제공기업의 의사결정에 달려 있다. 아래에서는 어떤 기술이 해외로 이전되는 경우에 있어서 위와 같은 세가지 유형별 평가에 대한 문제를 간략히 논의하기로 한다.[13]

체크리스트는 어떤 의사결정에 영향을 미칠 수 있는 평가항목들을 제시한 표 (table) 또는 목록(list)을 의미한다. 특히, 체크리스트를 활용한 평가방법은 해외시장의 환경상황을 분석하고 평가하기 위하여 널리 사용되는 방법 중의 하나이다. 〈표 12－1〉, 〈표 12－2〉와 〈표 12－3〉은 해외직접투자, 합작투자, 그리고 라이선싱을 통한 글로벌 기술이전평가를 위한 체크리스트를 각각 제시한다. 글로벌 기업의 협상 담당자는 글로벌 기술이전에 대한 본격적인 협상을 수행하기 전에 체크리스트를 활용하여 협상의 대상이 되는 해외직접투자, 합작투자 및 라이선싱 등을 통한 글로벌 기술이전에 대한 평가를 할 수 있다.

각 표들의 제목에 제시되어 있는 AHP(analytic hierarchy process, AHP)는 다음과 같은 의미를 갖고 있다. AHP는 분석적 계층화 과정이라고 하며, 이것은 *새티(Saaty)*에 의해 개발된 다기준 의사결정방법(multicriteria decision making)의 하나로 경영의사결정, 계획, 자원배분, 갈등해결 및 예측 등과 같은 분야에 폭 넓게 적용되어 왔다.[14] AHP 방법은 복잡한 의사결정 과제의 분해(계층적 구조화)를 통하여 대안 또는 평가항목의 가중치(중요도)를 제시하는 기법이다.[15] 계층적 구조화의 기본 조건인 계층의 수는 연구자 또는 의사결정자의 모형화에 따라 정해진다. 이러한 계층의 수가 정해지면 구조화된 설문을 통해 각 의사결정자로부터 평가항목의 상대적 선호도, 즉 가중치를 얻는 과정이 진행된다.

---

13 박주홍(2008), p. 59 이하 수정 재인용.
14 Saaty, T. L.(1994); Satty, T. L.(1990).
15 김윤주/심준섭(2007), p. 5 이하.

글로벌 기술이전에 대한 평가대안이 다수인 경우, 협상 담당자는 각 평가대안의 총점을 비교하여 가장 높은 점수를 획득한 대안을 선택할 수 있다. 그러나 평가대안 이 한 개인 경우, 다음과 같은 별도의 등급을 기준으로 최종 평가가 이루어진다. 또 한 다수의 평가대안 중에서 가장 높은 점수를 획득한 대안도 다음과 같은 등급을 기준으로 최종 평가를 하여야 한다. 예를 들면, 협상 담당자는 최종 평가를 위해 다음과 같은 등급을 정할 수 있다.[16]

- **1등급** : 90점(총점 5점 기준 4.5점) 이상(매우 양호함)
- **2등급** : 80점(총점 5점 기준 4.0점) 이상(대체로 양호함)
- **3등급** : 70점(총점 5점 기준 3.5점) 이상(양호함)
- **4등급** : 60점(총점 5점 기준 3.0점) 이상(대체로 양호하지 않음)
- **5등급** : 60점(총점 5점 기준 3.0점) 미만(매우 양호하지 않음)

---

16 박주홍(2008), p. 63.

표 12-1	해외직접투자를 통한 글로벌 기술이전의 평가를 위한 체크리스트(AHP 가중치)			
1계층 평가기준 (가중치)	2계층 평가항목 (i=1,2,3,...,20)	평가 점수 (pi)	가중치 (wi)	최종 점수 (pi·wi)
현지국 시장요인	1. 현지 시장규모가 크다. 2. 해외 자회사의 예상 매출액규모가 크다. 3. 현지 유통경로접근이 용이하다.			
현지국 환경요인	4. 본국과 현지국 간의 사회문화적 차이가 적다. 5. 현지 경쟁기업의 경쟁력이 약하다. 6. 현지국 정부의 글로벌 기술이전에 대한 인센티브 및 지원책이 많다. 7. 현지국에서의 대체기술 개발가능성이 낮다. 8. 현지국에서의 예상 제품수명주기 또는 기술수명주기가 길다.			
본국의 규제	9. 본국 정부의 글로벌 기술이전에 대한 규제가 심하지 않다.			
해외 자회사의 경영능력	10. 해외 자회사의 자금조달능력이 우수하다. 11. 해외 자회사의 마케팅능력이 우수하다. 12. 해외 자회사의 생산능력이 우수하다.			

이전기술의
유용성
	13. 이전기술을 통하여 해외 자회사의 원가가 절감될 수 있다.
	14. 이전기술을 통하여 해외 자회사의 제품품질이 향상
	    될 수 있다.
	15. 이전기술에 대한 기술유출 방지책이 우수하다.
	16. 이전기술의 계속적 발전가능성이 높다.
	17. 해외 자회사로부터 역기술이전의 가능성이 높다.
	18. 이전기술의 원산지 효과가 뛰어나다.
	19. 기술이전을 위한 교육인력파견으로 추가적 이윤의 획
	    득가능성이 높다.			

본국과 현지국의 로열티 지불 성격	20. 본사와 해외 자회사 간의 로열티 지불이 본국과 현지 국의 송금규제 회피수단으로 활용될 가능성이 높다.			
합계=1.0	최고 점수(총점) : 5×1.0=5.0점	5점 척도	합계 =1.0	총 점

평가점수의 척도 : 1점(매우 그렇지 않다) - 5점(매우 그렇다)
자료원 : 박주홍(2008), p. 65.

표 12-2	합작투자를 통한 글로벌 기술이전의 평가를 위한 체크리스트(AHP 가중치)			
1계층 평가기준 (가중치)	2계층 평가항목 (i=1,2,3,...,20)	평가 점수 (pi)	가중치 (wi)	최종 점수 (pi·wi)
현지국 시장요인	1. 현지 시장규모가 크다. 2. 해외 합작회사의 예상 매출액규모가 크다. 3. 현지 유통경로접근이 용이하다.			
현지국 환경요인	4. 본국과 현지국 간의 사회문화적 차이가 적다. 5. 현지 경쟁기업의 경쟁력이 약하다. 6. 현지국 정부의 글로벌 기술이전에 대한 인센티브 　및 지원책이 많다. 7. 현지국에서의 예상 제품수명주기 또는 기술수명주 　기가 길다.			
본국의 규제	8. 본국 정부의 글로벌 기술이전에 대한 규제가 심하 　지 않다.			
해외 파트너기업의 경영능력	9. 해외 파트너기업의 자금조달능력이 우수하다. 10. 해외 파트너기업의 마케팅능력이 우수하다. 11. 해외 파트너기업의 생산능력이 우수하다.			
이전기술의 유용성	12. 이전기술에 대한 기술유출 방지책이 우수하다. 13. 이전기술의 계속적 발전가능성이 높다. 14. 해외 합작회사로부터 역기술이전의 가능성이 높다. 15. 현지국에서의 대체기술 개발가능성이 낮다. 16. 기술이전을 위한 교육인력파견으로 추가적 이윤 　의 획득가능성이 높다. 17. 해외 합작회사로부터 받을 수 있는 예상 로열티 　가 많다.			
본사와 현지 파트너기업 간의 협력	18. 기술이전을 할 때 본사와 현지 파트너기업 간의 　의사소통이 용이하다. 19. 본사와 현지 파트너기업 간의 경영권 분담에 있 　어서 문제가 없다. 20. 본사와 현지 파트너기업 간의 분쟁해결을 위한 　규정이 명확하다.			
합계=1.0	최고 점수(총점) : 5×1.0=5.0점	5점 척도	합계 =1.0	총 점

평가점수의 척도: 1점(매우 그렇지 않다) − 5점(매우 그렇다)
자료원: 박주홍(2008), p. 67.

표 12-3	라이선싱을 통한 글로벌 기술이전의 평가를 위한 체크리스트(AHP 가중치)			
1계층 평가기준 (가중치)	2계층 평가항목 (i=1,2,3,...,20)	평가 점수 (pi)	가중치 (wi)	최종 점수 (pi · wi)
현지국 시장요인	1. 현지 시장규모가 크다.			
현지국 환경요인	2. 현지국 정부의 글로벌 기술이전에 대한 인센티브 및 지원책이 많다. 3. 현지국에서의 대체기술 개발가능성이 낮다. 4. 현지국에서의 예상 제품수명주기 또는 기술수명주기가 길다.			
본국의 규제	5. 본국 정부의 글로벌 기술이전에 대한 규제가 심하지 않다.			
기술취득 기업의 경영능력	6. 기술취득기업의 자금조달능력이 우수하다. 7. 기술취득기업의 마케팅능력이 우수하다. 8. 기술취득기업의 생산능력이 우수하다.			
이전기술의 유용성	9. 이전기술에 대한 기술유출 방지책이 우수하다. 10. 기술취득기업으로부터 역기술이전의 가능성이 높다. 11. 기술이전을 위한 교육인력파견으로 추가적 이윤의 획득가능성이 높다. 12. 기술취득기업으로부터 받는 로열티가 많다. 13. 교차라이선싱의 가능성이 높다. 14. 기술을 이전함으로써 기술제공기업의 명성을 제고하여, 다른 제품의 판매에 긍정적 영향을 미칠 수 있다.			
기술제공 기업과 기술취득 기업 간의 협력	15. 기술이전을 할 때 기술제공기업과 기술취득기업 간의 의사소통이 용이하다. 16. 기술제공기업과 기술취득기업 간의 분쟁해결을 위한 규정이 명확하다. 17. 기술취득기업이 미래의 강력한 경쟁자가 될 가능성이 낮다. 18. 기술취득기업으로부터 현지시장정보가 획득될 가능성이 높다. 19. 기술취득기업이 기술제공기업으로부터 원자재 및 부품을 부가적으로 조달할 가능성이 높다. 20. 기술제공기업의 감사 및 검사권리(생산 과정, 품질검사)의 확보 가능성이 높다.			
합계=1.0	최고 점수(총점) : 5×1.0=5.0점	5점 척도	합계 =1.0	총 점

평가점수의 척도 : 1점(매우 그렇지 않다) − 5점(매우 그렇다)

자료원 : 박주홍(2008), p. 70.

12.2.3 라이선싱 및 프랜차이징협상의 대상과 내용

라이선싱 및 프랜차이징협상의 대상과 내용은 앞서 설명한 라이선싱과 프랜차이징의 종류, 글로벌 프랜차이저의 글로벌 시장진입방법 및 글로벌 기술이전 등과 같은 주요 영향요인의 관점에서 각각 요약될 수 있다. 〈표 12-4〉는 라이선싱 및 프랜

표 12-4	라이선싱 및 프랜차이징협상의 대상과 내용(예시)	
라이선싱과 프랜차이징의 종류와 주요 영향요인	협상의 대상	협상의 내용(예시)
라이선싱	일방향적 라이선싱	이전 또는 판매하려는 기술 또는 브랜드의 종류, 로열티 규모 및 지불방법, 라이선시의 준수사항, 분쟁해결방안, 계약기간과 종료 등에 대한 협상
	쌍방향적 라이선싱	일방향적인 라이선싱과 동일한 협상, 기술 경쟁력이 높은 상호 교차적인 라이선싱 교환의 대상에 대한 협상
프랜차이징	비즈니스 포맷 프랜차이징 (시스템 프랜차이징)	로열티 규모 및 지불방법, 프랜차이지의 준수사항, 분쟁해결방안, 계약기간과 종료 등에 대한 협상
글로벌 프랜차이저의 글로벌 시장진입방법	매스터 프랜차이징	비즈니스 포맷 프랜차이징과 동일한 협상, 현지국 프랜차이지 통제에 대한 협상
	지역개발계약	비즈니스 포맷 프랜차이징과 동일한 협상, 프랜차이지의 지역관할 범위에 대한 협상
	직접 프랜차이징	비즈니스 포맷 프랜차이징과 동일한 협상, 현지국 개별 프랜차이지와의 직접 협상
	라이선싱(단일적 자산에 대한 프랜차이징)	일방향적 라이선싱과 동일한 협상
	부분 기업소유 아울렛	합작투자인 경우 합작투자 기업과의 프랜차이징 협상, 비즈니스 포맷 프랜차이징과 동일한 협상
	단독 기업소유 아울렛	기업 내부적 관련 부서 또는 당사자들 간의 프랜차이징 업무 분담 및 처리 등에 대한 협의
글로벌 기술이전	해외직접투자를 통한 글로벌 기술이전	해외 자회사와의 기술이전에 대한 협상, 일방향적 및 쌍방향적 라이선싱과 동일한 협상(기업 내부적 협의)
	합작투자를 통한 글로벌 기술이전	합작투자 기업과의 기술이전에 대한 협상, 일방향적 및 쌍방향적 라이선싱과 동일한 협상
	라이선싱을 통한 글로벌 기술이전	라이선서와 라이선서 간의 기술이전에 대한 협상, 일방향적 및 쌍방향적 라이선싱과 동일한 협상

차이징협상의 대상과 내용(예시)을 보여준다. 다음 절에서는 라이선싱 및 프랜차이징 협상의 대상 중에서 중요한 것으로 평가될 수 있는 라이선싱협상, 프랜차이징협상 및 로열티협상 등에 대하여 살펴보기로 한다(12.3 참고).

12.3 라이선싱 및 프랜차이징과 관련된 주요 협상 이슈

12.3.1 라이선싱협상

라이선싱은 라이선서가 보유하고 있는 다양한 지적 재산과 상업적 자산을 해외에 있는 라이선시에게 판매함으로써 추가적 이윤을 달성할 수 있는 글로벌 시장진입방법이다. 라이선싱은 다음과 같은 장점을 갖고 있다.[17]

- 로열티 창출 : 라이선서가 보유한 지적 재산 및 상업적 자산의 판매를 통하여 로열티 수입이 창출된다. 즉, 라이선서가 보유한 잉여기술의 판매를 통하여 추가적으로 확보된 수익은 기업의 재무상태를 건전하게 만드는 역할을 할 뿐만 아니라, 이러한 수익은 신제품 개발을 위한 연구개발비로도 투입될 수 있다.
- 관세 및 비관세 장벽의 우회를 통한 글로벌 시장진입 : 기업이 어떤 국가에 수출하는 경우, 관세 및 비관세 장벽으로 인하여 수출활동이 제한을 받을 수 있다. 그러나 라이선싱을 통한 기술이전은 현지국 정부가 긍정적으로 평가하기 때문에 매우 효과적인 글로벌 시장진입의 방법으로 볼 수 있다.
- 비교적 낮은 해외시장의 위험 : 수출 또는 해외직접투자와 비교해 볼 때, 라이선싱은 자본투자를 거의 필요로 하지 않으며 해외시장에서의 위험이 매우 낮은

---

17 Cavusgil, S. T. et al.(2008), p. 433; Hünerberg, R.(1994), p. 127.

글로벌 시장진입방법이다.

- **교차라이선싱의 이용가능성** : 일방향적인 라이선싱을 통하여 라이선시가 어느 정도 기술적으로 독립하여 새로운 기술을 창출하는 경우, 라이선시가 라이선 서에게 교차라이선싱을 제공할 수 있다. 또한 라이선서와 라이선시의 기술력 이 모두 우수하거나 비슷할 경우 쌍방향적인 계약이 체결될 수 있다.
- **해외직접투자와 관련된 해외시장조사** : 라이선서가 라이선시로부터 받는 로열티 의 크기가 매출액 기준으로 정해질 경우, 라이선서는 라이선시의 매출액 규모 를 파악할 수 있다. 그러므로 라이선서는 추가적으로 비용이 소요되는 해외시 장조사를 직접적으로 수행하지 않고 라이선시의 매출액 규모를 파악할 수 있 다. 만일 제공된 기술로 만든 제품이 현지국 시장에서 큰 매출액 실적을 달성 하였다면, 라이선서는 라이선싱을 종료하고 현지국에서 해외직접투자를 통한 생산으로 전환할 수 있다.

라이선시를 대상으로 협상을 수행하는 라이선서 측의 협상 담당자는 성공적인 협 상을 위하여 다음과 같은 사항들을 고려하여야 한다.[18]

- **전달되는 권리의 범위에 대한 협상** : 협상 담당자는 이전하려는 기술 및 노하우 의 구체화하여야 할 뿐만 아니라, 구체적인 이전과정에 대한 협상을 수행하여 야 한다. 예를 들면, 기술수출을 하는 경우에 있어서 라이선서와 라이선시는 거래의 대상이 되는 특정 기술에 대하여 명확히 규정하여야 한다.
- **보상과 관련된 협상** : 협상 담당자는 이전비용(예를 들면, 기술이전에 의해 발생하는 모든 변동비), 연구개발비 및 기회비용(수출 및 해외직접투자에 따른 이윤과의 비교) 등 을 포괄하는 로열티의 확보를 위하여 라이선시와의 협상을 수행하여야 한다. 라이선싱에서 가장 중요한 의사결정은 로열티의 결정이다(12.3.3 참고).

---

18 Czinkota, M. R. et al.(2005), p. 383 이하.

- 라이선시의 준수사항에 대한 협상 : 협상 담당자는 이전기술에 대한 규제, 제공되는 정보에 대한 비밀보호, 문서보존 및 감사조항, 품질표준 등에 대한 사항들을 라이선시와의 협상을 통하여 합의하여야 한다. 만일 이러한 합의가 이루어지지 않는다면, 이것은 향후에 분쟁의 요인으로 작용할 수 있다.

- 분쟁해결에 대한 협상 : 협상 담당자는 계약에 대한 법률적 해석 및 갈등해결, 중재조항 등에 대한 사항들을 라이선시와의 협상을 통하여 합의하여야 한다. 이러한 합의를 통하여 라이선서와 라이선시 간의 분쟁과 관련된 문제점들이 소송으로 진행되는 것을 미연에 방지할 수 있다. 만일 라이선서와 라이선시 간의 분쟁이 소송으로 이어진다면, 당사자 모두에게 많은 비용이 발생할 뿐만 아니라 기업의 이미지가 악화될 수 있다.

- 계약의 기간과 종료 등에 대한 협상 : 협상 담당자는 현지국에서의 정부의 규제를 검토하여야 하며, 아울러 상황악화에 따른 협정파기(예를 들면, 최대 허용기간) 등을 효율적으로 처리하여야 한다. 특히, 라이선싱과 관련된 계약의 기간과 종료에 대한 문제는 법적인 계약에서 가장 중요한 부분 중의 하나이기 때문에 법적 구속력이 있는 계약서(예를 들면, 계약서의 공증)를 작성하여야 한다.

12.3.2 프랜차이징협상

프랜차이징은 라이선싱과는 달리 계약대상이 포괄적일 뿐만 아니라, 계약의 규모도 크기 때문에 프랜차이저에게 비교적 큰 로열티를 가져다준다. 프랜차이저의 관점에서의 프랜차이징의 장점은 다음과 같다.[19]

- 다수의 글로벌 시장으로의 신속한 진입 및 비용 효과적(경제적)인 진입 : 프랜차이저는 다수의 현지국 프랜차이지들과의 계약을 통하여 수많은 국가에 동시에 진

입할 수 있을 뿐만 아니라, 학습효과를 활용하여 글로벌 시장진입비용을 대폭 절감할 수 있다.

- 실질적인 자본투자의 불필요 : 자본 및 자산의 투자를 필요로 하는 해외직접투자와는 달리 프랜차이징은 자본투자를 거의 필요로 하지 않는다. 또한 프랜차이징은 라이선싱보다 로열티의 규모가 크기 때문에 수익성이 매우 높은 글로벌 시장진입방법이다.

- 잘 구축된 상표명을 활용한 해외에서의 초기판매 및 지속적 판매의 촉진 : 프랜차이저가 잘 구축된 글로벌 이미지(예를 들면, 맥도날드)를 갖고 있다면, 프랜차이징의 초기뿐만 아니라 지속적으로 프랜차이지의 판매량이 증대될 수 있다.

- 현지국 프랜차이지의 지식 활용 : 프랜차이저는 현지시장을 효율적으로 통제하고 개발하기 위하여 현지국 프랜차이지의 지식을 효율적으로 활용할 수 있다.

- 전 세계적으로 표준화된 마케팅전략의 수행 : 일반적으로 프랜차이징은 전 세계시장을 대상으로 차별화된 접근을 하지 않고 표준화된 접근을 하는 경향이 있기 때문에 표준화를 통한 글로벌 시너지 효과가 창출될 수 있다.

라이선싱과 마찬가지로 프랜차이지를 대상으로 협상을 수행하는 프랜차이저 측의 협상 담당자는 성공적인 협상을 위하여 다음과 같은 측면들을 체계적으로 검토하여 협상에 임할 필요가 있다.

- 전달되는 권리의 범위에 대한 협상 : 프랜차이징의 종류에 따라 프랜차이지에게 전달되는 권리와 범위가 다르기 때문에 특정 종류의 프랜차이징(예를 들면, 마스터 프랜차이징 또는 지역개발계약 등)에 따라 협상이 수행되어야 한다.

- 보상과 관련된 협상 : 협상 담당자는 이전비용(예를 들면, 프랜차이징이전에 의해 발생하는 모든 변동비), 프랜차이징과 관련된 개발비 및 기회비용(해외점포 직접개설에 따른 이윤과의 비교) 등을 포괄하는 로열티의 확보를 위하여 프랜차이지와의 협상을 수행하여야 한다. 프랜차이징에서 로열티의 결정은 가장 중요한 협상의

대상이 될 수 있다(12.3.3 참고).

- 프랜차이지의 준수사항에 대한 협상 : 협상 담당자는 이전되는 프랜차이징에 대한 규제, 제공되는 정보에 대한 비밀보호, 문서보존 및 감사조항, 프랜차이징 품질표준 등에 대한 사항들을 프랜차이지와의 협상을 통하여 합의하여야 한다. 만일 이러한 합의가 이루어지지 않는다면, 이것은 향후에 분쟁의 요인으로 작용할 수 있다.

- 분쟁해결에 대한 협상 : 협상 담당자는 계약에 대한 법률적 해석 및 갈등해결, 중재조항 등에 대한 사항들을 프랜차이지와의 협상을 통하여 합의하여야 한다. 이러한 합의를 통하여 프랜차이저와 프랜차이지 간의 분쟁과 관련된 문제점들이 소송으로 진행되는 것을 사전에 방지할 수 있다. 만일 프랜차이저와 프랜차이지 간의 분쟁이 소송으로 이어진다면, 당사자 모두에게 많은 비용이 발생할 뿐만 아니라 기업의 이미지가 악화될 수 있다.

- 계약의 기간과 종료 등에 대한 협상 : 프랜차이징과 관련된 계약의 기간과 종료에 대한 문제는 법적인 계약에서 가장 중요한 부분 중의 하나이기 때문에 법적 구속력이 있는 계약서(예를 들면, 계약서의 공증)를 작성하여야 한다. 프랜차이지는 독자적인 건물, 점포 등을 활용하여 프랜차이징과 관련된 사업을 수행하기 때문에 계약기간을 장기적으로 하려는 경향이 있다. 따라서 프랜차이저는 이러한 상황을 고려하여 장기간의 계약일지라도 계약의 종료에 대한 사항을 매우 구체적으로 계약서에 기록하여야 한다.

12.3.3 로열티협상

로열티(royalty)는 라이선서 또는 프랜차이저가 보유한 지적재산(특허권, 저작권 및 상표권)과 상업적 자산을 라이선시 또는 프랜차이지에게 제공하고 그 대가로 받는 사용료를 말한다. 이것은 이전되는 권리의 대상에 따라 라이선스사용료, 기술사용료, 특허사용료, 상표사용료, 노하우사용료 및 프랜차이즈사용료 등으로 분류되기도 한다.

이러한 다양한 형태의 사용료의 의미를 살펴보면 다음과 같다.[20]

- **라이선스사용료(license fee)** : 라이선싱계약에 기초하여 라이선시가 라이선서에게 지불하는 사용료(일반적으로 로열티와 동의어로 사용되기도 함)
- **기술사용료(technology fee)** : 특정기술이 이전되는 경우에 기술사용자가 기술제공자에게 지불하는 사용료
- **특허사용료(patent royalty)** : 법적으로 보호를 받는 특허를 이전하는 경우에 특허사용자가 특허제공자에게 지불하는 사용료
- **상표사용료(brand royalty)** : 상표(또는 기업명)를 사용하는 대가로 상표사용자가 상표제공자에게 지불하는 사용료
- **노하우사용료(know-how fee)** : 특허를 통하여 법적인 보호를 받지 못하는 발명, 공식, 설계와 과정, 비법, 축적된 기술(또는 기술적 비밀) 및 경험 등을 사용하는 대가로 노하우사용자가 노하우제공자에게 지불하는 사용료
- **프랜차이즈사용료(franchise royalty)** : 프랜차이징계약에 기초하여 프랜차이지가 프랜차이저에게 지불하는 사용료

로열티의 결정에 있어서 가장 중요한 요소의 하나는 로열티의 크기이다. 라이선서(프랜차이저)가 어떤 기술(프랜차이징의 대상)을 라이선시(프랜차이지)에게 이전한다면, 이들 쌍방은 로열티의 크기를 두고 첨예한 대립을 할 수도 있다. 즉, 라이선서(프랜차이저)는 최대한 많은 로열티를 받기를 원하는 반면, 라이선시(프랜차이지)는 최소한 적은 로열티를 지불하기를 원한다.[21] 아래에서는 라이선싱의 관점으로 국한하여 로열티의 크기에 대한 문제를 검토하기로 한다. 즉, 프랜차이징에 대한 로열티의 크기에 대한 문제는 라이선싱의 관점에서 설명된 논리를 그대로 적용하면 되기 때문이다.

---

20 박주홍(2012), p. 322 재인용.
21 전게서, p. 323 이하 수정 재인용.

글렘보키(*Glembocki*)는 이러한 문제를 해결하기 위하여 무차별곡선(indifference curve)에 기초하여 라이선서와 라이선시 쌍방이 받아들일 수 있는 로열티의 크기에 대한 해영역(solution area)을 제시한다.[22] 로열티는 일괄지불(lump-sum payment)하는 총 사용료와 매출액에 따른 경상로열티(running royalty)로 각각 구분된다. 경상로열티는 일반적으로 매출액의 일정비율(%)로 지불된다. 이와 같은 대표적인 두 가지의 로열티 지불유형을 바탕으로 하여 〈그림 12-2〉에 나타나 있는 로열티의 크기에 대한 해영역이 제시되었다. 이러한 해영역은 라이선서와 라이선시 간의 이론적으로 가능한 협상영역으로 볼 수 있다.

- 라이선시는 일괄지불하는 총 사용액(S_0)의 크기와 경상로열티(R_0)의 크기가 서로 연결되는 무차별곡선보다 적은 금액을 지불하기를 원한다(〈그림 12-2〉, 라이선시의 무차별곡선의 아래에 있는 빗금 친 부분에 해당됨).
- 라이선서는 일괄지불하는 총 사용액($\overline{S_0}$)의 크기와 경상로열티($\overline{R_0}$)의 크기가 서로 연결되는 무차별곡선보다 많은 금액을 지불받기를 원한다(〈그림 12-2〉, 라이선서의 무차별곡선의 위에 있는 빗금 친 부분에 해당됨).
- 〈그림 12-2〉는 라이선시와 라이선서가 받아들일 수 있는 로열티의 크기에 대한 해영역을 제시한다. 이 그림에서는 라이선시와 라이선서의 무차별곡선의 기울기가 각각 다르게 나타나 있다. 이것은 어떤 기술의 라이선싱을 통하여 지불하거나 지불받아야 하는 로열티의 크기와 관련하여 쌍방이 서로 다른 기대치를 갖고 있다는 것을 의미한다. 이 그림에 의하면, 쌍방이 합의할 수 있는 로열티의 크기는 해영역(쌍방의 빗금 친 부분이 겹치는 영역)에서 결정된다.

---

22 Perlitz, M.(2004), p. 204 재인용; Glembocki, S.(1977), p. 3 이하.

그림 12-2   로열티의 크기에 대한 해영역(solution area)

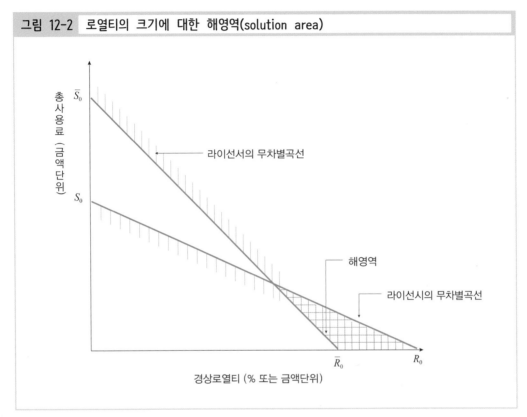

자료원 : Glembocki, S.(1977).

무차별곡선에 기초하여 로열티의 크기를 결정하는 것은 이론적으로 가능하지만, 실제적 관점에서 볼 때 라이선서와 라이선시의 협상력(bargaining power)에 따라 쌍방의 무차별곡선이 아무런 의미가 없을 수도 있다. 즉, 그 이유는 라이선싱을 통하여 이전되는 기술의 가치가 쌍방의 협상력에 큰 영향을 미칠 수 있기 때문이다. 협상 담당자는 다음과 같은 측면들을 중요하게 고려하여 라이선시와의 협상을 수행할 필요가 있다.

- 라이선서가 제공하는 기술이 경쟁력이 있는 독점적 기술인 경우 : 라이선서는 로열티협상에서 라이선시보다 우위에 서게 된다.

- 라이선서가 제공하는 기술이 널리 알려진 경쟁력이 없는 기술인 경우 : 라이선서는 로열티협상에서 라이선시보다 열위에 처하게 된다.
- 이전비용을 고려한 로열티 규모의 협상 : 협상 담당자는 기술이전에 의해 발생할 수 있는 모든 비용(예를 들면, 기술이전에 의해 발생하는 모든 변동비, 엔지니어링 비용, 법적 자문비용 등), 연구개발비(예를 들면, 기술개발을 위해 투입한 비용) 및 기회비용 (수출 및 해외직접투자에 따른 이윤과의 비교) 등을 고려하여 로열티의 규모를 결정하여 라이선시와의 협상을 수행하여야 한다.

〈표 12-5〉는 라이선싱 및 프랜차이징협상과 관련된 주요 협상 이슈를 요약하여 보여준다. 이 표는 라이선싱, 프랜차이징 및 로열티 등에 대한 주요 협상 이슈들을 제시한다.

표 12-5	라이선싱 및 프랜차이징협상과 관련된 주요 협상 이슈의 요약
주요 협상 이슈	협상의 주요 내용 또는 준비사항
라이선싱	• 전달되는 권리의 범위에 대한 협상 • 보상과 관련된 협상 • 라이선시의 준수사항에 대한 협상 • 분쟁해결에 대한 협상 • 계약의 기간과 종료 등에 대한 협상
프랜차이징	• 전달되는 권리의 범위에 대한 협상 • 보상과 관련된 협상 • 프랜차이지의 준수사항에 대한 협상 • 분쟁해결에 대한 협상 • 계약의 기간과 종료 등에 대한 협상
로열티	• 라이선서가 제공하는 기술이 경쟁력이 있는 독점적 기술인 경우의 협상 • 라이선서가 제공하는 기술이 널리 알려진 경쟁력이 없는 기술인 경우의 협상 • 이전비용을 고려한 로열티 규모의 협상

해외직접투자협상

CHAPTER 13

CHAPTER 13

해외직접투자협상

13.1 해외직접투자의 의의[1]

해외직접투자(foreign direct investment, FDI)는 기업이 자본, 기술, 노동력, 토지, 공장 및 설비 등과 같은 생산적 자산(productive assets)의 취득을 통하여 해외에 기업을 설립하여 기업경영에 참여하는 글로벌화 전략이다.[2] 자본투자의 관점에서 볼 때, 해외투자는 해외포트폴리오투자(foreign portfolio investment)와 해외직접투자로 분류할 수 있다. 해외포트폴리오투자(해외증권투자 또는 해외간접투자라고도 함)는 해외에서 주식 및 채권 등을 구매하여 투자한 자금에 대한 수익의 창출을 목표로 하는 반면, 해외직접투자는 해외에서 일정지분의 주식을 매수하여 투자한 기업에 대한 경영통제를 목표로 한다.

우리나라에서는 통계적 목적으로 해외기업의 주식을 20% 이상 소유하는 것을 해

---

1 박주홍(2012), p. 332 재인용.
2 Cavusgil, S. T. et al.(2008), p. 394.

외직접투자로 보며, 20% 미만은 해외포트폴리오투자로 본다. 미국 상무성의 규정에 따르면, 미국의 시민, 기관 또는 계열그룹이 해외기업의 주식을 10% 이상 소유하면 해외직접투자로 간주한다.[3]

13.2 해외직접투자의 주요 영향요인과 협상의 대상

13.2.1 해외직접투자의 형태[4]

단독투자(wholly owned investment)

기업이 완전소유 자회사(wholly owned subsidiaries)를 해외에 설립하는 것을 단독투자라고 한다. 여기에서 완전소유(full ownership)는 해외에 투자한 기업이 100%의 주식지분을 갖는 것을 의미한다. 즉, 기업은 해외 자회사에 대한 완전소유를 통하여 해외 기업활동에 대한 배타적인 경영통제권을 행사할 수 있다. 해외에서의 완전소유 자회사는 신설투자와 인수 등과 같은 두 가지 방법에 의해 설립될 수 있다.[5]

해외에서의 신설투자(greenfield investment)는 해외에 새로운 공장 또는 사업체(예를 들면, 생산 자회사, 마케팅 자회사 또는 판매법인, 서비스 자회사 등)를 설립하는 것을 말한다. 신설투자를 'greenfield investment'라고 하는데, 이것은 녹지에 공사를 하여 새 건물 또는 공장을 짓는 이미지를 표현한 것이다. 반면에, 인수(acquisition)는 'brownfield investment'라고 하며, 이것은 기존의 공장 또는 설비를 인수하여 해외에 진출하는 방법이다.

---

3 김광수 외(2005), p. 234; Ball, D. A. et al.(2004), p. 66.
4 박주홍(2012), p. 340 이하 재인용.
5 Hill, C. W. L.(2005), p. 494.

합작투자(joint ventures)

합작투자는 서로 다른 국적을 가진 2개 또는 그 이상의 개인, 기업 또는 국가기관 (또는 국영기업)이 기업을 설립하여 공동으로 경영하는 것을 말한다. 넓은 의미에서 볼 때, 합작투자는 다수지분참여(majority participation, 50% 이상의 자본참여), 동등지분참여 (equal participation, 50% : 50%의 동일한 자본참여) 및 소수지분참여(minority participation, 50% 미만의 자본참여) 등으로 구분할 수 있다. 그리고 좁은 의미에서 볼 때, 합작투자는 동등지분참여와 동의어로 사용되기도 한다. 합작투자는 2개 이상의 기업의 협력에 그 바탕을 두고 있기 때문에 전략적 제휴의 관점에서 논의되기도 한다(제14장 14.2.1 참고).[6]

인수(acquisition) 및 합병(merger)

글로벌 경영의 관점에서 볼 때, 2개 이상의 기업이 법적인 절차를 거쳐 단일기업이 되는 합병(merger)과 해외투자기업이 현지국 기업의 주식의 일부 또는 전부를 매수하여 경영권을 획득하는 인수(acquisition)를 결합한 용어를 M&A(merger and acquisition)라고 한다.[7] 합병은 합병의사를 가진 서로 다른 국적의 기업들이 이사회와 주주총회의 결의를 거쳐 자산과 부채를 정리하여 하나의 기업이 되는 것을 말한다. 반면에, 인수는 해외투자기업이 협상 또는 다른 수단을 통하여 현지국 기업을 매수한 후 그 기업을 존속시키는 것을 의미한다. 이와 같이 인수와 합병이 개념적·법적으로 차이가 있지만, 기존의 현지국 기업을 투자 또는 사업확장의 대상으로 한다는 측면에서는 동일하기 때문에 M&A로 통칭하고 있다.[8]

---

6 Griffin R. W. and Pustay, M. W.(2007), p. 360.

7 장세진/MCC(2004), p. 7 이하.

8 전용욱 외(2003), p. 180.

13.2.2 해외직접투자협상의 대상과 내용

해외직접투자협상의 대상과 내용은 앞서 설명한 단독투자, 합작투자, 그리고 인수 및 합병 등과 같은 주요 영향요인의 측면에서 각각 요약될 수 있다. 〈표 13-1〉은 해외직접투자협상의 대상과 내용(예시)을 보여준다. 다음 절에서는 해외직접투자협상의 대상 중에서 중요한 것으로 보이는 신설투자협상, 합작투자협상, 인수 및 합병협상 등에 대하여 논의하기로 한다(13.3 참고).

표 13-1   해외직접투자협상의 대상과 내용(예시)

해외직접투자의 종류와 주요 영향요인	협상의 대상	협상의 내용(예시)
단독투자	신설투자와 관련된 현지국 정부 또는 관청	현지국 투자규제 또는 투자유치와 관련된 해당 관청과의 협상
	신설투자와 관련된 자산매입	공장부지 또는 건물매입과 관련된 협상
	신설투자와 관련된 자본조달	자본조달과 관련된 국내외 금융기관과의 협상
	신설투자를 반대하는 본국의 노동조합	일자리의 해외유출을 반대하는 본국의 노동조합과의 갈등해결을 위한 협상
	인수	단독투자에 의한 인수와 관련된 피인수기업과의 인수조건 등에 대한 협상
합작투자	다수지분참여	소수지분참여 합작투자 파트너와의 협상(경영권 분담의 범위, 투자회수, 배당금, 이익배분, 부품 또는 원재료 납품 가능성 등)
	동등지분참여	동등지분참여 합작투자 파트너와의 협상(경영권 분담의 범위, 투자회수, 배당금, 이익배분, 부품 또는 원재료 납품 가능성 등)
	소수지분참여	다수지분참여 합작투자 파트너와의 협상(경영권 분담의 범위, 투자회수, 배당금, 이익배분, 부품 또는 원재료 납품 가능성 등)
인수 및 합병	인수	피인수기업과의 인수조건 등에 대한 협상
	합병	피합병기업과의 합병조건 등에 대한 협상

13.3 해외직접투자와 관련된 주요 협상 이슈

13.3.1 신설투자협상

해외에 완전소유 자회사를 설립하는 신설투자는 현지국에 새로운 생산시설 또는 판매법인(판매망) 등을 구축하는 것을 말한다. 글로벌 기업이 인수 및 합병보다 신설투자를 선호하는 이유는 다음과 같다.[9]

- 현지국의 양호한 입지에도 불구하고 단독투자를 통하여 인수할 만한 생산시설이 없는 경우, 기업은 신설투자를 선택하게 된다.
- 현지국에 인수 및 합병의 대상이 되는 기업이 있을지라도 그 대상기업이 노후화된 설비를 보유하고 있거나 노조활동이 기업에 부정적인 영향을 미칠 것으로 판단되는 경우, 기업은 신설투자를 결정하게 된다. 이러한 노후시설 또는 노사문제로 인하여 기존의 생산설비를 인수하는 것이 신설투자보다 오히려 더 많은 비용이 들 수도 있다.
- 인수대상이 되는 기업의 자산의 불가분성(indivisibility)으로 인하여 불필요한 자산도 함께 인수해야 하는 상황이 발생한다면, 기업은 신설투자를 선택하는 경향이 있다.
- 정보의 비대칭성(information asymmetry)으로 인하여 피인수 대상기업의 실제 가치를 정확히 평가하기 어려울 경우, 기업은 신설투자를 선호한다.
- 인수를 하게 되면 피인수기업의 조직문화, 업무방식 등이 다르기 때문에 인수기업으로의 통합에 문제점이 나타날 수 있다. 이러한 문제점을 근본적으로 제거하기 위하여 기업은 신설투자를 선택한다.

---

9 민상기/정창영(2012), p. 405 이하; 최순규/김창도(2004), p. 49; Balakrishnan, S. and Koza, M. P.(1993); Hennart, J. F. and Park, Y. R.(1993); Jemison, D. and Sitkin, S.(1986).

신설투자협상을 수행하는 협상 담당자는 다음과 같은 주요 협상 이슈들을 고려하여 협상을 수행하여야 한다.

- 신설투자와 관련된 현지국 정부 또는 관청과의 협상 : 현지국에 해외투자기업이 투자를 하는 경우에 있어서 현지국 정부 또는 관청은 다음과 같은 두 가지 관점에서 정책적 대안을 제시할 수 있다. 그러므로 협상 담당자는 이러한 두 가지 관점에서 각각 접근방식을 찾아야 한다.
  - 투자규제가 있는 경우 : 현지국 정부가 자국의 특정 산업을 보호하기 위하여 해외투자기업에 의한 신설투자를 규제하는 경우, 관련된 규제가 어떠한 법적 및 정책적인 의미가 있는지를 먼저 파악한 후 현지국 정부와 투자관련 협상을 수행하여야 한다. 또한 해외투자기업에 의한 현지국에서의 단독투자에 의한 신설투자가 금지된 경우에는 해외투자기업은 현지국 기업과의 합작투자를 선택하거나 현지국 기업을 인수하는 방향으로 투자전략을 변경하여야 한다.
  - 투자유치를 추진하는 경우 : 현지국 정부는 자국의 경제성장과 산업발전, 일자리 창출 등을 목적으로 해외투자기업을 유치하기 위하여 다양한 인센티브(예를 들면, 무상 또는 저렴한 공장부지의 제공, 금융 및 재정적 지원, 세금혜택 등)를 제공하기도 한다. 이러한 경우에 있어서 협상 담당자는 현지국 정부가 제공하는 다양한 인센티브가 무엇인지를 구체적으로 확인한 후 현지국 정부의 투자유치 담당자와 협상을 수행하는 것이 바람직하다. 일반적으로 개발도상국 또는 후진국의 정부는 선진국의 기업들을 유치하기 위하여 다양한 인센티브를 제공하고 있다.
- 신설투자와 관련된 자산매입 : 협상 담당자는 자산매입(예를 들면, 공장부지 또는 건물매입)을 위한 협상을 준비하여야 한다. 특히, 공장입지는 장기간에 걸쳐 현지국에서의 경영활동에 영향을 미칠 수 있기 때문에 신중하게 선정할 필요가 있다. 현지국에서의 자산매입 또는 임대를 위해 협상 담당자는 토지 소유주, 부

동산업자, 국유 부지를 소유한 국가 또는 관청과의 협상을 준비하여야 한다. 무엇보다도 중요한 협상의 대상은 자산의 취득가격 또는 임대비용 등이다.

- 신설투자와 관련된 자본조달 : 기업이 해외에 신설투자를 하는 경우, 막대한 투자비용이 요구될 수 있다. 이러한 자본조달에 대한 내용은 앞서 논의한 재무관리와 관련된 주요 협상 이슈와 관련되어 있으므로 여기에서는 설명을 생략하기로 한다(제8장, 8.3 참고).

- 신설투자를 반대하는 본국의 노동조합과의 협상 : 기업이 해외직접투자를 하는 경우, 일자리의 해외유출 또는 감축 등을 반대하는 노동조합의 저항에 부딪힐 수 있다. 그러므로 협상 담당자는 노사관계협상을 통하여 이러한 문제를 해결하여야 한다(제7장, 7.3.3 참고).

13.3.2 합작투자협상

합작투자의 동기는 해외투자기업과 현지 파트너기업의 관점에 따라 서로 다를 것이다. 이러한 서로 다른 합작투자의 동기를 살펴보면 다음과 같다.[10]

먼저, 해외투자기업의 합작투자동기는 다음과 같이 요약될 수 있다.

- 현지시장의 개척 및 확보 : 해외투자기업은 현지 파트너기업이 보유하고 있는 현지시장에 대한 정보와 경험을 획득할 수 있으며, 이것을 현지시장의 개척 및 확보를 위해 유용하게 활용할 수 있다.

- 현지국 정부의 규제회피 : 정치적 또는 경제적 이유로 해외투자기업의 투자 및 경영활동 등을 제한하거나 규제하는 현지국가들이 있다. 이러한 국가에서의 규제를 피하기 위해서 합작투자가 선호된다.

- 투자위험의 분산 : 단독투자를 할 경우, 해외투자기업이 투자위험을 전적으로

---

10 박주홍(2012), p. 343 이하; 장세진(2006), p. 227 이하; 이광현(2001), p. 234 이하.

부담하게 된다. 그러나 해외투자기업은 현지 파트너기업의 자본참여를 통하여 이러한 투자위험을 줄이거나 공유할 수 있다.

- **현지시장 진입시간의 단축** : 합작투자에 참여한 기업 간의 신제품개발, 마케팅 및 생산 등과 관련된 다양한 기능적 활동의 공유를 통하여 현지시장 진입시간 이 단축될 수 있다.
- **기술의 산업표준 채택가능성** : 합작투자에 참여한 기업들이 기술을 표준화함으로써 글로벌 경쟁에서 기술우위가 확보될 수 있다. 또한 표준화된 기술은 현지국에서 산업표준으로 채택될 수 있을 뿐만 아니라, 국제적으로도 산업표준이 될 수 있다.
- **효율적 사업포트폴리오의 구성** : 시장점유율 또는 시장성장률에서 문제가 있는 사업을 합작투자를 통하여 해외로 이전함으로써 효율적인 사업포트폴리오의 구성이 가능하다. 예를 들면, 선진국에서의 사양산업 또는 쇠퇴산업이 개발도 상국에서는 성장산업이 될 수 있다.

현지 파트너기업의 합작투자동기는 다음과 같이 제시될 수 있다.

- **외국자본의 활용** : 현지 파트너기업은 외국으로부터 유입되는 투자자본을 활용 하여 새로운 사업에 진출하거나 기존사업을 확대시킬 수 있다.
- **외국기업의 명성활용** : 현지 파트너기업은 글로벌 시장에서 좋은 이미지를 갖고 있는 외국기업의 명성, 상표 및 제품 등을 무상으로 또는 저렴하게 활용할 수 있다.
- **외국기업의 경영기법습득** : 합작투자를 통하여 현지 파트너기업은 외국기업으로 부터 우수한 경영기법을 전수받을 수 있다. 특히, 마케팅 및 생산부문의 경영 기법들은 현지 파트너기업의 발전에 큰 영향을 미치게 된다.
- **외국기업으로부터의 기술이전** : 현지 파트너기업은 외국기업이 보유하고 있는 우 수한 기술을 전수받을 수 있다. 선진국기업과 개발도상국기업 간의 합작투자 에 있어서, 개발도상국의 정부는 합작투자를 승인하는 조건으로 기술이전을 요구하는 경우도 있다.

글로벌 시장진입전략으로서 합작투자를 선택한 기업은 적합한 합작투자파트너를 선정하여야 한다. 합작투자파트너와의 협상을 수행하는 협상 담당자는 다음과 같은 합작투자파트너의 대상에 따라 각각 다른 관점에서 협상을 수행하여야 한다. 합작투자파트너의 대상은 다음과 같이 구분될 수 있다.[11]

- **현지국 기업** : 현지국 기업을 합작투자파트너로 선정하는 이유는 합작초기단계에 외국기업이 현지국 기업으로부터 현지경영과 관련하여 많은 도움을 받을 수 있기 때문이다. 합작초기단계에서는 무엇보다도 생산시설의 설립, 인력의 채용 및 유통망의 구축 등이 중요한 문제로 떠오르게 되는데, 이러한 문제는 현지국 기업이 효과적으로 해결할 수 있다.
- **현지국의 정부기관 또는 국영기업** : 외국기업이 현지국의 정부기관 또는 국영기업을 합작투자파트너로 선정하게 되면 현지국에서 발생할 수 있는 정치적 위험을 현저하게 줄일 수 있을 뿐만 아니라, 대규모 사업에 참여할 수 있는 기회도 늘어나게 된다. 개발도상국 및 사회주의국가는 특정 산업의 발전과 국가의 경제성장을 이룩하기 위하여 합작투자파트너의 역할을 때때로 담당하기도 한다.
- **제3국의 기업** : 현지국에서 적합한 합작투자파트너를 구하기 어려울 경우에는 제3국의 기업이 합작투자파트너가 될 수 있다. 이러한 사례는 자원개발분야(예를 들면, 석유 및 광산개발)의 합작투자에서 주로 발견된다.
- **혼합방법** : 합작투자는 서로 다른 국적을 가진 2개 이상의 기업의 참여로 성립될 수 있으므로 본국 기업, 현지국 기업, 제3국의 기업, 국가기관 및 국영기업 등이 동시에 합작투자에 참여할 수 있다. 혼합방법을 선정할 경우에는 합작투자 참여기업이 다수이기 때문에 합작투자기업에서의 역할분담이 중요한 과제로 대두될 수 있다.

---

11 이광현(2001), p. 237.

일반적으로 합작투자에 있어서 합작투자파트너의 대상은 현지국 기업이 대부분을 차지하기 때문에 아래에서는 합작투자파트너의 대상들 중에서 현지국 기업에만 국한하여 협상의 문제를 논의하기로 한다. 합작투자협상을 수행하는 협상 담당자는 다음과 같은 합작투자의 지분에 따른 주요 협상 이슈들에 대하여 중요성을 부여하여 협상을 수행할 필요가 있다.

- 다수지분참여 : 다수지분참여로 성립된 합작투자에서는 경영권이 다수지분 참여기업에게 있기 때문에 이 기업은 소수지분 참여기업과의 협상에서 우위에 설 가능성이 높다. 특히, 다수지분 참여기업은 소수지분 참여기업과 협상을 통하여 투자회수, 배당금 및 이익배분 등에 대한 문제를 해결하여야 한다.
- 동등지분참여 : 동등지분참여로 결정된 합작투자는 다른 어떤 형태의 지분참여보다 합작투자 당사자들 간에 고려해야 하는 협상의 이슈들이 많은 투자에 속한다. 동등지분참여에서는 투자회수, 배당금 및 이익배분 등에 대한 의견차이 또는 분쟁이 발생할 경우, 이에 대한 해결을 어떻게 할 것인지에 대한 구체적인 합의가 도출되어야 한다.
- 소수지분참여 : 소수지분으로 이루어진 합작투자에 있어서 소수지분 참여기업은 경영권 또는 기타 사항에 결정적인 영향을 미치지 못한다. 그러므로 소수지분 참여기업은 매우 약한 협상력을 갖고 있기 때문에 다수지분 참여기업과의 협상에서 열위에 서게 된다. 일반적으로 소수지분 참여기업은 합작투자기업에 대한 경영권을 목표로 하지 않는다. 예를 들면, 소수지분 참여기업은 부품 또는 원재료의 납품 등을 통한 이윤창출의 목표를 중요하게 고려하기도 한다.

또한 합작투자협상을 수행하는 협상 담당자는 다음과 같은 사항들을 고려하여 협상을 수행하여야 한다.

- 합작투자 지분구조의 결정 : 합작투자에 대한 지분구조가 아직 결정되지 않은 협

상이 있어서 협상 담당자는 앞서 논의한 다수, 동등 및 소수지분참여 중에서 어떤 형태의 합작투자가 유리한지를 평가하여야 한다. 협상 담당자는 각 지분 구조별로 협상의 이슈들을 정확하게 파악한 이후에 협상 상대방과의 협상을 수행하여야 한다.

• 생산투입요소, 생산과정 및 산출요소 등과 같은 생산 및 운영전반에 대한 협상 : 만일 합작투자를 통하여 생산 또는 운영이 이루어진다면, 협상 담당자는 합작투자파트너들 간의 생산요소의 투입(자본, 인력, 원재료, 기계, 설비, 공장부지, 건물 등)과 생산과정(투입기술의 선택, 생산시스템의 선택 등) 등과 관련된 구체적인 협상을 수행하여야 한다. 또한 산출요소(제품 및 서비스의 생산과 판매를 통한 이윤창출)는 합작투자를 통한 이익의 분배와 관련되어 있으므로 가장 중요한 협상 이슈에 속한다.

　무엇보다도 중요한 것은 합작투자기업 간의 협상이 타결된다면, 모든 종류의 권리와 의무에 대한 내용은 계약서에 명시되어야 한다. 또한 합작투자기업 간에 분쟁이 발생할 경우를 대비하여 협상 당사자들은 중재 또는 조정에 대한 사항들을 계약서에 기록하여야 한다.

• 합작투자 참여기업 간의 기술이전 : 합작투자에 참여한 기업 중 어느 한 기업이 합작투자기업에 필요한 기술을 제공한다면, 이러한 협상 이슈는 라이선싱과 로열티 등의 관점에서 준비되고 논의되어야 한다(제12장, 12.3.1 참고).

13.3.3 인수 및 합병협상

글로벌 기업이 해외에 있는 기업을 인수 및 합병(이하에서는 M&A로 표현하기로 함)을 하는 주요 동기를 살펴보면 다음과 같다.[12]

---

12 박주홍(2012), p. 349 이하.

- 규모의 경제 및 범위의 경제 달성 : 동일한 제품을 생산하는 현지국 기업을 M&A하는 경우, 대량생산을 통한 규모의 경제(economies of scale), 그리고 경영 및 기술노하우의 공유를 통한 범위의 경제(economies of scope)가 달성된다.

- 해외시장 진입시간의 단축 : 기존의 현지국 기업을 M&A함으로써 해외시장 진입시간이 단축될 수 있다. 신설투자는 회사의 설립과 인력의 채용을 위해 많은 시간이 소요되지만, M&A는 이러한 수고와 노력이 거의 필요 없기 때문이다.

- 위험회피 : 새로운 사업에 진출하는 다각화전략의 일환으로 M&A를 하는 경우에는 위험이 분산될 수 있다. 또한 신설투자의 경우에는 해외투자의 초기단계부터 시작하기 때문에 사업위험이 높지만, M&A는 해외투자의 초기단계가 거의 존재하지 않기 때문에 이러한 위험을 피할 수 있다.

- 부족한 경영자원의 취득 : M&A를 통하여 해외투자기업은 기술 및 경영노하우, 상표 및 제품 등과 같은 경영자원을 일시에 획득할 수 있다. 또한 M&A를 통하여 현지국 기업의 경영자 및 근로자가 승계되는 경우에 해외투자기업은 그들이 보유한 지식과 노하우를 그대로 전수받을 수 있다.

- 시장점유율의 증대 : 해외투자기업은 기존의 현지국 기업을 M&A함으로써 비교적 빠른 시간 내에 현지국에서의 시장점유율을 증대시킬 수 있다. 예를 들면, 기존의 현지국 기업의 마케팅노하우와 유통경로를 활용한다면, 현지국에서의 고객 또는 소비자에 대한 접근성이 좋아지기 때문에 해외투자기업의 시장점유율이 증대될 수 있다.

일반적으로 M&A는 다음과 같은 4단계의 과정을 거쳐 이루어지게 된다.[13]

- 계획 및 전략수립단계 : 인수를 위한 전략 및 계획, 구체적인 추진절차 및 일정계획 등이 수립된다. 아울러 이 단계에서는 자사의 강점 및 약점을 분석한 후

---

13 박주홍(2012), p. 352 재인용; 김동환 외(2000), p. 239.

경쟁력 있는 인수 후의 사업포트폴리오를 미리 구성하여야 한다.

- 사전준비단계 : 인수대상기업이 선정되며, 인수준비팀이 구체적인 자료 및 정보를 수집한다. 인수준비팀은 기업내부의 실무자와 컨설턴트, 회계사 및 변호사 등과 같은 기업외부의 전문가로 구성하는 것이 바람직하다.
- 협상 및 계약단계 : 인수협상 및 인수대상기업에 대한 정밀실사가 이루어지고, 인수가격, 인수방법 및 지불방법 등이 합의되면 계약이 이루어진다. 특히, 정밀실사에서는 인수대상기업의 재무상태표 및 포괄손익계산서 등과 같은 재무제표를 비판적인 시각으로 분석할 필요가 있다.
- 사후통합단계 : 인수기업의 경영철학, 경영전략, 조직문화 및 업무방법 등이 피인수기업의 경영자 및 종업원에게 이전되는 단계이다. 또한 피인수기업의 잔류인력에 대한 불안감해소와 동기부여가 중요한 과제가 된다.

특히, 국내 또는 해외와 관계없이 인수업무를 수행하는 협상 담당자는 인수대상기업에 대한 평가를 하여야 한다. 〈표 13-2〉는 인수대상기업에 대한 탐색 체크리스트를 보여준다. 체크리스트를 활용하여 인수대상기업에 대한 탐색평가를 한 결과, 이 표의 중간을 기준으로 평가결과가 전체적으로 오른쪽으로 치우쳐 있다면 이러한 기업은 인수가치가 있는 기업으로 평가할 수 있다. 그러나 평가결과가 왼쪽으로 편향되어 있다면, 이러한 기업은 인수가치가 없는 기업으로 볼 수 있다. 이 표에 제시된 내용은 인수대상기업에 대한 것이지만, 협상 담당자가 합병대상기업을 평가할 때도 이 표를 사용할 수 있다.

표 13-2	인수대상기업에 대한 탐색 체크리스트

일 자:

1. 회사명 :	2. 소유주 :	3. 전화번호 :

4. 제 품 :

5. 규 모 : 종업원 수(　　　　　　명)　　사업 가치(　　　　　　원)

6. 평정치 :

원치 않는 특성	원치 않음			바람직함			원하는 특성
	1	2	3	4	5	6	
a. 맞춤 제품							표준 제품
b. 고 가							저 가
c. 일손이 딸림							일손이 여유로움
d. 소유주 업무량이 많음							소유주 부재 경영
e. 경쟁자가 많음							시장 틈새가 명확함
f. 제품이 복잡함							제품이 단순함
g. 지역적인 고객층							광범위한 고객층
h. 고객이 적음							고객이 많음
i. 진입비용이 낮음							개시비용이 높음
j. 성장잠재성이 낮음							성장잠재성이 높음
k. 시장이 축소 추세임							시장이 확장 추세임
l. 흑자 경험이 짧음							장기적 안정 순익
m. 매각 의사 약함							매각 의사 강함
n. 자본집약도 높음							자본집약도 낮음
o. 낡은 장비							최신 장비

7. 기타 소견 :

자료원 : 정승화(1999), p. 495 재인용; Vesper, K. H.(1990), p. 282.

아래에서는 인수협상에 대한 내용을 먼저 살펴본 후, 합병협상에 대하여 검토하기로 한다. 협상 담당자는 다음과 같은 주요 협상 이슈들을 검토한 후 인수협상에 임해야 한다.

- 최종 인수대상기업과의 인수가격협상 : 협상 담당자는 인수대상기업에 대한 정밀실사의 결과를 바탕으로 인수가격협상을 수행하여야 한다. 특히, 인수대상기업의 재무제표가 부정확하거나 분식회계의 가능성이 있다면 인수기업은 인수가격의 협상에서 우위에 설 가능성이 높다. 일반적으로 상품 또는 제품거래와는 달리 기업거래에서는 기업의 가치가 평가되어야 하기 때문에 인수가격은 수요와 공급의 법칙에 의한 객관적 가격결정보다는 인수대상기업이 보유한 공장, 토지, 건물 등과 같은 유형자산, 그리고 영업전망 및 기술개발능력 등과 같은 무형자산에 대한 주관적 평가결과에 기초하여 결정되는 경향이 있다.[14]
- 인수대상기업이 대규모 부채를 보유한 경우 : 인수대상기업이 대규모 부채를 보유한 경우, 협상 담당자는 인수대상기업에 대한 채권을 가진 금융기관 또는 정부기관 등을 대상으로 협상을 준비하여야 한다. 인수대상기업이 현지국의 경제에 큰 영향을 미칠 수 있는 기업이라면, 현지국 정부는 이 기업을 도산에 이르게 하지 않고 적절한 인수기업이 인수하도록 각종 재정적 지원을 할 수 있다. 그러므로 협상 담당자은 어떤 재정적 지원이 있는지를 확인하여 인수협상을 수행하여야 한다.
- 본사의 노동조합과의 협상 : 기업이 해외기업을 인수하는 경우, 중장기적 관점에서 볼 때 본사의 일자리가 해외로 유출되거나 감소할 수 있기 때문에 본사의 노동조합이 이를 강력하게 반대할 수 있다. 따라서 협상 담당자는 본사의 노동조합과의 협상을 통하여 이러한 문제를 해결하여야 한다(제7장, 7.3.3 참고).
- 인수대상기업의 노동조합과의 협상 : 인수대상기업의 노동조합은 인수 후 그들에

---

14 안세영(2017), p. 286.

게 끼칠 불이익에 많은 관심을 두고 있다. 무엇보다도 인수기업이 고용승계 또는 일자리 보장 등을 약속한다면, 노동조합과의 분쟁 또는 갈등이 나타날 가능성이 거의 없다. 하지만 인수기업이 인수대상기업의 경영합리화를 위하여 구조조정 또는 일자리 감축을 추진한다면 노동조합의 반발을 불러일으킬 수도 있다. 그러므로 협상 담당자는 인수대상기업의 노동조합과의 협상을 통하여 이러한 분쟁 또는 갈등을 해결하여야 한다(제7장, 7.3.3 참고).

- 인수대금 지급방법과 관련된 협상 : 인수대금은 현금, 주식교환 및 부채 등을 통하여 지급될 수 있다.
  - 현금인수 : 현금지급의 방법(시기 및 절차), 지급화폐(환위험의 고려)의 결정, 지급지연 시 연체료 등에 대한 협상
  - 주식교환인수 : 인수기업과 피인수기업 간의 일정 비율의 주식교환과 관련된 주가의 결정, 교환시기 등에 대한 협상
  - 부채에 의한 인수 : 피인수기업의 자산을 담보로 한 대출, 신용대출 등과 관련된 금융기관과의 협상

또한 협상 담당자는 다음과 같은 주요 협상 이슈들을 고려한 후 합병협상을 수행하여야 한다. 합병방법에 따라 합병은 흡수합병과 신설합병으로 구분될 수 있다.[15] 아래에서는 이러한 두 가지 합병의 관점에서 주요 협상 이슈들을 제시하기로 한다.

- 흡수합병(merger)과 주요 협상 이슈 : 흡수합병은 어떤 한 기업이 다른 기업에 흡수되는 것을 말하며, 합병 후 하나의 기업만이 남게 된다(A기업＋B기업＝A기업). 이 경우에 있어서 흡수되는 기업의 경영자원은 흡수하는 기업의 처분에 맡겨야 한다.
  - 흡수합병 대상기업의 가치평가 : 흡수합병 대상기업이 보유한 공장, 토지, 건

---

15 박주홍(2012), p. 350 이하.

물 등과 같은 유형자산, 그리고 영업전망 및 기술개발능력 등과 같은 무형 자산에 대한 평가와 관련된 협상, 흡수합병 대상기업의 주식가치평가에 대한 협상

- 흡수합병 주도기업 및 흡수합병 대상기업의 노동조합과의 협상 : 흡수합병 주도 기업의 노동조합은 흡수합병 이후의 구조조정에 대하여 많은 관심을 가지고 있기 때문에 협상 담당자는 흡수합병 이후의 노사문제(인력감축, 인사이동, 근무처 변경, 임금조정 등)에 대한 협상을 준비하여야 한다. 또한 흡수합병 이후에 피합병기업의 경영합리화를 위하여 구조조정 또는 일자리 감축을 추진한다면 노동조합의 반발을 불러일으킬 수도 있다. 그러므로 협상 담당 자는 피합병기업의 노동조합과의 협상을 통하여 이러한 분쟁 또는 갈등을 해결하여야 한다(제7장, 7.3.3 참고).

• 신설합병(consolidation)과 주요 협상 이슈 : 신설합병은 법적인 절차에 따라 합병 기업의 전부가 없어지는 것을 의미하며, 이들에 의하여 신설된 기업은 소멸된 기업의 권리나 의무를 이어받고 종업원을 수용할 수도 있다(A기업＋B기업＝C기 업). 그러나 신설합병에서는 소멸된 기업의 경영자원을 신설기업이 반드시 승 계할 의무는 없다. 일반적으로 신설합병은 법적인 절차가 복잡하고 비용이 많 이 들기 때문에 흡수합병이 선호되고 있다.

- 신설합병 대상기업의 가치평가 : 신설합병을 하는 모든 기업들이 보유한 공 장, 토지, 건물 등과 같은 유형자산, 그리고 영업전망 및 기술개발능력 등 과 같은 무형자산에 대한 평가와 관련된 협상, 신설합병을 하는 모든 기업 들의 주식가치평가에 대한 협상

- 신설합병을 하는 모든 기업의 노동조합들과의 협상 : 앞서 흡수합병에서 설명 한 바와 같은 논리를 바탕으로 협상 담당자는 노동조합과의 협상을 수행 하면 된다.

• 합병대상기업이 대규모 부채를 보유한 경우 : 흡수합병 또는 신설합병을 할 경우 에 있어서 합병대상기업이 대규모 부채를 갖고 있다면, 협상 담당자는 합병대

상기업에 대한 채권을 가진 금융기관 또는 정부기관 등을 대상으로 협상(예를 들면, 부채승계, 부채상환일 조정, 이자율 조정 등)을 준비할 필요가 있다.

〈표 13-3〉은 해외직접투자협상과 관련된 주요 협상 이슈를 요약하여 보여준다. 이 표는 신설투자, 합작투자, 그리고 인수 및 합병 등에 대한 주요 협상 이슈들을 제시한다.

표 13-3	해외직접투자협상과 관련된 주요 협상 이슈의 요약
주요 협상 이슈	협상의 주요 내용 또는 준비사항
신설투자	• 신설투자와 관련된 현지국 정부 또는 관청과의 협상 : 투자규제가 있는 경우, 투자유치를 추진하는 경우 • 신설투자와 관련된 자산매입 • 신설투자와 관련된 자본조달 • 신설투자를 반대하는 본국의 노동조합과의 협상
합작투자	• 합작투자 지분구조의 결정 • 생산투입요소, 생산과정 및 산출요소 등과 같은 생산 및 운영전반에 대한 협상 • 합작투자 참여기업 간의 기술이전
인수 및 합병	• 인수협상 : 최종 인수대상기업과의 인수가격협상, 인수대상기업이 대규모 부채를 보유한 경우, 본사의 노동조합과의 협상, 인수대상기업의 노동조합과의 협상, 인수대금 지급방법과 관련된 협상(현금인수, 주식교환인수 및 부채에 의한 인수) • 흡수합병 : 흡수합병 대상기업의 가치평가, 흡수합병 주도기업 및 흡수합병 대상기업의 노동조합과의 협상 • 신설합병 : 신설합병 대상기업의 가치평가, 신설합병을 하는 모든 기업의 노동조합들과의 협상 • 합병대상기업이 대규모 부채를 보유한 경우 : 흡수합병 또는 신설합병을 할 경우에 있어서 합병대상기업이 대규모 부채를 갖고 있다면, 협상 담당자는 합병대상기업에 대한 채권을 가진 금융기관 또는 정부기관 등을 대상으로 협상을 준비할 필요가 있음.

Business Negotiation

Negotiation Issues in Functional Areas
and Global Business

전략적 제휴협상

CHAPTER 14

CHAPTER 14

전략적 제휴협상

14.1 전략적 제휴의 의의

전략적 제휴(strategic alliance)는 2개 또는 그 이상의 법적으로 독립적인 기업이 참여하는 기업 간의 협력을 말한다. 이것은 전략적 파트너십(strategic partnership), 연합(coalition), 합작(collaboration), 협력(cooperation), 기업 간 결합(corporate linkage) 및 합작투자(joint ventures) 등과 같은 용어와 동의어로 사용되기도 한다.[1]

오늘날의 시장경제체제는 국가 간 또는 기업 간의 다양한 협력에 그 기초를 두고 있으며, 특히 기업협력으로서의 전략적 제휴는 1980년대 초부터 기업에 있어서 매우 중요한 의사결정영역으로 자리잡기 시작하였다.[2] 글로벌 기업의 전략적 제휴는 국경을 초월하는 기업 간의 협력을 의미하며, 이를 통하여 참여기업들은 그들의 글로벌 경쟁력을 강화시킬 수 있다. 또한 개별기업 또는 경쟁기업 간의 국경초월적인 전략

---

1 박주홍(2012), p. 360 이하 재인용; 박주홍/이병찬(1994); 박주홍/공명재(2003).
2 Ihrig, F.(1991), p. 29.

적 제휴는 기업전략의 중요한 구성요소가 될 수 있다.[3] 특히, 경쟁기업 간의 전략적 제휴는 참여기업으로 하여금 불필요한 소모적인 경쟁을 방지할 수 있도록 해 준다.

전략적 제휴는 협력에 투입되는 생산요소, 여러 가지 활동의 전개 및 조정 및 협력결과의 배분에 대한 법적인 처리를 포함한다.[4] 즉, 전략적 제휴에 참여한 기업들은 생산요소의 투입, 활동과정의 참여 및 산출요소의 배분 등에 대한 구체적인 협력사항을 법적인 효력을 갖는 계약서의 형태로 작성하여야 한다. 이러한 협력사항을 구체적으로 살펴보면 다음과 같다.

- 생산요소의 투입 : 노동력, 원재료 및 자본 등과 같은 생산요소의 투입에서의 협력
- 활동과정의 참여 : 생산, 마케팅 및 유통 등과 같은 기능영역에서의 협력
- 산출요소의 배분 : 제품, 서비스 및 연구개발의 결과물(예를 들면, 특허, 지적 재산 등) 등과 같은 산출요소의 배분

14.2 전략적 제휴의 주요 영향요인과 협상의 대상

14.2.1 전략적 제휴의 형태

전략적 제휴의 형태는 관리적 기능영역, 제휴대상 및 자본참여도 등의 관점에서 각각 논의될 수 있다.

관리적 기능영역에 따른 전략적 제휴

관리적 기능영역에 따른 전략적 제휴는 다음과 같이 분류될 수 있다.[5]

---

3 Perlmutter, H. V. and Heenan, D. A.(1986), p. 238 이하.
4 Gahl, A.(1990), p. 35 이하.
5 박주홍(2012), p. 364 이하 수정 재인용.

- **연구개발에서의 전략적 제휴** : 이것은 참여기업들이 각각 보유하고 있는 기술을 상호 교환하거나, 또는 새로운 기술을 개발하기 위하여 공동연구를 하는 것을 말한다. 또한 경우에 따라서 참여기업들은 연구개발을 위한 자회사를 공동으로 설립하기도 한다.

- **생산과 자원조달에서의 전략적 제휴** : 이것은 생산시설을 갖춘 자회사를 공동으로 설립하거나, 또는 부품 및 자원조달부문에서 협력함으로써 이루어진다. 생산과 자원조달에서의 전략적 제휴의 목표는 생산과정에서의 원가절감, 현지시장기회 및 저임금의 활용, 수입규제의 회피, 자원부족의 대비 및 보다 높은 이윤달성 등이다.[6]

- **마케팅과 유통에서의 전략적 제휴** : 이것은 시장지향적인 성격을 갖고 있으며, 이러한 제휴를 통하여 참여기업들은 특정국가, 지역 및 고객을 목표시장으로 삼을 수 있다.[7] 마케팅 및 유통에서의 전략적 제휴의 목표는 현지유통망의 이용, 고객에 대한 접근, 시장점유율의 확대 및 유통비용의 절감 등이다.

- **가치부가적 제휴(value-adding partnership)** : 이것은 "한 집단의 독립적인 기업들이 가치사슬의 전 분야에 걸쳐 재화와 서비스를 관리하기 위하여 밀접하게 공동 협력하는 것"을 말한다.[8] 여기에서 '독립적인 기업'이란 하청관계에서 흔히 발생할 수 있는 종속적인 관계가 배제된 상황에서 자율적으로 가치부가적 제휴에 참여하는 기업을 의미한다. 가치부가적 제휴의 목표는 앞서 언급한 관리적 기능영역에 있어서의 목표들을 포괄하고 있으며, 무엇보다도 가치사슬의 전 분야에 걸친 독립적인 기업 간의 협력을 증대하는 것이다. 이러한 협력을 통하여 참여기업들은 다른 경쟁업체에 비하여 강력한 비교우위를 달성할 수 있다.

---

6 Albach, H.(1979), p. 945.

7 Pohle, K.(1990), p. 67.

8 Johnston, R. and Lawrence, P. R.(1988), p. 94.

제휴대상에 따른 전략적 제휴

제휴대상에 따른 전략적 제휴는 라이선싱(제12장, 12.3.1 참고) 및 글로벌 납품계약(제11장, 11.3.2 참고) 등과 같은 두 가지 측면에서 검토될 수 있다. 앞서 이들에 대한 논의를 하였기 때문에 아래에서는 전략적 제휴의 관점에서 그 의미만을 간략히 살펴보기로 한다.

- 라이선싱(licensing) : 전략적 제휴의 관점에서 볼 때, 라이선싱에서는 참여기업 간의 이해관계에 따라 라이선싱의 대상과 범위가 결정된다. 전략적 제휴의 일환으로 라이선싱이 이루어지는 경우에 있어서, 라이선서는 이전되는 기술에 대한 독점적 사용을 라이선시에게 장기간에 걸쳐 허용하는 경향이 있다. 그러므로 라이선서는 장기적 관점에서 로열티의 수입을 극대화하기 위해서 라이선시의 기업이미지, 대량생산능력, 마케팅 및 유통능력 등을 고려하여 전략적 제휴를 체결할 필요가 있다. 또한 라이선서와 라이선시가 라이선싱을 상호 교환하는 교차라이선싱(cross licensing)이 전략적 제휴의 대안이 될 수 있다.

- 글로벌 납품계약 : 전략적 제휴로서의 글로벌 납품계약(global subcontracting)은 계약에 참여한 기업들이 어떤 특정의 제품, 반제품 및 부품 등에 대하여 수출 및 수입계약을 하는 것을 말한다. 이러한 납품계약은 일반적으로 장기간 지속되기 때문에 파트너기업의 선정이 매우 중요하다.

  납품을 의뢰한 기업(주문기업)의 관점에서 볼 때, 납품하는 기업의 이미지, 납품되는 제품의 품질 및 가격 등은 계약의 체결 및 유지에 대한 의사결정을 하는 데 있어서 중요한 기준이 된다. 그리고 납품을 의뢰받은 기업은 납품가격 및 규모, 장기적 납품가능성 등을 고려하여 파트너기업을 선정할 필요가 있다. 그러나 현실적으로 볼 때, 납품을 의뢰받는 기업보다 의뢰하는 기업의 협상력이 크기 때문에 납품계약과 관련된 전략적 제휴가 납품을 의뢰하는 기업에게 일방적으로 유리한 조건으로 맺어질 가능성을 배제할 수 없다.

자본참여도에 따른 분류

자본참여도에 따른 분류는 다수, 동등 및 소수지분참여 등으로 각각 분류될 수 있다. 앞서 이들에 대한 내용을 논의하였기 때문에 아래에서는 이들에 대한 의미만을 간략히 언급하기로 한다(제13장, 13.3.2 참고).

• 다수지분참여(majority participation)에 의한 전략적 제휴 : 이것은 해외진출기업이 50% 이상의 자본참여를 하는 넓은 의미의 합작투자를 의미한다. 이 경우에 있어서 다수지분으로 해외에 진출하는 기업은 현지국에서 경영권을 확보할 수 있다. 해외에 진출하는 기업의 관점에서 볼 때, 100% 단독투자를 한 글로벌 기업이 지분의 50% 미만을 현지국의 파트너기업에게 양도하는 경우, 그리고 현지국의 파트너기업의 자본이 충분하지 않은 경우에 다수지분참여에 의한 전략적 제휴가 이루어질 수 있다.

• 동등지분참여(equal participation)에 의한 전략적 제휴 : 이것은 해외진출기업이 50%의 지분을 갖는 좁은 의미의 합작투자를 말한다. 만일 두 개의 기업이 동등지분참여를 하고 있다면, 이들 두 기업은 경영권을 공유할 뿐만 아니라, 합작투자기업의 경영에 있어서 동일한 책임과 의무도 지게 된다. 일반적으로 동등지분참여는 합작투자기업의 설립을 위해 참여기업들이 동등한 자본을 부담하지만, 경우에 따라서 해외투자기업은 자본을 부담하고 현지국 기업은 공장부지 또는 건물을 제공하는 형태의 동등지분참여가 이루어질 수 있다.

• 소수지분참여(minority participation)에 의한 전략적 제휴 : 이것은 글로벌 기업이 50% 미만의 자본참여를 통하여 해외시장에 진출하는 방법이다. 이 경우에 있어서 현지국의 파트너기업이 다수지분을 갖고 있기 때문에 소수지분을 갖고 있는 해외투자기업의 경영권이 배제된다. 그러나 현지국의 파트너기업은 다수지분을 보유하고 있기 때문에 합작투자회사에 대한 경영권 및 지배권을 행사할 수 있다.

14.2.2 전략적 제휴의 대상국가 및 파트너의 선정[9]

전략적 제휴의 대상국가 선정

전략적 제휴를 하려는 글로벌 기업은 파트너기업을 선정하기에 앞서 대상국가를 선정하여야 한다. 대상국가에 대한 정보수집 및 분석은 해외시장진출 또는 해외직접투자, 전략적 제휴 등을 위한 중요한 전제조건이다. 전략적 제휴의 대상국가 선정에 영향을 미치는 주요 요인들은 다음과 같이 요약될 수 있다.

- 현지국의 정치적 안정성과 위험성 : 정치적으로 불안정하거나 위험성이 높은 국가에서의 경영활동은 기업의 손실가능성을 높인다. 특히, 자본참여를 하는 전략적 제휴는 다른 형태의 전략적 제휴보다 상대적으로 위험이 높을 수 있다.
- 현지국의 시장특성 : 현지국의 시장규모, 시장성장률 및 소비자의 특성 등과 같은 시장특성은 기업의 매출(예를 들면, 전략적 제휴에 의한 합작투자기업의 매출) 및 수익(예를 들면, 라이선싱에 따른 로열티)과 직결된다.
- 현지국의 경제적 환경 : 현지국의 GDP, 1인당 국민소득, 경제성장률, 물가상승률, 이자율 및 환율 등과 같은 경제적 환경요인들은 전략적 제휴를 통하여 현지국에 진출하려는 기업의 수익성에 긍정적 또는 부정적 영향을 미칠 수 있다.
- 현지국의 사회문화적 환경 : 이것은 현지국의 소비자 및 파트너기업과의 커뮤니케이션에 영향을 미칠 수 있다.
- 현지국의 지원정책 : 이것은 현지국이 합작투자기업에게 제공하는 각종 투자인센티브, 그리고 다양한 형태의 전략적 제휴에 대한 지원정책을 포함한다.

---

9 박주홍(2012), p. 377 수정 재인용.

전략적 제휴의 파트너 선정

전략적 제휴의 파트너 선정은 제휴의 성공을 위하여 매우 중요한 의미를 갖는다. 전략적 제휴의 파트너 선정은 다음과 같은 선정기준에 의해 이루어진다.[10]

- 추구하는 경쟁우위의 실현을 위한 기여가능성 : 제휴파트너가 전략적 제휴를 통하여 비용(원가)우위 및 차별화우위 등과 같은 목표달성을 위해 어느 정도 기여할 수 있는가를 검토하여야 한다.

- 보완적 또는 탁월한 협력가능성 : 제휴파트너에 의한 보완적 또는 탁월한 협력가능성이 있어야 전략적 제휴가 성공적으로 이루어질 수 있다.

- 제휴파트너 간의 유사한 글로벌화 전략 : 제휴파트너 간의 유사한 글로벌화 전략은 전략적 제휴의 방향을 설정하는 데 도움이 될 수 있다. 또한 제휴파트너 간의 유사한 글로벌화 전략은 전략적 제휴를 위해 요구되는 인적 및 물적 자원의 효율적 배분에 긍정적인 영향을 미칠 수 있다.

- 제휴파트너 간의 경쟁의 회피가능성 : 경쟁기업 간의 전략적 제휴에 있어서 경쟁보다는 협력이 중요한 역할을 한다. 장기적인 관점에서 볼 때, 제휴파트너 간의 치열한 경쟁은 전략적 제휴의 성공을 방해하는 요인으로 작용할 수 있다.

- 제휴파트너 간의 적합한 조직구조 : 합작투자와 관련된 전략적 제휴에 있어서 제휴파트너 간의 적합한 조직구조는 합작투자기업의 업무효율성 및 생산성 등에 영향을 미칠 뿐만 아니라, 원활한 커뮤니케이션을 위해서도 중요한 역할을 한다.

- 제휴파트너 간의 경영스타일의 적합성 : 전략적 제휴에 참여한 기업 간의 경영스타일이 유사할수록, 제휴파트너 간의 통합이 원활하게 이루어지며, 제휴파트너 간의 갈등도 줄어들 수 있다.

---

10 박주홍/이병찬(1994), p. 101; Porter, M. E. and Fuller, M. B.(1989), p. 363 이하.

- 제휴파트너 간의 기업문화 : 기업문화는 어떤 기업의 가치관, 규범, 사고방식 및 행동 등과 같은 문화적 요소들이 장기간에 걸쳐 기업의 구성원에게 영향을 미쳐 형성된다. 기업문화가 서로 다른 기업과의 전략적 제휴에서는 문화적 충돌이 일어날 수 있는 가능성이 있다.
- 제휴파트너의 재무적 건전성 : 전략적 제휴를 통하여 해외에 진출하려는 기업은 제휴파트너의 재무제표(재무상태표 및 포괄손익계산서 등)를 분석하여 재무적 건전성을 확인하여야 한다.
- 제휴파트너의 경쟁적 시장지위 : 시장점유율 및 시장성장률 등과 같은 시장관련 요인들을 분석하여 제휴파트너의 현지국에서의 경쟁적 시장지위가 구체적으로 확인되어야 한다. 전략적 제휴를 통하여 해외에 진출하려는 기업이 제휴파트너에 대한 보다 구체적인 정보를 수집하기를 원한다면 경영컨설팅회사 또는 시장조사기관 등을 이용할 수 있다.

14.2.3 전략적 제휴협상의 대상과 내용

전략적 제휴협상의 대상과 내용은 앞서 논의한 전략적 제휴의 여러 가지 형태에 따라 요약될 수 있다. 〈표 14-1〉은 전략적 제휴협상의 대상과 내용(예시)을 보여준다. 다음 절에서는 관리적 기능영역에 따른 전략적 제휴협상의 대상 중에서 중요한 것으로 평가되는 연구개발, 생산과 자원조달, 그리고 마케팅과 유통에서의 전략적 제휴협상에 대하여 검토하기로 한다(14.3 참고). 제휴대상에 따른 전략적 제휴(글로벌 납품계약과 라이선싱)와 자본참여도에 따른 전략적 제휴(다수, 동등 및 소수지분참여)에 대한 협상 이슈는 앞에서 설명하였기 때문에 여기에서는 그 설명을 생략하기로 한다(글로벌 납품계약은 제11장, 11.3.2 참고, 라이선싱은 제12장 12.3.1, 합작투자는 제13장, 13.3.2 참고).

표 14-1	전략적 제휴협상의 대상과 내용(예시)	
전략적 제휴의 종류와 주요 영향요인	협상의 대상	협상의 내용(예시)
관리적 기능영역에 따른 전략적 제휴	연구개발	파트너기업과의 연구개발 프로젝트의 선정, 인적 및 물적 자원의 투입, 연구개발일정, 제휴결과의 공유 또는 배분 등에 대한 협상
	생산과 자원조달	파트너기업과의 생산 및 자원조달과 관련된 인적 및 물적 자원의 투입, 생산 및 조달일정, 제휴결과의 공유 또는 배분 등에 대한 협상
	마케팅과 유통	파트너기업과의 마케팅 및 유통과 관련된 인적 및 물적 자원의 투입, 마케팅 및 유통에서의 협력사항, 제휴결과의 공유 또는 배분 등에 대한 협상
	가치부가적 제휴	가치사슬 각 분야와 관련된 파트너기업들과의 협상
제휴대상에 따른 전략적 제휴	라이선싱	〈표 12-4〉, 제12장, 12.3.1 참고
	글로벌 납품계약	〈표 11-2〉, 제11장, 11.3.2 참고
자본참여도에 따른 전략적 제휴	다수지분참여	〈표 13-1〉, 제13장, 13.3.2 참고
	동등지분참여	〈표 13-1〉, 제13장, 13.3.2 참고
	소수지분참여	〈표 13-1〉, 제13장, 13.3.2 참고

14.3 전략적 제휴와 관련된 주요 협상 이슈

14.3.1 연구개발에서의 전략적 제휴협상

연구개발에서의 전략적 제휴는 글로벌 기업 간의 공동연구개발(research joint ventures) 또는 연구개발협력(R&D cooperation)에 그 기초를 두고 있다. 전략적 제휴의 관점에서 볼 때, 글로벌 기업 간의 공동연구개발의 동기는 다음과 같이 요약될

수 있다.[11]

- 기술혁신과 관련된 동기
  - 신기술의 복잡성과 상호보완적 속성, 기술의 수렴화와 시스템화
  - 상호보완적 기술의 획득 및 학습효과
  - 제품 및 기술의 산업표준화에 의한 독점적 경쟁력 확보
  - 제품 및 기술개발 기간 단축
  - 연구원에 대한 동기부여와 창의성의 유발 및 혁신적 조직문화 유도
- 개발 위험과 비용 및 효율성과 관련된 동기
  - 연구·제품개발 비용의 공유 및 절감
  - 연구·제품개발 위험의 공유 및 감소, 기술 출구(technology exit)의 유연성
  - 규모의 경제 달성, 효율성 향상
  - 연구·제품개발 관련 자원의 공유
  - 신속한 투자수익 창출
- 시장접근 및 외부환경과 관련된 동기
  - 새로운 제품 및 시장에 접근, 시장 선점
  - 국제화, 글로벌화, 해외시장 진출
  - 잠재적 경쟁자 흡수
  - 비협력기업 모방가능성 차단 및 개발기술 독점화
  - 기업의 정당성 확보 및 정부정책 부응

연구개발에서의 전략적 제휴와 관련하여 협상 담당자는 다음과 같은 주요 협상 이슈들을 중점적으로 고려하여 협상을 수행할 필요가 있다. 연구개발에서의 전략적 제휴와 관련된 주요 협상 이슈들은 다음과 같다.

---

11 전재욱/문형구(2003), p. 94 이하.

- 파트너기업과의 연구개발 프로젝트(과제)의 선정 : 협상 담당자는 파트너기업과 공동으로 수행할 연구개발 프로젝트의 선정을 위한 협상을 수행하여야 한다. 연구개발 프로젝트의 선정은 전략적 제휴를 추진하려는 당사자들 간의 합의에 의해 이루어진다.

- 공동연구개발을 위한 인적 및 물적 자원의 투입
  - 인적자원의 투입 : 공동연구를 위하여 당사자들이 투입할 수 있는 연구개발자의 인원, 연구분야(예를 들면, 기초연구, 응용연구, 개발연구 등) 등이 확정되어야 한다.
  - 물적자원의 투입 : 공동연구를 위한 재정적 자원의 투입규모, 예산 배분 등에 대하여 당사자들 간의 합의가 이루어져야 한다.

- 연구개발일정의 확정과 활용 시점 : 공동연구 참여기업들은 연구개발 프로젝트의 수행 일정, 종료 예정일 및 연구결과의 활용 시점 등을 결정하여야 한다.

- 공동연구개발과 관련된 조정과 통제 : 공동연구개발의 수행과정에서 연구계획 또는 목표가 잘 달성되고 있는가에 대한 조정과 통제가 필요하다. 특히, 이러한 조정과 통제를 누가 담당할 것인가를 결정하는 것이 중요하다.

- 공동연구개발과 관련이 없는 기존의 지식 또는 기술의 유출에 대한 위험 : 공동연구의 진행과정에서 공동연구 참여기업들이 각각 보유하고 있는 특허 또는 노하우 등이 사용될 수 있다. 이 경우에 있어서 공동연구 참여기업들은 특허 또는 노하우 사용과 관련된 로열티를 결정하여야 할 뿐만 아니라, 기술보호 또는 기술유출의 문제 등을 해결하여야 한다.

- 공동연구의 결과(예를 들면, 특허 등록, 지적 재산권의 문제)의 활용에 대한 협상 : 공동연구 참여기업들은 공동연구의 결과를 상업적으로 활용할 수 있다. 아울러 공동연구의 결과는 특허 또는 지적 재산권의 대상이 될 수 있으므로 누가(예를 들면, 단독 또는 공동보유) 이러한 특허 또는 지적 재산권을 보유하는가를 결정하여야 한다. 공동연구개발의 성과는 다음과 같다.[12]

---

12 전게논문, p. 107.

- 기술적 성과(기술적 목표달성, 품질향상, 비용절감 및 기간감축 등)
- 상업적 성과(매출액, 투자수익률, 시장점유율 증대 등)
- 간접 효과(학습능력배양, 혁신적 조직문화유도, 경쟁자 흡수효과, 정당성 확보, 명성의 획득 등)

공동연구개발의 결과물은 지적 재산권의 대상이 되는데, 이러한 성과를 어떻게 취급할 것인가에 대한 문제는 공동연구 참여기업들 간의 주요 협상 이슈가 될 수 있다. 특히, 전략적 제휴에 의한 연구개발성과의 귀속은 당사자들 간의 합의를 통하여 결정되어야 할 뿐만 아니라, 당사자들 간의 전체적인 공평이 보전될 필요가 있다.[13] 공동연구개발의 결과물은 일반적으로 참여기업 모두가 공유하는 것이 원칙이다. 하지만 대기업과 중소기업 간의 공동연구개발에 있어서는 대기업의 우월한 협상력으로 인하여 이러한 원칙이 적용되기 어려울 수 있다. 그러므로 중소기업은 대기업을 대상으로 공동연구의 결과물에 대한 법적인 권리사항들을 합의하여 계약서에 기록하여야 한다.[14]

14.3.2 생산과 자원조달에서의 전략적 제휴협상

생산과 자원조달에서의 전략적 제휴는 글로벌 기업 간의 공동생산(예를 들면, 전략적 제휴로서의 합작투자를 통한 공동생산)과 자원조달제휴(예를 들면, 공동생산에 필요한 원재료 및 부품 조달)에 그 기초를 두고 있다. 글로벌 기업 간의 공동생산과 자원조달제휴의 동기는 다음과 같이 요약될 수 있다.[15]

---

13 김경선(2009), p. 412.
14 조국현/김갑수(2016), p. 417.
15 박주홍(2012), p. 364 이하.

- 생산과정에서의 원가절감 : 공동생산 및 자원조달제휴를 통한 생산원가의 절감
- 유휴 생산시설 및 근로자의 재활용 : 현지국 참여기업이 보유하고 있는 유휴 생산시설 및 근로자의 활용
- 현지시장기회의 활용 : 현지국 참여기업과 공동생산한 제품의 현지시장판매
- 수입규제의 회피 : 현지국에서의 공동생산을 통한 관세 및 비관세장벽의 회피
- 자원부족의 대비 : 공동생산에 필요한 자원(전략적 제휴를 한 기업들이 제공하는 자원)의 확보
- 보다 높은 이윤달성 : 효율적 자원조달을 통한 원가절감 및 이윤의 증대

생산과 자원조달에서의 전략적 제휴와 관련하여 협상 담당자는 다음과 같은 주요 협상 이슈들을 중심으로 협상을 수행하여야 한다. 생산과 자원조달에서의 전략적 제휴와 관련된 주요 협상 이슈들은 다음과 같다.

- 공동생산을 위한 합작투자 지분구조의 결정 : 전략적 제휴의 관점에서의 공동생산은 합작투자와 관련되어 있다. 이러한 지분구조는 앞서 논의한 다수, 동등 및 소수지분참여 등과 관련되어 있다. 그러므로 협상 담당자는 각 지분구조별로 협상의 이슈들을 확인한 후 협상 상대방과의 협상을 수행하여야 한다(제13장, 13.3.2 참고).
- 생산투입요소, 생산과정 및 산출요소 등과 같은 생산 및 운영전반에 대한 협상 : 만일 합작투자를 통하여 공동생산 또는 운영이 이루어진다면, 협상 담당자는 공동생산 파트너들 간의 생산요소의 투입(자원조달, 인력투입 등)과 생산과정, 그리고 산출요소에 대한 협상을 준비하여야 한다(제13장, 13.3.2 참고). 특히, 공동생산을 위한 효율적 자원조달을 위하여 참여기업 간의 협력이 필수적이다.
- 공동생산 참여기업 간의 기술이전 : 공동생산에 참여한 기업 중 어느 한 기업이 공동생산에 필요한 기술, 특허 및 노하우 등을 제공한다면, 이러한 협상 이슈는 라이선싱과 로열티 등의 관점에서 준비되고 논의되어야 한다(제12장,

12.3.1 참고).

- 공동생산 참여기업들에서의 노사문제의 해결 : 공동생산에 참여한 기업들에서의 노사문제가 중요한 이슈로 대두될 수 있다(제7장, 7.3.3. 참고).
    - 현지국의 공동생산 파트너기업의 노사문제 : 현지국 유휴 생산시설을 활용하여 공동생산을 하는 경우에 있어서 고용보장, 임금수준의 결정 등과 관련하여 현지국의 공동생산 파트너기업의 노동조합과의 협상이 필요하다.
    - 현지국에 투자한 공동생산 본사의 노사문제 : 본사의 일자리 감축 등을 이유로 본사의 노동조합이 현지국 생산을 반대할 수 있으므로 이에 대한 분쟁 또는 갈등의 해결이 요구된다.

14.3.3 마케팅과 유통에서의 전략적 제휴협상

마케팅과 유통에서의 전략적 제휴는 글로벌 기업 간의 공동마케팅과 유통제휴에 그 기반을 두고 있다. 글로벌 기업 간의 공동마케팅과 유통제휴의 동기는 다음과 같이 요약될 수 있다.[16]

- 공동마케팅을 통한 다양한 마케팅활동의 추진 : 공동촉진, 공동유통뿐만 아니라 신제품의 공동기획, 라이선싱, 공동 브랜드, 생산과 유통의 결합 등과 같은 전략적 제휴를 통하여 참여기업들의 마케팅활동이 효율적으로 수행될 수 있다.
- 현지유통망의 이용 : 마케팅과 유통에서의 전략적 제휴를 통하여 현지 파트너기업의 유통망이 활용될 수 있다.
- 현지고객에 대한 접근 : 공동마케팅과 공동유통을 통하여 현지고객에 대한 보다 효과적이고 효율적인 접근이 가능하다.
- 현지시장에서의 시장점유율의 증대 : 현지국에서 마케팅과 유통이 잘 이루어질 경

---

16 강성호/김완민(2014), p. 148; 박주홍(2012), p. 365.

우, 현지시장에서 판매하는 제품 또는 서비스의 시장점유율이 증대될 수 있다.

- **공동유통을 통한 유통비용의 절감** : 현지국에 이미 구축된 유통경로를 활용할 경우, 유통경로의 신규 구축과 비교해 볼 때 유통비용이 대폭적으로 절감될 수 있다.

마케팅과 유통에서의 전략적 제휴와 관련하여 협상 담당자는 다음과 같은 주요 협상 이슈들에 중점을 두고 협상을 수행하여야 한다. 마케팅과 유통에서의 전략적 제휴와 관련된 주요 협상 이슈들은 다음과 같다.

- **공동마케팅의 대상선정** : 협상 담당자는 현지국 파트너기업과의 협상을 통하여 공동촉진, 공동유통, 신제품의 공동기획, 라이선싱, 공동 브랜드, 생산과 유통의 결합 중에서 어떤 활동을 위해 전략적 제휴를 할 것인지 결정하여야 한다.
- **공동마케팅과 관련된 비용분담** : 협상 담당자는 현지국 파트너기업과의 협상을 통하여 공동마케팅을 위해 투입되는 비용을 어떻게 배분할 것인지를 결정하여야 한다.
- **공동유통과 관련된 수수료의 결정** : 협상 담당자는 현지국 파트너기업과의 협상을 통하여 공동유통을 위해 사용하는 파트너기업의 유통경로에 대한 수수료(사용료)의 규모를 결정하여야 한다.
- **공동유통에 참여하는 기업들 간의 의견 불일치와 이에 따른 분쟁 및 갈등의 해결** : 공동유통에 참여하는 기업들은 서로 다른 제휴의 동기를 갖고 있을 수 있다. 예를 들면, 현지국 유통경로를 통해 판매될 제품을 공급하는 참여기업은 현지시장에 관심을 두는 반면, 현지유통망을 제공하는 참여기업은 제휴상대방의 제품과 유통에 따른 수수료에만 관심이 있을 수 있다.

이와 같이 서로의 관심사항이 다를 경우 향후에 참여기업들 간에 분쟁과 갈등이 발생할 수 있으므로 이러한 문제발생에 대비하여 계약서를 작성하거나 분쟁 또는 갈등의 해결방안에 대한 중재조항을 계약서에 삽입하여야 한다.

〈표 14-2〉는 전략적 제휴협상과 관련된 주요 협상 이슈를 요약하여 보여준다. 이 표에는 연구개발, 생산과 자원조달, 그리고 마케팅과 유통 등에서의 전략적 제휴에 대한 주요 협상 이슈들이 나타나 있다.

표 14-2	전략적 제휴협상과 관련된 주요 협상 이슈의 요약
주요 협상 이슈	협상의 주요 내용 또는 준비사항
연구개발	• 파트너기업과의 연구개발 프로젝트(과제)의 선정 • 공동연구개발을 위한 인적 및 물적 자원의 투입 • 연구개발일정의 확정과 활용 시점 • 공동연구개발과 관련된 조정과 통제 • 공동연구개발과 관련이 없는 기존의 지식 또는 기술의 유출에 대한 위험 • 공동연구의 결과 : 기술적 성과(기술적 목표달성, 품질향상, 비용절감 및 기간 감축 등), 상업적 성과(매출액, 투자수익률, 시장점유율 증대 등) 및 간접 효과(학습능력배양, 혁신적 조직문화유도, 경쟁자 흡수효과, 정당성 확보, 명성의 획득 등)
생산과 자원조달	• 공동생산을 위한 합작투자 지분구조의 결정 • 생산투입요소, 생산과정 및 산출요소 등과 같은 생산 및 운영전반에 대한 협상 • 공동생산 참여기업 간의 기술이전 • 공동생산 참여기업들에서의 노사문제의 해결 : 현지국의 공동생산 파트너기업의 노사문제, 현지국에 투자한 공동생산 파트너기업의 노사문제
마케팅과 유통	• 공동마케팅의 대상선정 • 공동마케팅과 관련된 비용분담 • 공동유통과 관련된 수수료의 결정 • 공동유통에 참여하는 기업들 간의 의견 불일치와 이에 따른 분쟁 및 갈등의 해결

참고문헌

강성호/김완민(2014), "신뢰가 마케팅 제휴활동의 창의성에 미치는 영향: 한국기업과 일본기업의 비교를 중심으로," **마케팅관리연구**, 제19권, 제2호, pp. 147~170.

강영문(2010), **국제협상과 문화간 커뮤니케이션**, 전남대학교출판부.

고동희/길재욱/김상수/류태수/문준영/심원술/전상길(2003), **경영학원론 - 디지털 사례를 중심으로**, 제3판, 명경사.

김경선(2009), "공동연구개발계약에 관한 연구 - 개발성과물인 지적 재산권의 귀속을 중심으로 -," **경영법률**, 제19권, 제3호, pp. 405~435.

김광수 외(2005), **국제경영**, 박영사.

김기홍(2017), **전략적 협상 - 한국과 한국인의 협상을 위한 조언 -**, 법문사.

김동진/이선빈(2010), "계층분석법과 다기준목표계획법을 결합한 제3자 물류 운송업체 선정에 관한 연구," **생산성논집**, 제24권, 제2호, pp. 109~129.

김동환 외(2000), **21C 최신 M&A: 이론과 실제 및 전략**, 무역경영사.

김병국(2009), **국제변호사 김병국의 이야기 협상**, 스마트비즈니스.

김선조(2016), "노동시장 내 제도적 변화와 정사원 집단 내 지위경쟁의 가능성: 경력사원이 지각하는 상대적 박탈과 직장 내 배척의 사회심리학," **사회학대회 논문집**, 한국사회학회, pp. 167~186.

김성형/이은우 역, Brett, J. M. 저(2011), **아마추어는 설득을 하고 프로는 협상을 한다**, Smart Business 출판사.

김시경(2007), **국제기업경영론**, 제5판, 삼영사.

김윤주/심익섭 (2007), "가중치 추출 기법의 비교: AHP, JA, Swing 기법을 중심으로," **국가정책연구**, 제21권, 제1호, pp. 5~23.

김정수 역, Karrass, C. L. 저(2007), **협상게임: 포춘 500대 기업의 협상교과서**, 21세기북스.

김태기(2007), **분쟁과 협상**, 경문사.

김태훈 역, Diamond, S. 저(2011), **어떻게 원하는 것을 얻는가**, B.O 도서출판 세계사.

나원찬(2007), "What Influences Franchisor's Choice of Modes in Entering Foreign Markets?: An Empirical Analysis of Firm‐Specific and Environmental Factors," **국제경영연구**, 제18권, 제4호, 한국국제경영학회, pp. 65~98.

동학림/김문겸(2013), "관계금융이 중소기업대출에 미치는 영향: 자금가용성과 대출금리를 중심으로," **중소기업연구**, 제35권, 제3호, pp. 25~48.

민상기/정창영(2012), **글로벌 재무전략**, 제3판, 명경사.

박경규(2010), **신인사관리**, 제4판, 홍문사.

박노형(2007), **어려운 상대를 내 편으로 만드는 협상교과서**, 랜덤하우스.

박명섭 역, Lempereur, A., Colson, A. and Pekar, M. 저(2015), **글로벌시대의 전략적 협상**, 아카데미프레스.

박승주 역, Stark, P. B. and Flaherty 저(2007), **이기는 협상의 기술 101가지**, 김앤김북스.

박영규(2014), **국제재무**, 제2판, 탑북스.

박주홍(2007), **국제경쟁력 강화를 위한 전사적 혁신경영**, 삼영사.

박주홍(2008), "국제기술이전의 평가를 위한 체크리스트의 개발과 활용방법: 기술제공기업의 관점에서," **경상논총**, 제26권, 제2호, 한독경상학회, pp. 57~82.

박주홍(2009), **국제경영전략**, 삼영사.

박주홍(2012), **글로벌전략**, 유원북스.

박주홍(2013), **글로벌마케팅**, 제2판, 유원북스.

박주홍(2016a), 글로벌 인적자원관리, 유원북스.

박주홍(2016b), 글로벌혁신경영, 유원북스.

박주홍(2017a), 경영컨설팅의 이해, 박영사.

박주홍(2017b), 글로벌 윤리경영, 삼영사.

박주홍(2018), 글로벌경영, 제2판, 유원북스.

박주홍/공명재(2003), "가치부가적 제휴를 통한 국제경쟁력강화에 대한 연구: 대구지역의 섬유산업을 중심으로," 경상논총, 제27집, 한독경상학회, pp. 37~57.

박주홍/이병찬(1994), "전략적 제휴와 국제생산 – 국제자동차생산을 중심으로 –," 경영과학연구, 대구경북경영과학회, 제3집, pp. 91~111.

박지민, 역, 리 웨이시엔 저(2010), 세계가 인정한 협상교과서, 아크라네.

박진근(2002), 경제학대사전, 누리미디어.

반병길/이인세(2008), 글로벌마케팅, 박영사.

백종섭(2015), 갈등관리와 협상전략, 창민사.

베놀리엘/캐시댄(2013), "협상의 고수되기," 정희섭 역, Lewicki, R. J., Saunders, D. M. and Barry, B. 편저(2013), 협상론: 원칙과 테크닉, 제6판, 맥그로힐에듀케이션코리아, pp. 168~176.

브레트(2013), "문화와 협상," 정희섭 역, Lewicki, R. J., Saunders, D. M. and Barry, B. 편저(2013), 협상론: 원칙과 테크닉, 제6판, 맥그로힐에듀케이션코리아, pp. 184~202.

서근태 외(1999), 국제통상론, 박영사.

설성화/정무권(2017), "기업대출금리와 신용등급 변동," 재무관리연구, 제34권, 제2호, pp. 85~111.

송수영(2006), "은행 대출 계약의 다양성: 불완전 정보와 양건예금의 역할," 증권학회지, 제35권, 제1호, pp. 169~199.

쉘(2013), "협상 윤리에 대한 세 가지 학파," 정희섭 역, Lewicki, R. J., Saunders, D. M. and Barry, B. 편저(2013), 협상론: 원칙과 테크닉, 제6판, 맥그로힐에듀케이

션코리아, pp. 129~138.

슈미트/탄넨바움(2009), "차이를 창조적 에너지로 바꾸는 방법," 이상욱 역, Schmidt, W, J. et al. 편저(2009), **협상과 갈등해결 - 차이를 시너지로 바꾸는 관계의 기술**, 21세기북스, pp. 19~45.

아들러(2013), "거짓말쟁이와 협상하기," 정희섭 역, Lewicki, R. J., Saunders, D. M. and Barry, B. 편저(2013), **협상론: 원칙과 테크닉**, 제6판, 맥그로힐에듀케이션코리아, pp. 110~122.

안세영(2017), **글로벌 협상전략**, 제6판, 박영사.

어윤대 외(1997), **국제경영**, 학현사.

오수진/곽윤영(2015), "리콜정보의 소비자 활용도 제고방안 연구," **정책연구보고서**, 한국소비자원, pp. 1~407.

우동기/장영두(1999), "환경분쟁해결을 위한 대안적 분쟁해결제도 도입에 관한 기초 연구," **협상연구**, 제5권, 제2호, pp. 27~62.

유지연 역, Babitsky, S. and Mangraviti, Jr., J. J. 저(2011), **협상과 흥정의 기술 - 절대 손해 보지 않는 마력의 흥정 테크닉 50**, 타임비즈.

윤홍근/박상현(2010), **협상게임: 이론과 실행전략**, 도서출판 인간사랑.

이건희(1997), **현대경영학의 이해**, 학문사.

이광현(2001), **글로벌전략**, 도서출판 석정.

이달곤(2005), **협상론**, 제3판, 법문사.

이상욱 역, Schmidt, W, J. et al. 편저(2009), **협상과 갈등해결 - 차이를 시너지로 바꾸는 관계의 기술**, 21세기북스.

이서정 편(2008), **kotra와 함께 하는 이것이 협상이다**, 형설라이프.

이선우(2004), **협상론**, 한국방송통신대학교 출판부.

이승환(2007), "대출금의 출자전환에 관한 연구 - 채권평가방법을 중심으로 -," **법학연구**, 연세대학교 법학연구원, 제17권, 제4호, pp. 209~245.

이장로(2003), **국제마케팅**, 제4판, 무역경영사.

이장호(2003), **국제경영전략**, 전정판, 박영사.

이종영(2009), **기업윤리 - 윤리경영의 이론과 실제 -**, 제6판, 삼영사.

이진원 역, Fisher, R. and Shapiro, D. 저(2007), **감성으로 설득하라**, 도서출판 두드림.

이진주 역, Tanihara, M. 저(2010), **이기는 협상: 상대를 내 의도대로 움직이는 기술**, 지상사.

이현우 역, Thomas, J. C. 저(2007), **미국 대통령의 협상코치 짐 토머스 협상의 기술**, 세종서적.

이홍섭/임영균(2002), "유통경로내 통제메커니즘이 관계의 질에 미치는 영향," **학술 대회 발표논문집**, 한국유통학회, pp. 87~113.

임성훈(2010), **표준 국제경영 1.0**, 학현사.

임형준(2016), "회사채 신용등급 안정성 문제와 그 원인," **주간 금융브리프**, 제25권, 제23호, pp. 3~9.

장동운(2009), **아름다운 인간관계를 위한 갈등관리와 협상기술**, 무역경영사.

장세진(2006), **글로벌경영 - 글로벌경쟁시대의 국제경영**, 제4판, 박영사.

장세진/MCC(2004), **M&A의 경영전략**, 박영사.

전용욱 외(2003), **국제경영**, 문영사.

전재욱/문형구(2003), "기업간 공동연구개발의 성공과 위험요인: 기존 연구의 분석 및 모형의 제안," **기술혁신연구**, 제11권, 제2호, pp. 91~121.

정수진/고종식(2011), **인사관리**, 삼우사.

정승화(1999), **벤처 창업론 - 부 창출 경영의 이론과 실제 -**, 박영사.

정채중/신범철(2012), "신용등급이 기업의 생산성에 미치는 효과 분석," **생산성논집**, 제26권, 제1호, pp. 81~103.

정희섭 역, Lewicki, R. J., Saunders, D. M. and Barry, B. 편저(2013), **협상론: 원칙과 테크닉**, 제6판, 맥그로힐에듀케이션코리아.

조국현/김갑수(2006), "미국 계약법적 측면에서 본 공동연구개발과 공동연구개발계 약 - 지적재산권 등 대기업과 중소기업간의 공동연구개발 성과물의 귀속을 중심으로-," **홍익법학**, 제17권, 제4호, pp. 416~441.

조자현 역, Thompson, L. 저(2010), **협상과 설득, 그 밀고 당기기의 심리학**, 도서출판 예인.

주성종/김중배/김미숙/노병옥(2010), **경영진단방법론**, 도서출판 글로벌.

지청/조담(1981), **투자론-증권의 분석과 선택-**, 무역경영사.

최순규/김창도(2004), "외국인 투자기업의 진입유형과 성과: 인수와 신규설립을 중심으로," **무역학회지**, 제29권, 제6호, pp. 47~69.

최순규/신형덕 역, Hill, C. W. L. 저(2009), **국제경영-글로벌 시장에서의 경쟁전략**, 도서출판 석정.

최은실(2012), "리콜제도 현황 및 의식조사를 통한 개선방안 연구," **안전보고서**, 한국소비자원, pp. 1~139.

카이저(2009), "고객과 협상하는 8가지 방법," 이상욱 역, Schmidt, W, J. et al. 편저(2009), **협상과 갈등해결-차이를 시너지로 바꾸는 관계의 기술**, 21세기북스, pp. 113~130.

하혜수/이달곤(2017), **협상의 미학-상생 협상의 이론과 적용-**, 박영사.

한희영(1986), **마케팅관리론**, 다산출판사.

허영도(2004), **세계화 시대의 국제경영전략론**, 울산대학교 출판부.

현대경제연구원 역, 하버드 경영대학원 저(2010), **내 의도대로 되는 하버드식 협상의 기술**, 청림출판.

Albach, H.(1979), "Zur Verlegung von Produktionsstätten ins Ausland," *Zeitschrift für Betriebswirtschaft*, 10/1979, pp. 945~952.

Balakrishnan, S. and Koza, M. P.(1993), "Information Asymmetry, Adverse, Selection and Joint-Ventures: Theory and Evidence," *Journal of Economic Behavior and Organization*, Vol. 20, pp. 99~117.

Ball, D. A. et al.(2004), *International Business: The Challenge of Global Competition*,

9th Edition, Boston et al.

Brodt, S. and Thompson, L.(2007), "Negotiating Teams: a Levels of Analysis Approach," Lewicki, R., Barry, B. and Saunders, D. M.(2007, Ed.), *Negotiation - Readings, Exercises, and Cases*, Boston et al, pp. 315~322.

Brommer, U.(1990), *Innovation und Kreativität im Unternehmen; Erfolg durch neues Denken*, Stuttgart.

Bungard, W., Dorr, J., Lezius, W. and Oess, A.(1991, Ed.), *Menschen machen Qualität; Deutsch/Deutscher Dialog*, Ludwigshafen.

Buntenbeck, D. F.(1991), "Einführung von Qualitätszirkeln," Bungard, W., Dorr, J., Lezius, W. and Oess, A.(1991, Ed.), *Menschen machen Qualität; Deutsch/ Deutscher Dialog*, Ludwigshafen, pp. 75~87.

Caligiuri, P. and Tarique, I.(2006), "International Assignee Selection and Cross - Cultural Training and Development," Stahl, G. K. and Björkman, I.(2006, Ed.), *Handbook of Research in International Human Resource Management*, Cheltenham, UK and Massachusetts, USA, pp. 302~322.

Cartwright, D.(1959, Ed.), *Studies in Social Power*, Research Center for Group Dynamics, Institute for Social Research, University of Michigan.

Cateora, P. R.(1993), *International Marketing*, 8th Edition, Burr Ridge, Illinois et al.

Cavusgil, S. T. et al.(2008), *International Business - Strategy, Management and New Realities*, Upper Saddle River, New Jersey.

Czinkota, M. R. et al.(2005), *International Business*, 7th Edition, Mason.

Deppe, J.(1986), *Qualitätszirkel - Ideenmanagement durch Gruppenarbeit*, Bern et al.

Diamond, S.(2012), *Getting More: How to Negotiate to Achieve Your Goals in the Real World*, New York.

Domsch, M.(1985), "Qualitätszirkel - Baustein einer mitarbeiterorientierten Führung und Zusammenarbeit," *Schmalenbachs Zeitschrift für betriebswirtschaftliche Forschung*, 5/1985, pp. 428~441.

Doole, I. and Lowe, R.(2004), *International Marketing Strategy – Analysis, Development and Implementation*, 4th Edition, London.

Dowling, P. J., Festing, M. and Engle, Sr., A. D.(2008), *International Human Resource Management: Managing People in a Multinational Context*, 5th Edition, London.

Dülfer, E.(1992), *Internationales Management in unterschiedlichen Kulturbereichen*, 2. Auflage, München.

Edwards, T. and Rees, C.(2011), *International Human Resource Management: Globalization, National Systems and Multinational Companies*, 2nd Edition, Harlow, England.

Evans, P., Pucik, V. and Björkman, I.(2011), *The Global Challenge: International Human Resource Management*, 2nd Edition, New York.

Fisher, R. and Shapiro, D.(2005), *Beyond Reason: Using Emotions as You Negotiate*, New York.

Fisher, R., Ury, W. and Patton, B.(1991), *Getting to Yes: Negotiating Agreement without Giving In*, Penguin Books, New York.

Foster, D. A.(1995), *Bargaining Across Borders*, New York.

French, Jr., J. R. P. and Raven, B.(1959), "The Bases of Social Power," Cartwright, D.(1959, Ed.), *Studies in Social Power*, Research Center for Group Dynamics, Institute for Social Research, University of Michigan, pp. 150~167.

Gahl, A.(1990), "Die Konzeption der strategischen Allianz im Spannungsfeld zwischen Flexibilität und Funktionalität," *Zeitschrift für betriebswirtschaftliche Forschung*, Sonderheft 27, pp. 35~48.

Gillespie, K., Jeannet, J.–P. and Hennessey, H. D.(2004), *Global Marketing – An*

Interactive Approach, Boston/New York.

Glembocki, S.(1977), *The Expectations of Enterprises and Methods of Payment for Technology*, UNIDO, ID/WG, 228/4.

Griffin R. W. and Pustay, M. W.(2007), *International Business*, 5th Edition, Upper Saddle River, New Jersey.

Hall, E. T.(1976), "How Cultures Collide," *Psychology Today*, July 1976, pp. 67~74.

Hennart, J. F. and Park, Y. R.(1993), "Greenfield vs. Acquisition: The Strategy of Japanese in the United States," *Management Science*, Vol. 39, No. 9, pp. 1054~ 1070.

Hill, C. W. L.(2005), *International Business: Competing in the Global Marketplace*, 5th Edition, Boston et al.

Hodgetts, R. M. and Luthans, F.(2000), *International Management*, 4th Ed., McGraw - Hill.

Hoebel, A.(1970), *Culture & Society*, Oxford University Press, New York.

Hofstede, G.(1982), *Lokales Denken, globales Handeln- interkulturelle Zusammenarbeit und globales Management*, 2. Auflage, München.

Hofstede, G.(2000), *Culture's Consequences- Comparing Values, Behaviors, Institutions and Organizations across Nations*, 2nd Edition, Thousand Oaks/London/New Delhi.

Hofstede, G.(2001), *Culture's Consequences- Comparing Values, Behaviors, Institutions and Organizations across Nations*, 2nd Edition, Thousand Oaks/London/New Delhi.

Hünerberg, R.(1994), *Internationales Marketing*, Landsberg/Lech.

Ihrig, F.(1991), "Strategiache Allianz," *Wirtschaftswissenschaftliches Studium*, 1/1991, pp. 29~31.

International Chamber of Commerce(2010), *Incoterms 2010*, ICC Publishing, Paris.

Isobe, T., Makino, S. and Montgomery, D. B.(2000), "Resource Commitment, Entry Timing, and Market Performance of Foreign Direct Investment in Emerging Economies: The Case of Japanese International Joint Ventures in China," *Academy of Management Journal*, Vol. 43, No. 3, pp. 468~484.

Jemison, D. and Sitkin, S.(1986), "The Process can be a Problem," *Harvard Business Review*, March−April, pp. 107~116.

Johanson, J. K.(2003), *Global Marketing*, New York.

Johnston, R. and Lawrence, P. R.(1988), "Beyond Vertical Integration−the Rise of the Value−Adding Partnership," *Harvard Business Review*, July−August, pp. 94~101.

Keegan, W. J.(1989), *Global Marketing Management*, 4th Edition, Englewood Cliffs, New Jersey.

Keegan, W. J.(2002), *Global Marketing Management*, 7th Edition, Upper Saddle River, New Jersey.

Kieser, A. and Kubicek, H.(1992), *Organisation*, 3. Auflage, Berlin/New York.

Kotabe, M. and Helsen, K.(2008), *Global Marketing Management*, 4th Edition, Hoboken, New Jersey.

Kotler, P.(1986), *Principles of Marketing*, 3rd Edition, Englewood Cliffs, New Jersey.

Lewicki, R., Barry, B. and Saunders, D. M.(2007, Ed.), *Negotiation−Readings, Exercises, and Cases*, Boston et al.

Lewicki, R., Saunders, D. M. and Minton, J. W.(1999), *Negotiation*, Boston et al.

Mondy, R. W. and Noe, R. M.(1996), *Human Resource Management*, New York.

Munns, A. K., Aloquili, O. and, Ramsay, B.(2000), "Joint Venture Negotiation and Managerial Practices in the New Countries of the Former Soviet Union," *International Journal of Project Management*, 18, pp. 403~413.

Nütten, I. and Sauermann, P.(1988), *Die Anonymen Kreativen – nstrumente einer Innovationsorientierten Unternehmenskultur*, Frankfurt am Main.

Park, J. – H.(1996), *Vergleich des Innovationsmanagements deutscher, japanischer und koreanischer Unternehmen – Eine empirische Untersuchung am Beispiel der chemischen Industrie*, Dissertation, Universität Mannheim.

Peng, M. W.(2006), *Global Strategy*, Mason, Ohio.

Perlitz, M.(2004), *Internationales Management*, 5. Auflage, Stuttgart.

Perlmutter, H. V. and Heenan, D. A.(1986), "Globale strategische Partnerschaften/ Cooperate to compete globally," *Manager Magazin*, 5/1986, pp. 238~244; *Harvard Business Review*, 3 – 4/1986, pp. 136~152.

Pohle, K.(1990), "Strategische Allianzen in der chemische – pharmazeutischen Industrie," *Zeitschrift für betriebswirtschaftliche Forschung*, Sonderheft 27, pp. 67~76.

Porter, M. E. and Fuller, M. B.(1989), "Koalitionen und globale Strategien," Porter, M. E.(1989, Ed.), *Globaler Wettbewerb: Strategien der neuen Internationalisierung*, Wiesbaden, pp. 363~399.

Porter, M. E.(1989, Ed.), *Globaler Wettbewerb: Strategien der neuen Internationalisierung*, Wiesbaden.

Pruitt, D. G. and Rubin, J. Z.(1986), *Social Conflict: Escalation, Stalemate, and Settlement*, New York.

Punnett, B. J.(2004), *International Perspectives on Organizational Behavior and Human Resource Management*, New York.

Raiffa, H.(2000), *The Art and Science of Negotiation*, The Belknap Press of Harvard Business Press.

Reitz, H. J., Wall, J. A., Jr. and Love, M. S.(1998), "Ethics in Negotiation: Oil and Water or Good Lubrication?" *Business Horizons*, May – June, pp. 5~14; Lewicki, R., Barry, B. and Saunders, D. M.(2007, Ed.), *Negotiation – Readings, Exercises, and Cases*, Boston et al, pp. 215~229.

Rojot, J.(1991), *Negotiation: from Theory to Practice*, London.

Saaty, T. L.(1990), *Multicriteria Decision Making: The Analytic Hierarchy Process*, 2nd Edition, RWS Publications.

Saaty, T. L.(1994), "How to Make Decision: the Analytic Hierarchy Process," *Interfaces*, Vol. 24, No. 6, pp. 19~43.

Salacuse, J. W.(2007), "Intercultural Negotiation in International Business," Lewicki, R., Barry, B. and Saunders, D. M.(2007, Ed.), *Negotiation‐Readings, Exercises, and Cases*, Boston et al, pp. 366~384.

Schaffer, R. et al.(2002), *International Business Law and Its Environment*, 5th Edition, Cincinnati.

Shell, G. R.(1999), "Three Schools of Bargaining Ethics," Shell, G. R.(1999, Ed.), *Bargaining for Advantage: Negotiating Strategies for Reasonable People*, New York, pp. 215~222; Lewicki, R., Barry, B. and Saunders, D. M.(2007, Ed.), *Negotiation‐Readings, Exercises, and Cases*, Boston et al, pp. 230~235.

Shell, G. R.(1999, Ed.), *Bargaining for Advantage: Negotiating Strategies for Reasonable People*, New York.

Simons, T. and Tripp, T. M.(2007), "The Negotiation Checklist," Lewicki, R., Barry, B. and Saunders, D. M.(2007, Ed.), *Negotiation‐Readings, Exercises, and Cases*, Boston et al, pp. 74~87.

Stahl, G. K. and Björkman, I.(2006, Ed.), *Handbook of Research in International Human Resource Management*, Cheltenham, UK and Massachusetts, USA.

Terpstra, V. and Sarathy, R.(1994), *International Marketing*, 6th Edition, New York.

Thompson, L.(2005), *The Mind and Heart of the Negotiator*, Boston et al.

Urban, C.(1993), *Das Vorschlagswesen und seine Weiterentwicklung zum europäischen KAIZEN‐ Das Vorgesetztenmodell‐ , Hintergründe zu aktuellen Veränderungen im Betrieblichen Vorschlagswesen*, Konstanz.

Ury, W. L., Brett, J. M. and Goldberg, S. B.(1993), *Getting Disputes Resolved*, Cambridge.

Ury, W. L., Brett, J. M. and Goldberg, S. B.(2007), "Three Approaches to Resolving Disputes: Interests, Rights, and Power," Lewicki, R., Barry, B. and Saunders, D. M.(2007, Ed.), *Negotiation－Readings, Exercises, and Cases*, Boston et al, pp. 1 ～13.

Ury, W.(1993), *Getting Past No: Negotiating Your Way from Confrontation to Cooperation*, Bantam Books, New York.

Vesper, K. H.(1990), *New Venture Strategies*, Revised Edition, Englewood Cliffs, New Jersey.

Watkins, M. and Rosen, S.(2001), *Class Note 9－801－286*, Harvard Business School Publishing, Boston.

Watkins, M.(2000), "Diagnosing and Overcoming Barriers to Agreement," *Class Note 9－800－333*, Harvard Business School Publishing, Boston.

Watkins, M.(2002), *Breakthrough Business Negotiation*, Jossey－Bass.

Watkins, M.(2006), *Shaping the Game*, Harvard Business Press.

Weiss, S.(1994), "Negotiating with 'Romans': A Range of Culturally－Responsive Strategies," *Sloan Management Review*, Vol. 35, No. 1, pp. 51～61; Vol. 35, No. 2, pp. 1~16.

Wheeler, M.(2001), "Negotiation Analysis: an Introduction," *Class Note 9－801－156*, Harvard Business School Publishing, Boston.

http://100.daum.net/encyclopedia/view/196XXXXX15615.

http://dtims.dtaq.re.kr:8084/dictionary.do?method=main.

http://www.rating.co.kr/creditInfo/I_creditInfo_001/contents.do.

http://www.rating.co.kr/creditInfo/I_creditInfo_012/contents.do.

https://ko.wikipedia.org/wiki/%EC%A4%91%EC%9E%AC%EC%A1%B0%ED%95%AD.

https://spot.wooribank.com/pot/Dream?withyou=POLON0041.

https://www.ama.org/AboutAMA/Pages/Definition−of−Marketing.aspx.

https://www.dgb.co.kr/cms/fnm/loan/sda_43/sda_431/1186802_1333.html.

영문색인

국문색인

▌ 저자 약력

박 주 홍(朴 珠 洪)

계명대학교 경영학과(부전공: 독어독문학) 졸업(경영학사)
계명대학교 대학원 경영학과 졸업(경영학석사)
독일 슈투트가르트(Stuttgart) 대학교 경영학과 수학
독일 호헨하임(Hohenheim) 대학교 대학원 국제경영학과 박사과정 수학
독일 만하임(Mannheim) 대학교 대학원 국제경영학과 졸업(경영학박사)

독일 바덴-뷰르템베르크(Baden-Württemberg)주 학예부 박사학위지원 장학금 수상
독일 학술교류처(DAAD) 연구지원 장학금 수상
BMW 학술상 수상, 2001
계명대학교 업적우수상 수상, 2017
남서울대학교 경영학과 조교수 및 경영연구센터 소장 역임
독일 만하임(Mannheim) 대학교 국제경영학과 방문교수 역임
계명대학교 경영대학 부학장, 경영학부장, 계명카리타스봉사센터장, 취업지원처장, 학생복지취업처장 역임
현재 계명대학교 경영학전공(국제경영) 교수(*juhong@kmu.ac.kr*), 계명테크노파크사업단장,
    대구테크노파크 계명대학교센터장
    독일 Perlitz Strategy Group(경영컨설팅사) 아시아지역 학술고문(*www.perlitz.com*)

주요 논문, 저서 및 역서

비즈니스협상 -기능영역별 협상과 글로벌 비즈니스협상의 이슈-, 박영사(2019)
글로벌경영, 제2판, 유원북스(2018)
글로벌 윤리경영, 삼영사(2017)
경영컨설팅의 이해, 박영사(2017)
글로벌혁신경영, 유원북스(2016)
글로벌 인적자원관리, 유원북스(2016)
글로벌마케팅, 제2판, 유원북스(2013)
글로벌전략, 유원북스(2012)
글로벌경영, 유원북스(2012), 집현재(2011)
글로벌마케팅, 박영사(2010)
국제경영전략, 삼영사(2009)
국제경쟁력강화를 위한 전사적 혁신경영, 삼영사(2007)
국제경영(역서, Manfred Perlitz 저), 형설출판사(2003) 외 3권의 저서
"AHP를 이용한 제품혁신을 위한 의사결정 우선순위의 분석: 조직적 측면을 중심으로"(2018)
"The Competitiveness of Korean and Chinese Textile Industry: The Diamond Model Approach"(2010,
    공동연구) 외 50여 편의 논문

비즈니스협상 -기능영역별 협상과 글로벌 비즈니스협상의 이슈-

초판발행   2019년 2월 28일
중판발행   2022년 2월 10일

지은이   박주홍
펴낸이   안종만 · 안상준

편 집   김효선
기획/마케팅   장규식
표지디자인   조아라
제 작   고철민 · 조영환

펴낸곳   (주) **박영사**
               서울특별시 금천구 가산디지털2로 53, 210호(가산동, 한라시그마밸리)
               등록 1959. 3. 11. 제300-1959-1호(倫)

전 화   02)733-6771
f a x   02)736-4818
e-mail   pys@pybook.co.kr
homepage   www.pybook.co.kr
ISBN   979-11-303-0707-7 93320

정 가   32,000원